영단어쇼크
공편토(고급편)

영단어쇼크 공편토(고급편)

초판 1쇄 2019년 12월 1일

지은이	정형정
교열	Jennifer, Cristin, 심건우, 정도훈, 최영미
발행인	최영미
편집	최승재
인쇄	넥스트프린팅(010-2958-0219)
발행처	도서출판 쇼크잉글리쉬
등록번호	제347-2012-00028호
주소	대구광역시 달서구 선원로 122
대표전화	070-8778-4077
팩스	053-268-4077
전자우편	shockeng@naver.com
블로그	http://blog.naver.com/shockeng
가격	16,000원
ISBN	979-11-88730-04-9 13740

ⓒ 정형정. 2017. Printed in Korea

- 이 책은 저작권법에 따라 보호받는 저작물이므로 무단전재와 무단복제를 금지하며, 이 책 내용의 전부 또는 일부를 이용하려면 반드시 저작권자와 출판사의 서면 동의를 받아야 합니다.
- 내용 문의, 제휴 및 모든 제반 사항은 메일로 문의해 주시기 바랍니다.
- 구입 및 취급점 문의는 대표 전화로 문의해 주시기 바랍니다.
- 파본이나 잘못된 책은 구입처에서 교환해 드립니다.

초스피드 2개월 완성

영단어 쇼크 공편토

정형정 저

◆ 공무원, 편입, 토플, 경찰, 텝스! 완벽한 최종 마무리를 원하는가?

◆ 공.편.토 핵심 필수 고급 어휘 1,200개! 초스피드 2개월 완성!

◆ 재밌다! 어원학습+해마학습+파생원리+영어의 역사까지!

◆ 미국식, 영국식 발음 MP3 무료 다운로드!

Voca Shock

쇼크 잉글리쉬

전부를 걸어야 하는 시대다.

 이 책을 보고 있는 분은 아마 각종 공무원시험, 편입, 토플(유학) 등을 준비하고 있는 분이 많을 것이다. 시험공부를 할 때는 정말 미친 듯이, 전부를 걸고, 시간을 정해두고 해야 한다. 시간을 정해두고 도전하고, 실패한 경우에는 새로운 도전에 나서야 한다.
주위를 둘러보면 대학생, 취준생, 공시생이란 이름하에 시간 낭비를 하고 있는 20대가 너무나 많다. 20대에 무의미하게 흘려보낸 시간은 남은 인생에 치명적이다. 문제는 그것을 20대에 깨닫지 못한다는 것에 있다.

 내가 영어 문법서를 집필하는 저자가 된 힘은 강한 분노에 있다. 대학 시절 우리의 영문법이 일본 영문법을 그대로 베껴서 만들었다는 것에 분노했고, 엉터리 일본 영문법을 바로잡는 영어 문법서를 언젠가는 반드시 출간하겠다는 신념을 갖고 꾸준한 준비를 했지만, 실제 출간하기에는 쉽지가 않았다. 40대가 되어 아들의 중간, 기말고사 영어 시험 문제를 보고, 교과서에 메모해 놓은 영어 공식들을 보고 "20년이 지난 지금에도 아직까지 일본식 엉터리 영문법으로 가르친단 말인가?"라는 강한 분노는 1인 출판사를 시작하는 추진력이 되었다.

 초판 1,000권도 팔리지 않는 책 읽지 않는 시대에, 쇠락을 거듭하는 출판시장에서, 커가는 자식들을 둔 40대 가장이 시작하기에는 무모한 도전에 가까웠다. 1인 기업인 1인 출판사는 슈퍼맨이기를 자처하는 사람이 해야 한다.
저자로서 책을 집필하고, 교정, 인쇄, 마케팅, 회계, 영업까지 모두 혼자서 감당해야 한다. 책을 집필하다가 걸려오는 거래처의 전화를 받고, 인쇄소에 들락거리고, 2박 3일 출장길에 올라 전국을 순회하며 수시로 총판 관리하는 것이 일상적인 일이다. 그렇게 매년 1권씩 전치사쇼크, 영문법쇼크1, 영문법쇼크2, 영단어쇼크 기본편, 영단어쇼크 고급편을 출간하였고 이들 책은 10만 부 이상 판매되는 베스트셀러가 되었다. 전치사쇼크는 숙어 분야에서 압도적인 1위이며, 영문법쇼크는 2014년 교보문고 영문법분야 1위의 책이다. KBS 라디오 굿모닝팝스에 연속 연재되고, 국방부 도서에 선정되어 군인들이 보는 필독서가 되었다. 도전의 결과는 이렇게 나타났다.

물론 모든 도전이 성공으로 끝나지는 않는다. 30대 중반부터 8년간 중국에서 여러 사업에 도전하여 실패했지만 그 시간을 후회하지는 않는다. 전부를 걸고 도전했기 때문이다. 어떤 도전은 성공하지만 어떤 도전은 큰 상처로 남는다. 중요한 것은 도전하는 삶은 후회하지 않는다는 것이다. 그냥 흘려보낸 시간과 도전하며 보낸 시간에서 갖는 내공은 그 차원이 다르다.

이 책을 끝으로 쇼크시리즈는 완성된다. 나는 500만 원 창업비용으로 3~5년 만에 5억 이상을 벌어들인 창업스토리 2개를 갖고 있다. 그런 스토리를 만들었다고 하는 것이 맞는 말이다. 나는 지잡대 흙수저의 전형이다. 흙수저라도 있었으면 감사했을 것이다. 나에게 주어진 환경이 암울했기 때문에 그것을 돌파하기 위해 전부를 걸고 도전한 것이다. 이제 하나 더 그런 스토리를 만들어보려고 한다. 그리고 그 스토리는 언젠가 자기계발서 영역의 책으로 나올 것이다. 자신의 인생 스토리는 스스로 만들어 가는 것이다.

마지막 도전이 무엇인지 모르지만 나를 기다리고 있을 것이다. 책을 집필하면서도 늘 새로운 기회를 탐색하고 있다. 어떤 도전을 시작하면 그 끝이 보이기 마련이다. 오늘날과 같이 급변하는 시대에 직업에서, 사업에서 '영원히'라는 것은 없다. 중국에서의 사업은 실패했지만 그 과정에서 북한과 무역할 수 있는 인적 네트워크를 구축하게 되었고, 언젠가 북한이 개방되면 새로운 기회로 다가올 것이다. 이렇게 실패 속에서도 새로운 기회가 생긴다.

내 나이 51세. 20~30대의 나와 같은 패기만만함은 없지만 도전정신이 살아있음을 느낀다. 인생 뭐 별거 있나? 이래도 시간이 가고 저래도 시간이 간다. 그래서 나는 도전한다. 도전하는 삶은 적어도 후회하지는 않는다.

이 책의 활용법과 쇼크시리즈 소개

1. 영단어쇼크 공편토(고급편)는 무엇이 다른가?

 영단어쇼크 공편토(고급편)는 공무원, 편입, 토플, 텝스, GRE, SAT 등 각종 시험을 준비하는 영어 학습자가 가장 많이 보는 4개의 영단어 책 B, M, K, Y를 비교 분석하여 장점을 취하고 단점을 버리는 전략을 취했습니다. 4개의 영단어 책에서 제시한 표제어를 모두 수록했고, 반드시 알고 있어야 할 빈도 높은 핵심 어휘를 추가하여 1,200개의 표제어를 선정했습니다. 단어 뜻을 확실히 이해 할 수 있는 예문과 함께 동의어, 파생어를 함께 수록하여 3,000개 이상의 단어가 습득되도록 하였습니다.

2. 영단어쇼크 공편토(고급편) 학습 방법

 영단어쇼크 공편토(고급편)는 아래와 같이 단어의 발음으로 그 뜻을 연상할 수 있는 해마학습법, 단어 속에 들어 있는 어원으로 그 뜻을 알 수 있는 어원학습법을 중심으로 전치사쇼크, 영문법쇼크와 같은 스토리 전개 방식으로 재미있게 설명되어 있습니다. 하루에 1일 차씩 읽어가며 학습하시면 됩니다. 시험 준비는 시간 싸움으로 짧은 기간에 많은 단어를 익혀야 하기 때문에 재미있고, 즐겁게 학습할 수 있어야 합니다.

eerie [íri] a.섬뜩한, 무시무시한(weird)

발음 [이리] ▶ [이리] 떼가 가축을 잡아먹는 섬뜩하고 무시무시한 장면을 연상.

- I found the silence underwater really **eerie**.
  나는 물속의 고요함이 정말 섬뜩하다는 것을 알았다.
- Creepy old mansions, missing treasure, secret codes, **eerie** thunderstorms.
  오싹한 오래된 저택들, 사라진 보물, 비밀암호, 섬뜩한 천둥 번개들.

brusque [brʌsk] a.무뚝뚝한(blunt, sullen), 통명스러운

brus(솔, 붓=brush)+que의 결합.
무뚝뚝한 사람을 브러시(brush)에 붙어 있는 뻣뻣한 털에 빗대어 '솔과 같은=무뚝뚝한'이란 뜻이 파생.

- I apologize for being so **brusque** with you.
  당신에게 너무 통명스럽게 대해서 죄송합니다.

3. 영단어쇼크 기본편

 독해를 할 때 기본어휘가 더 중요할까요? 아니면 고급어휘가 더 중요할까요? 기본어휘가 훨씬 더 중요합니다. want(원하다)가 '부족'이란 뜻으로 사용되었는데 그 뜻을 모를 때, elaborate(정성들인)이 '자세히 말하다'는 뜻으로 사용되었는데 그 뜻을 모를 때 문장의 의미 파악은 더 힘들어집니다. 처음부터 모르는 단어는 문맥을 통하여 객관적으로 추론하려고 하지만, 이미 알고 있는 단어 뜻은 그 단어가 갖고 있는 새로운 의미를 파악하는데 방해가 됩니다. 그래서 기본 어휘가 훨씬 더 중요합니다. 영단어쇼크 기본편은 모든 시험에 필요한 핵심 필수 어휘를 총정리해 놓았습니다. 적지 않은 영어 학습자가 교재를 선택함에 있어서 다른 사람들의 눈치를 보는 경우가 많습니다. 주변 사람들이 고급편을 보면 자신의 어휘력과는 상관없이 고급편을 먼저 보는 경우가 많습니다. 기본 어휘의 중요성은 아무리 강조해도 지나치지 않습니다.

4. 영문법쇼크

 영어의 3박자는 문법, 단어, 숙어입니다. 문법은 '영문법쇼크', 단어는 '영단어쇼크', 숙어는 '전치사쇼크'입니다. 빠른 독해를 위해서는 문법적인 체계가 완성되어 있어야 합니다. 시제, 수동태, 관계사, 분사구문 등등 '영문법쇼크'는 문법뿐만 아니라 독해를 스피드하게 해 줄 것입니다. 더 나아가 사회인이 되어 책을 번역하거나, 원어민과 메일을 주고받는 등 실무에서도 엄청난 힘을 발휘할 것입니다.

5. 전치사쇼크

 빠른 독해, 정확한 독해를 위해서는 영숙어(전치사)가 중요합니다. give up(포기하다), brush up(복습하다), dress up(정장하다)처럼 암기하면 암기 지옥에 빠지는 것입니다. give(주다)에 up을 붙였을 뿐인데 왜 '포기하다'는 뜻이 되는지, brush(솔질하다)에 up을 붙였을 뿐인데 왜 '복습하다'는 뜻이 되는지 그 원리를 파악하면 up이 붙어 있는 숙어 100개를 몇 시간 만에 읽어 기억할 수 있습니다. '전치사쇼크'는 숙어가 나왔을 때 왜 그런 뜻이 파생되는지 쉽게 이해할 수 있도록 그 원리를 설명해 놓았습니다.

Contents

- 전부를 걸어야 하는 시대다.
- 이 책의 활용법과 쇼크시리즈 소개

Day 01 / 010	**Day 13** / 068	**Day 25** / 128	**Day 37** / 188	**Day 49** / 248
Day 02 / 015	**Day 14** / 073	**Day 26** / 133	**Day 38** / 193	**Day 50** / 253
Day 03 / 019	**Day 15** / 078	**Day 27** / 138	**Day 39** / 198	**Day 51** / 258
Day 04 / 024	**Day 16** / 083	**Day 28** / 143	**Day 40** / 203	**Day 52** / 264
Day 05 / 029	**Day 17** / 088	**Day 29** / 148	**Day 41** / 208	**Day 53** / 269
Day 06 / 034	**Day 18** / 093	**Day 30** / 153	**Day 42** / 213	**Day 54** / 274
Day 07 / 039	**Day 19** / 098	**Day 31** / 157	**Day 43** / 218	**Day 55** / 280
Day 08 / 044	**Day 20** / 103	**Day 32** / 162	**Day 44** / 223	**Day 56~57** / 285
Day 09 / 049	**Day 21** / 108	**Day 33** / 168	**Day 45** / 228	**Day 58** / 293
Day 10 / 054	**Day 22** / 113	**Day 34** / 173	**Day 46** / 233	**Day 59** / 297
Day 11 / 059	**Day 23** / 118	**Day 35** / 178	**Day 47** / 238	**Day 60** / 302
Day 12 / 063	**Day 24** / 123	**Day 36** / 183	**Day 48** / 243	

우물쭈물하며 시간을 허비하고 있지 않은가?
나는 전부를 걸고 도전해 본 적이 있는가?
오늘을 바꾸지 않으면 미래는 달라지지 않는다.

Day 1

brittle[brítl] a.부서지기 쉬운(fragile)
발음 [브리틀] ▶ 부서지기 쉬운 재료로 만든 [브릿]지와 [틀]니는 퇴출시켜야 합니다.

- As a person ages, his bones grow more **brittle**.
  사람은 나이가 들수록 뼈는 더 쉽게 부러지게 된다.
- Some of the pieces may take longer to move because they are very **brittle**.
  작품의 일부는 너무 부서지기가 쉽기 때문에 옮기는 데 더 시간이 걸릴 수도 있다.

drudgery[drʌ́dʒəri] n.단조롭고 고된 일
발음 [드러져리] ▶ 나는 집에 오면 [드러져~] 눕는 힘든 일을 한다.

- Both manual labor and being a chauffeur are **drudgery**.
  막노동과 대리운전은 단조롭고 고된 일이다.
- Will we ever get out of this **drudgery** and be independent?
  우리는 정말 이 고된 일에서 벗어나 자유로워질 수 있을까?

eerie[íri] a.섬뜩한, 무시무시한(weird)
발음 [이리] ▶ [이리] 떼가 가축을 잡아먹는 섬뜩하고 무시무시한 장면을 연상.

- I found the silence underwater really **eerie**.
  나는 물속의 고요함이 정말 섬뜩하다는 것을 알았다.
- Creepy old mansions, missing treasure, secret codes, **eerie** thunderstorms.
  오싹한 오래된 저택들, 사라진 보물, 비밀암호, 섬뜩한 천둥 번개들.

harangue[hərǽŋ] n.열변, 장황한 이야기 v.열변을 토하다, 장황한 이야기를 하다
발음 [허랭] ▶ 멸종 위기 [호랑]이를 보호해야 한다고 열변을 토하는 사람 연상.

- Don't worry, I don't get you here to **harangue** you.
  걱정하지 마. 너한테 장황한 이야기 하려고 여기 오라고 하지 않아.
- The Declaration of Independence flames with his **harangue**.
  독립선언서는 그의 열변으로 불타올랐습니다.

brusque[brʌsk] a.무뚝뚝한(blunt, sullen), 퉁명스러운

brus(솔, 붓=brush)+que의 결합.

무뚝뚝한 사람을 브러시(brush)에 붙어 있는 뻣뻣한 털에 빗대어 '솔과 같은=무뚝뚝한'이란 뜻이 파생.

- I apologize for being so **brusque** with you. 당신에게 너무 퉁명스럽게 대해서 죄송합니다.
- She has such a **brusque** way of speaking that she always sounds angry.
  그녀는 너무 퉁명스러운 화법을 갖고 있어서 항상 화난 것처럼 들려.

mediocre[mìːdióukəːr] a.보통의(usual, normal), 평범한

medi(중간=middle)+ocre의 결합.

'반에서 성적이 중간인=평범한(common, commonplace, humdrum)'입니다. 30명 중에서 중간인 15등을 하면 보통인, 평범한 학생입니다.

- It is better to have one good friend than one hundred **mediocre** friends.
  백 명의 보통 친구들 보다 한 명의 좋은 친구가 있는 것이 훨씬 좋다.
- Because of the high standards, Korean students feel like they are **mediocre**.
  높은 기준 때문에 한국 학생들은 자신이 평범하다고 느낀다.

philanthropist[filǽnθərəpist] n.박애가(주의자), 자선가

phil(사랑하다=love)+anthrop(사람=man)+ist(사람)의 결합.

사람을 사랑해야 한다고 주장하는 사람은 박애주의자로, philosophy(철학-지식 사랑)의 어근 phil은 love입니다.

- He was a professional boxer, **philanthropist**, social activist, and is widely recognized and idolized by fans all over the world.
  그는 프로 권투 선수, 자선가, 사회 활동가였고 전 세계 팬들에게 널리 인정받고 우상화되어 있다.

voluptuous[vəlʎptʃuəs] a.관능적인, 선정적인, 향락적인

발음 [벌럽츄어스] ▶ 그 춤은 다리 [벌리고 춤추어서] 너무 선정적이야.

- She is famous for her unbelievably beautiful **voluptuous** body.
  그녀는 믿을 수 없을 정도로 아름답고 관능적인 몸매로 유명해.
- I don't like you dancing a **voluptuous** dance.
  나는 네가 관능적인(선정적인) 춤을 추는 것을 좋아하지 않아.

waive[weiv] vt.(권리)포기하다, 철회하다(withdraw), 면제하다(exempt)

wave(파도, 파도치다, 손을 흔들다)와 waive는 발음이 같습니다.

- He persuaded the delegates to **waive** their objections.
  그는 대표단에게 그들의 반대를 철회해 달라고 설득했다.
- Enrollment fees can be **waived** in cases of economic hardship.
  경제적으로 어려운 경우에는 입학금을 면제받을 수 있다.

answerable [ǽnsərəbl] a.대답할 수 있는, 책임 있는(responsible, liable)

answer(v.대답하다)+able(가능)의 결합.

'대답할 수 있는'에서 '책임 있는'이란 뜻이 파생. 무엇인가 시켰을 때 '저요!'라고 대답할 수 있는 사람은 그 일에 책임을 지는 사람입니다. 서술적 용법으로만 사용.

- We need a government **answerable** to the people.
  우리는 국민에게 책임 있는 정부가 필요합니다.
- This is the gas that is most **answerable** for global warming.
  이것이 지구 온난화에 가장 책임 있는 가스이다.

permeate [pə́:rmièit] v.스며들다(percolate, infiltrate), 퍼지다(spread)

발음 [펌이~] ▶ [펌=퍼머] 약[이] 머리카락에 스며드는 모습 연상. 액체나 기체가 스며든 후 그다음에는 퍼지기 때문에 '스며들다'에서 '퍼지다'는 뜻이 파생.

- As she entered through the door, her strong perfume **permeated** the room.
  그녀가 문으로 들어오자 강한 향수 냄새가 방으로 스며들었다.
- The rumor of a heavy lay-off **permeated** the whole workplace.
  대대적인 감원이 있을 것이란 소문이 전 작업장에 퍼졌다.

lassitude [lǽsitjùːd] n.(정신, 육체적)나른함, 피로(fatigue), 무기력함

발음 [래시~] ▶ [래시]가드 수영복을 입고 훈련을 마친 후 피로해 하는 수영선수를 연상.

- I felt a sudden **lassitude** descend on me.
  나는 갑작스러운 피로가 엄습함을 느꼈다.
- Sleep is essential for the recovery from **lassitude** and maintenance of health for young children.
  수면은 어린 학생들의 피로 회복과, 건강관리에 필수이다.

destitution [dèstətjúːʃən] n.빈곤, 궁핍

de(분리=off)+sti(서 있다=stand)+tution의 결합.

'집에 서 있는 가축들을 분리시켜 왕, 영주, 교회가 가져가버린 상태=빈곤(poverty, want, destitution, indigence, privation)'입니다.

- Good governance can eliminate injustice, **destitution** and poverty.
  훌륭한 통치는 불의, 궁핍과 가난을 제거할 수 있습니다.
- Free income eventually contributed to the nearly complete elimination of **destitution** in the town.
  무료 소득은 결국 마을에 거의 완전한 빈곤 퇴치에 기여했다.

sterile [stéril] a.메마른(impoverished, infertile), 불모의, 불임의

발음 [스테릴] ▶ 그녀는 불임이라 [수태를] 못해요.

모래처럼 땅이 메마르면 식물이 자라지 않는 불모의 땅이 되고, 사람이 메마르면 임신을 하지 못하지요.

- They all live in colonies consisting of one or a few queens, and then all the ants you see walking around are **sterile** female workers.
  모든 개미는 하나 혹은 몇 마리의 여왕개미로 구성된 서식지에 거주합니다. 여러분이 길에서 볼 수 있는 모든 개미는 번식이 불가능한 암컷 일개미 입니다.

impound [impáund] vt.가두다, 압수(몰수)하다(confiscate)

im(안에=in)+pound(가두다=pond)의 결합.

가두는 것은 안에 가두는 것이기 때문에 접두어 im(안에)가 붙은 것. 범죄자를 유치장 안에 가둔 다음 갖고 있는 물건은 압수하기 때문에 '가두다'에서 '압수(몰수)하다'는 뜻이 파생.

- We have **impounded** a stray cattle. 우리는 길 잃은 소 한 마리를 가두어 놓았어.
- The police **impounded** a vehicle for blocking the fire exit.
  경찰은 화재용 비상구를 막고 있기 때문에 그 차를 압류했다.

corollary [kɔ́:rəlèri] n.필연적인 결과

co(함께=com=with)+roll(v.굴리다, 구르다)+ary의 결합.

'이것저것 다 함께 굴러가서 마지막에 밖으로 나온 것=필연적인 결과'입니다.

- Unfortunate things always happen as a **corollary** to Murphy's Law.
  불행한 일들은 머피의 법칙에 따른 필연적인 결과로써 항상 일어난다.
- It is quite obvious that climate change will lead to countless negative **corollaries**.
  기후 변화가 수많은 부정적인 결과를 초래할 것이라는 것은 아주 명백한 사실이다.

prosaic [prouzéiik] a.산문체의, 평범한, 지루한

pros(산문, 평범, 단조=prose)+aic의 결합.

'산문체와 같은=평범한(normal), 지루한(tedious, tiresome, wearisome, boring)'입니다. 소설, 수필과 같은 산문은 시종일관 '~다'로 끝나기 때문에 문체가 단조롭고 평범합니다. 일상 대화에서 산문체로 말하면 지루하고 따분하지요. '산문체의'에서 '평범한, 따분한'이란 뜻이 파생.

- Trying new things makes life interesting. Of course, life shouldn't be **prosaic**.
  새로운 것을 시도하는 것은 삶을 재미있게 해 준다. 물론 인생은 지루해서는 안 된다.
- If everything has the same color, the world would look very **prosaic**.
  모든 것이 같은 색을 가지고 있다면, 세상은 매우 지루해 보일 것입니다.

debris [dəbrí:] n.파편, 잔해, 쓰레기(refuse, rubbish, trash)

de(분리=off)+bri(벽돌=brick)+s로 결합.

'건물 외벽에 붙어있던 벽돌이 분리되어 나온 것=파편(fragment, splinter), 잔해'입니다.

- A number of people were killed by flying **debris**.
  많은 사람이 날아오는 파편에 목숨을 잃었다.
- The streets are full of **debris** from last night's riot.
  거리는 어젯밤 폭동의 잔해(쓰레기, 파편)들로 가득 차 있다.

brevity [brévəti] n.(말, 문장)간결(conciseness), (시간)짧음

brevity(간결)는 brief의 명사형으로, brev(brief=간결한, 짧은)+ity의 결합입니다.

- brief a.짧은(short), 간결한 vt.요약하다(summarise, shorten)
- The essay was written with clarity and **brevity**.
  그 에세이는 명료하고 간결하게 쓰였다.

grievance [grí:vəns] n.불만, 고충(사항)

griev(슬프게 하다=grieve)+ance의 결합.

'어떤 일이 사람을 슬프게 만들 때 느끼는 것=불만(complaint), 고충사항'입니다. 친구들은 주당 1만원의 용돈을 받는데 나는 5천원을 받아서 슬프다, 동료는 본사 근무인데 나는 지방으로 발령 나서 슬프다고 말하면 불만, 고충 사항을 털어놓는 것입니다.

- Through violence, protestors often voice their **grievances** and ideas.
  폭력을 통해 시위자들은 종종 그들의 불만과 생각을 말한다.
- My husband always makes a **grievance** about food.
  나의 남편은 항상 음식에 대해 불평을 한다.

Day 2

parch[pɑːrtʃ] vt.(콩 따위를)볶다, 데치다(scald)

발음 [파취] ▶ 악녀 [팥쥐]가 콩쥐를 들들 볶는 모습을 연상.

- Spray the oil on the frying pan and **parch** the fish.
  프라이팬에 기름을 두르고 물고기를 데치세요.

baffle[bǽfəl] vt.당황하게 만들다(perplex, bewilder, confuse)

발음 [배프-ㄹ] ▶ 나와 친하지 않은 사람이 나를 [베프(best friend)]라고 소개하여 나를 당황하게 만드는 모습을 떠올려 보세요.

- The doctors were **baffled** but could do nothing for him.
  의사들은 당황했지만 그를 위해 아무것도 할 수 없었습니다.
- This great mystery still **baffles** scientists to this day.
  이 거대한 불가사의는 여전히 오늘날까지 과학자들을 당황스럽게 한다.

chagrin[ʃəgrín] n.분함, 원통함 vt.분하게(원통하게) 만들다

발음 [셔그린] ▶ 주식 투자로 전 재산을 [싸그리 날린] 사람의 분하고 원통한 심정을 연상해 보세요.

- To the **chagrin** of the French, English is now the language of diplomacy.
  프랑스인에게는 분하게도, 이제 영어가 외교 언어이다.
- Lee lost the match of the century to everybody's **chagrin**.
  이세돌은 세기의 경기에서 패했고 모두를 원통함에 빠뜨렸다.

fiscal[fískəl] a.국고의, 재정(회계)의(financial)

라틴어 fiscus(돈 주머니)에서 유래한 단어.
'국가의 돈주머니=국고(國庫)'이고, '돈 관리 하는 일=재정(財政)'입니다.

- The country has faced huge **fiscal** imbalances, large government deficit.
  그 나라는 엄청난 재정 불균형, 막대한 정부 적자에 직면해왔다.
- Most financial companies finish their **fiscal** year in March.
  대부분의 금융회사들은 3월에 회계연도를 마감한다.

고급편 **015**

forego [fɔːrgóu] vt. 앞서가다, 선행하다

fore(앞=before)+go(vi.가다)의 결합.

'다른 사람 앞에 가다=앞서가다(precede), 선행하다'입니다.

- The **foregoing** is only a few of the instances.
  앞서 말한 것은 몇 가지 예시일 뿐이다.
- He was highly respected, his election was believed to be a **foregone** conclusion.
  그는 매우 존경을 받고 있어서, 그의 당선은 기정사실인 것으로 믿었다.

bureau [bjúərou] n. 책상, 사무소, (관청)국

bureau는 원래 서랍이 있는 **책상**이란 뜻. 서랍이 있는 책상들은 사무실, 관공서에서 주로 사용하기 때문에 '책상'에서 '사무소, (관청)국'이란 의미가 파생.

- the Federal Bureau of Investigation 연방 수사국(FBI)
- Japan's Kyodo News opened a **bureau** there, in September, 2006.
  일본의 교도 통신은 2006년 9월 거기에(평양) 지국을 개설했다.

grouchy [grautʃi] a. 짜증 내는, 신경질적인(irritable)

발음 [그라우~] ▶ '동무! 그만 [가라우]'라고 하면서 **짜증 내는** 북한 사람 연상.

- Why are you so **grouchy**?
  너 왜 그렇게 짜증이야?

monetary [mánətèri, mʌ́n-] a. 통화의, 금융의, 금전의

mone(돈=머니=money)+tary의 결합.

'돈과 관련된=통화의(financial), 금융의, 금전의'입니다.

- He said **monetary** policy measures were necessary to calm the market.
  그는 시장을 안정시키기 위해 통화(금융)정책 수단이 필요하다 말했다.
- Britain is one of the few countries not to give out **monetary** prizes.
  영국은 금전적인 상을 주지 않는 소수의 국가 중 하나이다.

derelict [dérəlikt] a. (건물, 배)버려진 n. 버려진 자(노숙자, 부랑자)

de(강조=completely)+re(뒤=back)+lict(떠나다=leave)의 결합.

'떠나면서 뒤에 남겨진=버려진(abandoned), 버려진 자'입니다.

- He has bought a **derelict** hotel near LA.
  그는 LA 근처의 버려진 호텔을 샀다.
- They are still living in a **derelict** house.
  그들은 여전히 버려진 집에서 살고 있어.

polytheism [pάliθi:izəm] n.다신교(론), 다신 숭배

poly(많은=many)+the(신=god)+ism(주의)의 결합. '여러 신을 믿는 것=다신교, 다신 숭배'입니다.

- monotheism n.일신교(mono=하나, the=신), 일신 숭배
- I think **polytheism** is more justifiable than monotheism.
  나는 다신론이 일신론보다 이치에 맞다고 생각한다.

overt [óuvə:rt] a.명백한, 공공연한

over(위에)+t의 결합.

누구나 볼 수 있는 '무대 위에서 이루어지는=공공연한(avowed), 명백한(obvious)'입니다.

- Often criticized for its **overt** commercialism, popular culture is driven by such media as film, television, radio, comics, magazines, and the Internet.
  명백한 상업주의로 종종 비난 받는 대중문화는 영화, 텔레비전, 라디오, 만화, 잡지, 인터넷과 같은 매체들에 의해 움직인다.

tractable [trǽktəbəl] a.다루기 쉬운, 온순한

tract(끌어당기다=draw)+able(가능)의 결합.

'당기면 원하는 대로 당겨오는=다루기 쉬운(manageable), 온순한(meek, docile, obedient)'입니다. 농기구 tractor(트랙터)는 쟁기를 끌어당겨 논밭을 가는 기계입니다.

- Dogs are more **tractable** than cats.
  개는 고양이보다 다루기가 더 쉬워.
- He has a highly **tractable** personality easily influenced by suggestion.
  그는 제안에 쉽게 영향을 받는 매우 온순한 성격을 갖고 있다.

confiscate [kάnfiskèit] vt.몰수하다(forfeit), 압류(압수)하다

con(강조=completely)+fisc(금고=treasury)+ate의 결합.

'개인의 재산을 국가의 금고에 넣다=몰수하다, 압류하다(attach)'입니다. 라틴어 confiscatus가 영어에 유입된 단어. 개인이나 회사가 갖고 있는 재산을 빼앗아 국고로 넣는 것은 몰수(압류, 압수)입니다.

- As soon as he got there, his passport was **confiscated**.
  그가 거기에 도착하자마자 그의 여권은 압수당했다.
- We will be **confiscating** the vehicle when a drunk driver is caught three or more times.
  음주 운전자가 3번 혹은 그 이상 걸렸을 때 차량을 압수할 계획입니다.

gloat [glout] vi.흐뭇하게 바라보다, 흡족해하다

gloat에서 철자 l을 빼면 goat(염소)가 됩니다. 목동이 염소 떼를 흡족한 듯이 바라보는 모습을 연상하세요.

- He **gloated over** the long lists of books he had read.
  그는 자신이 읽은 책의 긴 목록들을 흐뭇하게 바라보았다.
- Anti-abortionists are **gloating over** the court's decision.
  낙태 반대론자들은 법원의 결정에 흡족해하고 있다.

cohabit [kouhǽbit] vi. 동거하다, 공생하다

co(함께=with)+habit(갖고 있다=have)의 결합.
'결혼하지 않은 남녀가 함께할 잠자리를 갖고 있다=동거하다(live together)'입니다.

- The two parties have **cohabited** not by intention, but by the public pressure.
  그 두 정당은 서로의 의도에 의해서가 아니라 여론에 밀려 공생했다.
- More than half of Americans are married or are **cohabiting** with or dating their future partner by 30.
  미국인 절반 이상이 30세쯤 결혼하거나, 동거하거나, 미래의 파트너와 데이트를 합니다.

serenity [sərénəti] n. 평온(calmness, quietness, quietude, tranquility)

발음 [서렌어티] ▶ 탄자니아에 있는 **평온한** [세렝게티] 초원을 연상해 보세요.

- Choosing colors like dark blue, which evokes feelings of **serenity** and peace, can help lift your mood as well.
  평온과 평화의 느낌을 불러일으키는 짙은 파란색과 같은 색깔들을 선택하는 것은 또한 당신의 기분을 좋아지게 하는데 도움을 준다.

nascent [nǽsənt] a. 초기의(beginning), 발생기의

발음 [내선-] ▶ [내]가 기다가 일어[선] 초기의 유아 사진을 떠올려 보세요.

- The discussion is only in a **nascent** stage. 그 심의(토론)는 단지 초기 단계에 불과합니다.
- The market for 3D printing is a **nascent** one. 3D 프린팅 시장은 초기의 시장이야.

liquidate [líkwidèit] v. (빚을)청산하다, 정리하다

liquid(n.액체)+ate의 결합. '고체를 액체로 녹여 없애다'에서 '청산하다, 정리하다'는 뜻이 파생.

- Let me suggest that we should **liquidate** faltering enterprises this time.
  이번 기회에 부실기업들을 정리해야 한다고 제안합니다.

vex [veks] vt. 짜증나게 하다(irritate), 화나게 하다

발음 [벡스] ▶ 친구가 나를 [백수]라고 불러 **짜증나게 한다**.

- He was **vexed** that his wife would not tell him where she had been.
  아내가 어디에 갔다 왔는지 말하려 하지 않았기 때문에 그는 몹시 화가 났다.
- The sound of the vuvuzela is very **vexing** for both soccer fans and players.
  부부젤라 소리는 축구 팬들과 선수들 모두를 짜증나게 합니다.

Day 3

subconscious [sʌbkánʃəs] a.잠재의식의 n.잠재의식

sub(아래=under)+conscious(a.의식하고 있는)의 결합.

'의식 아래에 숨어 있는 것=잠재의식'입니다.

- Surrealism explores the **subconscious** elements of the human mind.
  초현실주의는 인간 내면의 잠재의식적 요소를 탐구한다.

subpoena [səbpíːnə] n.소환(장), 호출(장) vt.소환(호출)하다

sub(아래=under)+poena(형벌=penalty)의 결합.

'형벌 이전의 아래 단계로, 죄가 있는지를 파악하기 위해 사람을 불러들이는 것=소환(호출)'입니다.

- The witness was killed before a **subpoena** could be issued.
  소환장이 발부되기 전에 목격자가 살해되었다.
- Select committees have the power to **subpoena** witnesses.
  특별위원회는 증인을 소환할 수 있는 권한을 가지고 있다.

subservient [səbsə́ːrviənt] a.도움이 되는, 비굴한

sub(아래=under)+serv(봉사하다, 시중들다=serve)+ient의 결합.

'아래에서 봉사하는=비굴한(servile), 도움 되는(helpful)'입니다. 누군가에게 시중들면 도움이 되는 것은 당연하고, 그렇게 할 필요가 없음에도 그렇게 하는 것은 비굴한 짓입니다.

- The attempt to look for a consensus of opinion was regarded as weak and **subservient**.
  의견의 일치를 찾으려는 시도는 나약하고 비굴한 것으로 여겨졌다.
- **Subservient** people tend to cheapen themselves by bowing to authority to make a living.
  비굴한 사람들은 생계를 꾸리기 위해 권위에 복종함으로써 자신을 값싸게 하는 경향이 있다.

subsidy [sʌ́bsidi] n.보조금, 장려금

sub(아래=under)+sid(앉아 있다=sit)+y의 결합.

'성장, 발전을 위해 아래에 깔아 주는 돈은=보조금(subsidiary), 장려금'입니다.

- subsidies for electric cars 전기 자동차 보조금
- Government **subsidies** for fossil fuels should be cut off.
  화석연료를 위한 정부 보조금은 중단(삭감)되어야 합니다.

subterfuge [sʌ́btərfjùːdʒ] n. 구실, 핑계

sub(아래=under)+ter+fuge(달아나다=flee)의 결합.

'비난이나 처벌에서 달아나기 위해 아래에 미리 깔아두는 것=핑계(excuse, pretext, pretense)'입니다.

- According to the Consumers' Report, the issue of new models is often a **subterfuge** for raising prices.
  소비자 보고서에 의하면 새 모델의 출시는 때때로 가격을 올리기 위한 구실에 불과하다.

- I stayed away from school, giving my mother's illness as a **subterfuge**.
  나는 결석했는데, 핑계로 어머니의 병환을 들었다.

subterranean [sʌ̀btəréiniən] a. 지하의

sub(아래=under)+ter(땅=territory)+ranean의 결합.

'땅 아랫부분인=지하의(underground)'입니다.

- **Subterranean** reservoirs in the United States contain far more usable water than all surface reservoirs and lakes combined.
  미국 내의 지하 저수지들은 지표에 있는 모든 저수지와 호수를 합한 것보다 훨씬 더 유용한 물을 담고 있다.

succor [sʌ́kər] n. 도움, 원조

suc(아래=sub=under)+cor(달리다=cur=run)의 결합.

'보통 사람보다 아래에 있는, 열악한 환경에 있는 사람에게 달려가서 주는 것=도움(aid, help, assistance), 원조'입니다.

- We shall be ever grateful for the **succor** your country gave us when we were in need.
  우리가 도움이 필요할 때 귀하의 나라가 우리에게 제공했던 원조에 대해 우리는 항상 감사할 것입니다.

- Currently South Korea is providing the largest overseas development **succor** to the Philippines.
  현재 한국은 가장 많은 해외 개발 원조를 필리핀에 제공하고 있다.

succinct [səksíŋkt] a. (말, 글)간결한(concise)

suc(아래=under)+cinct(묶다=tie)의 결합.

소매 아래에 늘어진 옷을 묶어 간결하게 한 행위에서 유래하여 말과 글이 간결하다고 할 때 사용.

- I think he gave the most **succinct** presentation that we have ever heard.
  나는 그가 지금까지 우리가 들은 강연 중 가장 간결한 발표를 한 것으로 생각해.

expropriate [ekspróuprièit] vt. (토지, 재산 등)빼앗다, 몰수하다

ex(밖의=out)+propri(자신의, 적절한=proper)+ate의 결합.

'국가 등이 자신의 손에 있는 것을 밖으로 가져가다=빼앗다(deprive), 몰수하다(confiscate)'입니다.

- expropriation n. 빼앗음, 몰수(confiscation, forfeiture), 수용, 징수

- His property will be soon **expropriated** in accordance with legal procedures.
  그의 재산은 곧 법적 절차에 따라 몰수될 것입니다.
- His land was **expropriated** to build an expressway.
  고속도로 건설을 위해 그의 토지는 강제 수용당했다.

ablution [əblúːʃən] n.목욕(보통 pl.), (종교)세정식

ab(분리=off)+lu(씻다=wash)+tion(명접)의 결합.

'몸에 있는 더러운 것을 씻어서 분리시키는 것=목욕(bathing)'입니다.

- The man always renders thanksgiving to God after performing his **ablution**.
  그 남자는 항상 목욕재계 후 신에게 감사 기도를 드린다.
- They want to upgrade the **ablution** facilities.
  그들은 목욕 시설을 향상시키길 원합니다.

amenity [əménəti] n.편의시설, (장소)쾌적함

a(이동=ad)+men(사람들=people)+ity(명접)로 결합.

'모든 사람이 가서 이용하는 것=편의시설(convenient facility, accommodations)'입니다.
모든 사람이 건축물, 교통수단, 도로, 정보통신망 등에 편리하고 안전하게 접근하고 이용할 수 있도록 제공되는 시설이 편의시설입니다. 편의시설은 대중이 이용하기에 쾌적해야 하기 때문에 '편의시설'에서 '쾌적함'이란 뜻이 파생.

- cultural amenities 문화시설 • luxurious amenities 고급스런 편의시설
- They lack even the most basic **amenities**.
  그들은 가장 기본적인 편의시설조차도 부족합니다.

finesse [finés] n.기교, 수완, 술책

fin(끝마치다=finish)+esse의 결합.

'전투나 게임을 승리로 끝내기 위해 필요한 것=기교, 술책(stratagem, tactics)'입니다.

- It was a disappointing performance which lacked **finesse**.
  그것은 기교가 부족한 실망스러운 공연이었다.
- He often shows **finesse** in dealing with people.
  그는 종종 사람 다루는 데 수완을 보여준다.

grudge [grʌdʒ] n.원한(spite, malice), 앙심, 뒤끝 vt.원한을 품다

발음 [그러쥐] ▶ 그는 자신을 [거러지=거지] 취급하는 사람에게 앙심을 품고 있다.

- Let's forget about the old **grudge** and be friends.
  묵은 원한(앙심, 뒤끝)에 대해 다 잊고 서로 잘 지내봅시다.
- The teenage hacker bore a **grudge** against society without any reason.
  그 십 대 해커는 아무 이유도 없이 사회에 원한을 품고 있었다.

mete [miːt] vt. (벌, 상)주다(allot), 측정하다(measure)

집집마다 전기나 수도 미터기(meter-계량기)가 있습니다. mete(미터)는 '측정하다'입니다. 죄와 공을 측정해서 벌을 주고 상을 주었기 때문에 '측정하다'에서 '주다(문어체)'는 뜻이 파생.

- He willingly accepted the punishment that was **meted** out to him.
  그는 기꺼이 자신에게 주어진 벌을 받아들였다.
- Direct corporal punishment should be permitted if it can be **meted** out in a fair manner.
  공정한 방식으로 주어질 수 있다면 직접적인 체벌도 허용되어야 합니다.

pallid [pǽlid] a. 창백한(pale), 핼쑥한

pal(창백한=pale)+lid의 결합. pallid와 pale은 동의어입니다.

- His occupation required that he work at night and sleep during the day, he had an exceptionally **pallid** complexion.
  그의 직업은 밤에 일하고 낮에 자야 하는 일이어서 그는 안색이 대단히 창백했다.

senility [sinílәti] n. 노쇠(anility), 치매(dementia)

발음 [신일러티] ▶ 그는 [쉰=50]에 [일러=이르러] 치매에 걸렸다.

- Often, cerebral arteriosclerosis is responsible for the **senility** in elderly people.
  종종 뇌동맥경화증은 나이 든 사람들에 있어서 치매(노망)의 원인이 된다.

trample [trǽmpәl] vt. 짓밟다(override), 뭉개다, 유린하다

발음 [트램플] ▶ 바닥을 거칠게 짓밟는 스텝으로 춤추는 [트램플(trample)]을 연상하세요.

- Several children were **trampled** and seriously wounded by the rushing crowd.
  쇄도하는 군중에 의해 몇 명의 어린이가 짓밟혀 심하게 부상당했다.
- They are **trampling** human rights and further alienating the minority.
  그들은 인권을 짓밟고(유린하고) 있으며 소수자를 한층 더 소외시키고 있다.

tantamount [tǽntәmàunt] a. 동등한(equivalent), 똑같은(equal)

발음 [탠터마운트] ▶ [마운트(산)]에 등산객이 쳐 놓은 똑같은 모양의 텐트를 연상.

- It declared that the Japanese claim to Dokdo **was tantamount to** invasion.
  정부는 독도에 대한 일본의 (영유권) 주장은 침략과 같은 것이라고 선언했다.
- To reveal key technology **is tantamount to** treason.
  핵심 기술을 유출하는 것은 반역죄와 같습니다.

proprietor [prəpráiətər] n.소유자, 소유주

propri(자신의, 적절한=proper)+et+or(사람)의 결합.

'어떤 것을 자신의 것으로 갖고 있는 자=소유자(owner, possessor)'입니다. 어떤 물건을 갖고 있으면 그 물건에 대한 모든 권리는 소유자가 독점하고 있기 때문에 '소유자의'에서 '독점의'라는 뜻이 파생.

- proprietary[prəpráiəteri] a.소유자의, 독점의(monopoly, exclusive)
- Do you know the **proprietor** of the building?
  너 그 건물의 소유자를 알고 있어?
- The **proprietor** of that store waits on customers himself.
  저 가게 주인은 직접 손님에게 시중든다.

Day 4

supercilious[sùːpərsíliəs] a.거만한, 사람을 깔보는

super(위=over)+cili(눈꺼풀=eyelid)+ous의 결합.

'위의 눈꺼풀을 아래로 내려 사람을 쳐다보는=거만한(haughty, arrogant)'입니다.

- He thought himself a genius and had a **supercilious** smile.
  그는 자신을 천재라고 생각하며 거만하게 미소 지었다.
- He is never **supercilious** to others, even though he is famous.
  그는 유명하지만, 결코 다른 사람들에게 오만하지 않아.

superego[sùːpəríːgou] n.초자아(超自我)

super(위=over)+ego(n.자아)의 결합.

'자아 위에 있는 것=초자아'입니다.

- If you like the **superego**, it's a little part of the brain that has no control over what you do.
  초자아라는 것을 좋아하는지 모르지만, 여러분의 행동에 전혀 영향을 못 미치는 뇌의 작은 영역입니다.

supernal[suːpə́ːrnl] a.하늘의, 천상의

super(위=over)+nal의 결합.

'땅 위인=하늘의, 천상의(heavenly)'입니다. 문어체 단어.

- The movie has a **supernal** glow that you can practically warm your hands by.
  그 영화는 당신이 실제로 그것으로 당신의 손을 데울 수 있는 천상의 빛을 가지고 있다.

supine[suːpáin] a.반듯이 누운, 게으른

sup(위=super=over)+ine의 결합.

'위를 보고 누운=반듯이 누운'입니다. 일을 하지 않고 늘 반드시 누워 있는 사람은 게으른 사람이기 때문에 '반듯이 누운'에서 '게으른(lazy, idle)'이란 뜻이 파생.

- You have to do this exercise in a **supine** position.
  이 운동은 반듯이 누운 자세로 해야 합니다.
- He fell backward and lay **supine** until help came.
  그는 뒤로 넘어서서 도움을 받을 때까지 반듯이 누워 있었다.

surveillance [sərvéiləns] n.감시, 사찰

sur(위=super=over)+veil(n.베일, 덮개)+ance의 결합.

'베일로 자신을 가리고 위에서 아래에 있는 사람들을 지켜보는 것=감시(watch, lookout)'입니다.

- He said that there is no difference between the **surveillance** cameras and drones.
  그는 감시카메라와 무인 비행기는 차이가 없다고 말했다.

opinionated [əpínjənèitid] n.고집 센, 완고한

opinion(n.의견, 견해=view)+at+ed(갖고 있는=have)의 결합.

'자기 의견만 끝까지 갖고 있는=고집 센(stubborn, obstinate)'입니다.

- What makes you so **opinionated**?
  넌 왜 그렇게 고집이 세?
- For all his knowledge and abilities, he was very **opinionated** and was not considerate of others.
  학식과 능력에도 불구하고, 그는 고집이 매우 세고 다른 사람들에게 동정심이 없었다.

armistice [áːrməstis] n.휴전

arm(n.무기)+i+st(세우다=stand)+ice의 결합.

'서로 싸우다가 싸우지 않고 무기를 잠시 세워둔 상태=휴전(truce, suspension)'입니다.

- North and South Korea are now in a state of **armistice**.
  남북은 지금 휴전 상태에 있습니다.

artifice [áːrtəfis] n.속임수(deception), 책략

art(n.기술, 예술, 술책)+i+fic(만들다=make)+e의 결합.

'누군가를 속이기 위해 기술을 써서 만든 것=속임수, 책략(tactics, strategy)'입니다.

- artificial a.인공의, 거짓의   • artificially ad.인위적으로   • artificer n.기능공
- His remorse is just an **artifice** to gain sympathy.
  그의 후회는 동정을 얻기 위한 속임수일 뿐이다.
- The general's **artifice** enabled him to surprise the enemy.
  그 사령관의 책략은 적군을 놀라게 했다.

ascetic [əsétik] n.금욕주의자, 수도자 a.금욕주의의, 수도의

그리스어 asketes(수도자=monk)에서 유래한 단어. 수도자는 물질적인, 성적인 욕구를 금하는 금욕적인 생활을 합니다.

- Gandhi's **ascetic** personal philosophy has lost meaning for later generations.
  간디의 금욕주의적인 개인 철학은 후세들에게는 의미를 잃었다.

filthy [fílθi] a.더러운

fil(채우다=fill)+thy의 결합.

'더러운 것으로 채워진'이란 뜻에서 '더러운(dirty, foul, grimy, squalid)'이란 뜻이 파생.

- He never washed, and always wore a **filthy** old jacket.
  그는 씻지도 않았고 늘 더러운 낡은 재킷만 입었다.
- Pet cafes should be banned because they often expose their animals to a **filthy**, unhygienic environment.
  애완동물 카페는 더럽고 비위생적인 환경에 동물들을 자주 노출시키기 때문에 금지되어야 합니다.

gruesome [grú:səm] a.소름 끼치는, 섬뜩한(frightened, horrified)

그루섬(gruesome-소름 끼치는)이라는 제목의 영화가 많은데 섬뜩한 공포 영화입니다.

- And the next image I'm going to show is quite **gruesome**.
  제가 다음으로 보여드릴 사진은 상당히 섬뜩합니다.
- The surgery on offer was pretty **gruesome**.
  제공된 그 수술은 매우 끔찍했죠.

fictitious [fiktíʃəs] a.허구의, 가짜의

fic(만들다=make)+titious의 결합.

'인위적으로 만들어 낸=허구의(invented, false, fake), 가짜의'입니다. fiction(소설)은 없는 것을 만들어 낸 것으로 어근 fic은 make입니다.

- The spy used a **fictitious** name while dealing with the enemy.
  그 스파이는 적군을 상대할 때 가명(가짜 이름)을 사용했다.
- The character is **fictitious**, but it is a fact that many women fought for Korea's liberation.
  그 인물은 허구지만, 많은 여성이 한국의 해방을 위해 싸운 것은 사실입니다.

gruff [grʌf] a.(목소리, 행동)거친(rough), 퉁명스러운

발음 [그러프] ▶ [그]는 [러프-rough-거친]한 사람이야.

- rough [rʌf] a.거친, 거칠거칠한, (날씨)험악한, 난폭한, 대략적인
- Beneath his **gruff** exterior he is really very kind-hearted.
  그의 거친 외면 아래를 보면 그는 대단히 친절한 마음의 소유자다.
- His tone was **gruff** and determined.
  그의 말투는 거칠었고 단호했다.

mollify [mάləfài] vt. 진정시키다, 달래다 (soothe, calm, appease)

발음 [몰러파이] ▶ 우는 아이에게만 [몰래 파이]를 줘서 **달랬다**.

- You won't be able to **mollify** her with flowers and gifts.
  너는 꽃과 선물로 그녀를 달랠 수 없을 거야.
- It is human nature with all men to want to **mollify** a crying child.
  우는 아이를 진정시키고 싶은 것은 모든 인간이 가진 본성이다.

traumatic [trɔmǽtik] a. 외상(外傷)의, 정신적 쇼크의, 상처 깊은

trauma(n. 트라우마, 외상, 정신적 외상, 쇼크)+tic의 결합.

'트라우마가 있는=상처 깊은'입니다. 저자인 저는 술을 좋아하는데 소주는 1잔도 못 마십니다. 대학교 입학 후 동문회에서 몇 그릇의 소주를 마신 후 깨어나는 데 10일이 걸렸고 그 이후로는 단 한 잔의 소주도 못 마십니다. 소주를 마시면 몸이 뒤틀리고 괴롭지요. 그것이 트라우마입니다.

- I think we need to understand the seriousness of post-**traumatic** stress disorder.
  나는 우리가 외상 후 스트레스 장애의 심각성에 대해 이해해야 한다고 생각한다.
- This is one of the most **traumatic** days in the history of this country.
  오늘은 이 나라 역사상 가장 상처 깊은 날 중 하나야.

transfigure [trænsfígjəːr] vt. 모양을 바꾸다

trans(변화, 이동=trans)+figure(n. 모양=form)의 결합.

'모양에 변화를 주다=모양을 바꾸다(transform, change)'입니다. 어근 trans는 기본편 참조.

- Her usually solemn face is **transfigured** when she smiles.
  그녀가 미소를 지을 때 보통 때의 근엄한 얼굴이 다른 모습으로 바뀐다.

transmute [trænsmjúːt] vt. 변형시키다, 바꾸다 vi. 변형하다, 변질하다

trans(변화, 이동=trans)+mut(바꾸다=change)+e의 결합.

'모양을 변화시키다=변형시키다, 바꾸다(change)'입니다.

- I still can't believe that the obnoxious youth that I knew actually **transmuted** into a nice man.
  내가 알았던 밉살스런 젊은이가 멋진 남자로 변한 것을 나는 여전히 믿을 수 없다.

trance [træns] n. 무아지경, 최면상태

tran(변화, 이동=trans)+ce의 결합.

'정신이 변하여 다른 세계로 이동하는 것=무아지경, 최면상태(hypnosis)'입니다.

- Before undergoing **trance** treatment, a participant is required to take a hypnosis susceptibility test to know if the person is going to be a good candidate for hypnosis.
  최면 치료를 받기 전에 참가자는 자신이 최면에 잘 걸리는 타입인지 아닌지 알기 위해 최면 감수성 검사를 받는 것이 요구된다.

DAY 4

whitewash [hwáitwɑ̀ʃ] n.회반죽(백색도료), 눈속임 v.감추다

white(흰색)+wash(v.씻어 내리다)의 결합.

'건물을 완성하고 벽면에 흰색으로 씻어 내리는 것=회반죽'입니다. 회반죽(흰색 도료, 페인트)으로 덮어버리면 벽에 묻은 오물을 감출 수 있기 때문에 '회반죽'에서 '눈속임, 감추다(conceal, hide, cover up)'는 뜻이 파생.

- What he said was just **whitewash** to hide his mistake.
  그의 말은 자신의 실수를 감추기 위한 눈속임일 뿐이었다.

- The government tries to **whitewash** the country's racial problems.
  정부는 국내의 인종 문제를 감추려(덮어두려) 하고 있다.

---

sage [seidʒ] a.현명한(wise), 지혜로운 n.현자(a wise man), 현명한 사람

발음 [세이지] ▶ 그는 **현명한** 말만 하는 [**세이**−새끼]다.

- sagacious [səgéiʃəs] a.현명한(wise), 지혜로운

- Warren Buffet, often called "the **Sage** of Omaha," is an American businessman and investor.
  종종 "오마하의 현인"으로 불리는 워렌버핏은 미국인 사업가이자 투자자입니다.

- Successful people are usually very **sagacious** because they read many books.
  성공한 사람들은 책을 많이 읽기 때문에 대부분 매우 현명합니다.

Day 5

guile [gail] n. 속임수(deception), 간사한 꾀
발음 [가일] ▶ **속임수**로 전교 50등인 [가=그 애]를 전교 [일]등 만들다.

이 책을 집필하고 있는 지금 방송에서는 교무부장이 쌍둥이 딸을 전교 1등으로 만든 숙명여고 사태로 시끄럽습니다.

- They have subverted him with **guile**. 그들은 속임수로 그를 파멸시켰다.
- More organizations are doing resume background checks to guard against job seekers who try getting by with **guile** rather than talent.
  많은 기관은 재능보다 속임수로 직장을 얻으려는 구직자들을 가려내기 위해 이력서의 배경 확인을 한다.

foible [fɔ́ibl] n. (사소한)약점, 흠
발음 [포이블] ▶ 그 개는 엄청 예쁜데 [모포, 이불]에 오줌을 잘 싸는 **흠(약점)**이 있어.

- An inability to recognize one's own limitations is a common human **foible**.
  자신의 한계를 인식하지 못하는 것은 인간의 일반적인 약점이다.
- You really have to own a car for a long period to get to know its **foibles**.
  차의 단점(흠)을 알기 위해서는 정말로 오랜 시간 동안 자동차를 소유해야 한다.

paltry [pɔ́:ltri] a. 하찮은, 얼마 되지 않는, 쥐꼬리만한
발음 [폴트리] ▶ 강타자인 그에겐 그 투수의 다양한 [볼 들이] **하찮아** 보였다.

- She shifted somehow with her **paltry** allowance.
  그녀는 얼마 되지 않는 수당으로 어떻게든지 하여 꾸려나갔다.
- Overconsumption of junk food is the problem along with our **paltry** consumption of plants.
  얼마 되지 않는 채소의 소비와 함께 정크 푸드의 지나친 섭취는 문제입니다.

astute [əstjú:t] a. 빈틈없는, 영리한(clever, bright, intelligent, smart)
라틴어 astutus(전문가, 능숙한=expert)에서 유래한 단어. 전문가는 일을 함에 있어서 빈틈없고, 기민하고, 영리하지요.

- Their **astute** merchandising program made their business successful.
  그들의 빈틈없는 판매 계획은 사업을 성공으로 이끌었다.
- His **astute** handling of this difficult situation saved her from disaster.
  이 어려운 상황에서 그의 영리한 대처는 그녀를 재난으로부터 구했다.

atone [ətóun] vi.속죄하다(expiate) vt.보상하다(compensate)

at(이동=ad)+one(하나)의 결합.

피해자는 300을 요구하고 가해자는 200을 주겠다는 상황에서 서로가 250이라는 하나의 숫자로 이동(타협)하여 보상하던 것에서 유래. 보상은 피해를 입힌 것에 대한 속죄의 표시이기 때문에 '보상하다'에서 '속죄하다'는 뜻이 파생.

- Abe has declined to **atone for** or recognize Japan's past acts of aggression.
  아베는 일본의 과거 침략 행위에 속죄하거나 사과하기를 거부했다.
- Those who did not say sorry or **atone for** their misdeeds were immediately given prison sentences.
  자신의 범죄에 대해 사과와 속죄를 하지 않은 사람들은 즉시 법정 구속되었다.

scintillate [síntəlèit] vi.(불꽃, 재치)번쩍이다, 빛나다(shine)

발음 [신털레이트] ▶ 야광이 들어 있어 걸을 때마다 번쩍이는 [털신=신털]을 연상.

- I am looking forward to some **scintillating** conversation at your dinner party tomorrow night.
  나는 내일 밤 당신의 저녁 파티에서 (재치가) 번뜩이는 대화를 기대하고 있습니다.

fickle [fíkəl] a.(마음, 날씨)변덕스러운(capricious, inconstant, volatile)

서양의 채소절임 음식 피클(pickle)과 혼동하지 않도록 발음에 주의하세요.

- The weather here in April is notoriously **fickle**.
  이곳 4월 날씨는 악명 높게 변덕스러워.
- While love is the only thing that really counts in a marriage, it is as **fickle** as snow.
  결혼에 있어서 사랑은 정말 중요한 단 한 가지이지만, 사랑은 눈처럼 변덕스럽다.

mitigate [mítəgèit] vt.완화하다(alleviate, relieve, relax, ease), 누그러뜨리다

발음 [미터게이트] ▶ 자기 집 [게이트=문]에 1 [미터]만 들어와도 마음이 완화한다.

- The key to preventing or **mitigating** pandemic bird flu is early detection and rapid response.
  조류독감을 예방하고 완화하는 최선의 방법은 조기 감지(발견)와 신속한 대응입니다.
- The drugs **mitigated** most of his pain but not all.
  그 약은 그의 고통을 대부분 누그러뜨렸지만 완전히 없애지는 못했다.

parity [pǽrəti] n.동등(동일), 동격, 동률, 동량

발음 [패러티] ▶ 그는 톱 가수 [패러디] 영상을 만들어 가수와 동등한 인기를 누렸다.

- It would take decades after unification for the North to reach **parity** with the South.
  통일 후에 북한이 남한과 동등한 수준에 이르는 데 수십 년이 걸릴 것이다.

handcuff[hǽndkʌ̀f] n.수갑, 쇠고랑   vt.~에게 수갑을 채우다

hand(n.손)+cuff(경찰=cop)의 결합.

'경찰이 범죄자의 손에 채우는 것=수갑(manacles)'입니다. 수갑의 고리는 2개이기 때문에 주로 복수로 사용.

- Has she used the **handcuffs** on you? 그녀가 너한테 수갑 채운 적 있어?
- Put **handcuffs** on that suspect! 그 피의자에게 수갑을 채워!

scathing[skéiðiŋ] a.신랄한(biting, bitter, severe, acid, poignant, pungent)

발음 [스케이딩] ▶ [스케이팅–skating]을 잘 못 한다고 신랄하게 비판하는 해설자를 연상.

- No one can stand up to his **scathing** remark.
  어느 누구도 그의 독설(신랄한 비평)을 당해낼 수 없다.
- Exaggerations and **scathing** remarks that distort reality do not work.
  현실을 왜곡하는 과장이나 독설은 효과가 없습니다.

travail[trəvéil] n.노고(pains), 고생

발음 [트러베일] ▶ 먹고 살기 위해 [트럭] 몰고 [배 일]하는 것은 고생입니다.

- Most of all, throughout her **travail**, he felt the unconditional love of a mother.
  무엇보다도 그녀의 노고를 통해 그는 어머니의 무조건적인 사랑을 느꼈다.
- About one year later, his **travail** was finally paid off.
  약 1년 후에 그의 고생(노고)은 보상을 받았다.

anabolism[ənǽbəlìzəm] n.(생물)동화작용

발음 [언애블리즘] ▶ [연애~]를 하면 자신도 모르게 상대방에 동화되어 갑니다.

- catabolism[kətǽbəlìzəm] n.이화작용(어근 cata=down)
- The balance of **anabolism** and catabolism is called metabolism.
  동화작용과 이화작용의 균형은 신진대사라고 불린다.

conglomerate[kənglámərət] n.집합(복합)체, 재벌, 대기업

con(함께=with)+glomer(모으다=gather)+ate의 결합.

'여러 회사들을 긁어모아서 갖고 있는 기업=재벌(chaebol), 대기업'입니다.

어근 glomer(모으다)를 우리식 발음으로 읽으면 [긁어모어]와 비슷하지 않나요? 우리나라 재벌은 많은 기업을 긁어모아 집단을 이루고 있습니다.

- When large **conglomerates** purchase other multinational companies, enterprises that are already large become Goliaths.
  거대한 대기업이 다른 다국적 기업을 인수하면, 이미 거대해진 기업은 골리앗이 된다.

foolproof [fúːlprùːf] a.아주 간단한, 확실한, 실패할 염려 없는

fool(n.바보)+proof(n.증거, 증명)의 결합.

'바보가 해도 성공할 수 있음을 증명하는=아주 간단한, 확실한(certain, sure)'입니다.

- This recipe is **foolproof**. 이 조리법은 아주 간단해요.
- That's far from **foolproof**, but it's the best I've got.
  그것은 아주 간단한 것과는 거리가 멀지만 내가 가진 최선이야.

macroeconomics [mæ̀kroui:kənɑ́miks] n.거시경제학 a.거시(경제)적인

macro(큰=large)+economics(n.경제학)의 결합.

경제, 사회 등 전체적인 집계치를 사용해 분석하는 경제학은 거시경제학, 소비자와 기업 등 개별적인 주체 행동을 통해 가격 결정의 메커니즘을 분석하는 것은 미시경제학.

- microeconomics n.미시경제학
- Despite the nation's relatively positive **macroeconomic** indicators, a recent report showed that the nation's quality of life ranked low among major advanced economies in the world.
  한국의 비교적 긍정적인 거시경제지표에도 불구하고, 최근 보고서에서 한국의 삶의 질이 주요 선진 경제국들 중에서 하위를 차지했다고 나왔다.

macrocosm [mǽkrəkὰzəm] n.대우주, 전체, 총체

macro(큰=large)+cosm(우주=universe)의 결합.

소우주는 microcosm입니다.

- Some sociologists view society as a **macrocosm**.
  어떤 사회학자들은 사회를 하나의 우주로 본다.

grueling [grúːəliŋ] a.매우 힘든(녹초로 만드는)

gruel(n.묽은 죽, 오트밀)+ing의 결합.

'일을 마치면 밥을 못 먹고 묽은 죽을 먹어야 하는=매우 힘든(extremely hard)'입니다. 매우 힘든 일을 지속하면 녹초가 되고 기력을 회복하려면 환자가 먹는 묽은 죽을 먹어야 합니다. 사람 몸을 묽은 죽처럼 쳐지게 만드는 일은 매우 힘든 일이죠.

- gruel [grúːəl] n.(환자 등에게 주는)묽은 죽, (우유로 요리한)오트밀
- The hanji papermaking tradition is difficult to maintain because of the **grueling** manufacturing process.
  한지를 만드는 전통은 너무 힘든 제조 과정 때문에 유지하기가 어렵다.
- During his **grueling** six-day trip, he sometimes looked exhausted.
  6일간의 매우 힘든 여행 기간 동안, 그는 가끔 기진맥진해 보였다.

treacherous [trétʃərəs] a.믿을 수 없는, 기만하는, 속이는(deceitful, fraudulent)

발음 [트레쳐러스] ▶ 믿을 수 없는 신하를 [틀(감옥)에 처넣었어.]

- We strongly condemn Japan's **treacherous** words and acts.
  우리는 일본의 기만적인 발언과 행동을 강력히 규탄한다.
- He failed at his business by his **treacherous** companion.
  그는 믿을 수 없는 동료로 인해 그의 사업에 실패했다.

indefatigable [indifǽtigəbəl] a.지칠 줄 모르는, 불굴의, 포기할 줄 모르는

in(부정=not)+de(강조=completely)+fatig(피로=fatigue)+able의 결합.

'일을 함에 있어서 피로감이 전혀 없는=불굴의(dauntless, inexhaustible, sturdy)'입니다.

- fatigue n.피로, 피곤 vt.피곤하게 하다
- You say I'm **indefatigable**. It's true.
  너는 내가 포기할 줄 모른다고 말하지. 그건 사실이야.
- His **indefatigable** spirit carried him over the obstacles.
  그의 지칠 줄 모르는(불굴의) 정신은 그로 하여금 장애를 극복하게 했다.

Day 6

underbrush [ˌʌndərbrʌʃ] n.관목(shrub, undergrowth), 덤불

under(아래)+brush(n.솔, 붓)의 결합.

큰 나무들 아래에서 크게 자라지 못하고 칫솔의 솔처럼 작게 자라는 나무가 관목입니다. 관목은 높이가 2m 이내이고 주줄기가 분명하지 않으며 밑동이나 땅속 부분에서부터 줄기가 갈라져 나는 나무.

- They made their way cautiously through the **underbrush**.
  그들은 덤불을 헤치고 조심스럽게 길을 나아갔다.

undergraduate [ˌʌndərɡrǽdʒuit] n.대학생, 대학 학부생

under(아래=below)+graduate(n.졸업생, 졸업하다)의 결합.

'대학 졸업 이전의 학생=대학생(a college[university] student)'입니다.

- At first, the University of Hong Kong opened a Korean language program as a minor course for **undergraduate** students in 2008.
  처음으로 홍콩대는 2008년에 대학 학부생 대상으로 한국어 부전공 과정을 열었다.

underrate [ˌʌndəréit] vt.과소평가하다, 경시하다

under(아래=below)+rate(vt.평가하다=estimate, value)의 결합.

'낮게 평가하다=과소평가하다(undervalue, underestimate), 경시하다(slight, neglect)'입니다.

- Feeling useless and **underrated**, the young generation simply does not have a platform to express their talent and worth.
  쓸모없고 과소평가 받는 기분을 느끼며, 젊은 세대는 그들의 재능과 가치를 표출할 무대가 없다.

understate [ˌʌndərstéit] vt.절제하여 표현하다, 적게 말하다

under(아래=below)+state(v.말하다=say, speak, tell)의 결합.

'과장하지 않고 평상시보다 아래 수준으로 말하다=절제하여 표현하다, 적게 말하다'입니다.

- What made Goryeo celadons really special was their clean presentation and vibrant yet **understated** design.
  고려 도자기를 특별하게 만드는 것은 깨끗한 표현과 활기차지만 절제된 디자인이다.

- The newspaper **understates** the casualties of war.
  그 신문은 전쟁의 사상자를 적게 말하고 있다.

underwrite [ʌ̀ndəráit] vt.서명하다, 보증서다, (채권)인수하다

under(아래=below)+write(v.쓰다)의 결합.

'문서 맨 아래에 이름을 쓰다=서명하다(subscribe), 보증서다(guarantee)'입니다. 빚을 대신 갚겠다고 서명하면 보증서는 것이죠.

- I have **underwritten** my friend's debt, and I'm soon going to lose my house.
  친구의 빚에 서명(보증)했고, 나의 집을 곧 잃을 거야.

savor [séivəːr] n.맛(flavor) vt.맛보다, 음미하다

발음 [세이브] ▶ [세] 명의 [이브]가 남편 몰래 금단의 사과를 **맛본다**.

- There are moments when everyone feels that life has lost its **savor**.
  삶의 맛을 잃어버렸다고 느끼는 순간들이 누구나 있다.

- When you **savor** your food in this way, you'll feel more satisfied, and may even eat less.
  이런 식으로 음식을 음미하면 한층 만족감을 느끼게 되어 더 적게 먹게 될 수도 있다.

atrocious [ətróuʃəs] a.흉악한, 잔인한, (구어)형편 없는, 끔찍한

atro(불같은=fiery)+cious의 결합.

불같이 시뻘건 괴물 같은 얼굴로 흉악하고 잔인한(fierce, savage, cruel) 행위를 하는 것에서 유래.

- People suffered from Japan's **atrocious** acts. 사람들은 일본의 흉악한 행동들로 고통을 받았습니다.

- The service is abysmal, and the food **atrocious**. 서비스는 최악이었고 음식은 끔찍했어.

austerity [ɔːstériti] n.엄격, 궁핍, (경제)긴축

au+ster(엄격한=stern)+ity의 결합.

어근 ster(엄격한=stern)에 밑줄 치면 쉽게 기억. 살림살이가 넉넉지 못한 궁핍한 상태에서는 지출을 엄격하게 통제해야 하기 때문에 '엄격(strictness, sternness, severity)'에서 '궁핍(poverty, destitution)'이란 뜻이 파생. '지출을 엄격하게 하는 것=긴축'입니다.

- We've almost all forgotten what **austerity** means. 우리는 궁핍이 무엇인지 거의 잊어버렸다.

- The worsening deficit forced the government to implement an **austerity** budget.
  악화되고 있는 적자는 정부로 하여금 긴축 예산을 이행하도록 만들었다.

fiasco [fiǽskou] n.대실패(failure)

1855년 극장가에서 '공연 대실패'라는 속어로 사용되던 표현이 '대실패'라는 의미로 일반화된 프랑스어에서 유래한 단어.

- The effort ended in a **fiasco**. 그 노력은 대실패로 끝났다.

- The policy **fiasco** is a typical example of administrative incompetence.
  그 정책 실패는 행정부의 무능력을 보여주는 전형적인 예이다.

hackneyed [hǽknid] a.흔해 빠진, 평범한(common, ordinary)

중세시대 영국인들은 그저 그런 평범한 말을 Hackney라고 불렀습니다. '평범한 말과 같은=흔해 빠진, 평범한'입니다.

- This **hackneyed** pattern of smear campaigns is now underway again.
  이 흔해 빠진 유형의 비방 선거운동이 현재 다시 진행되고 있다.

minuscule [mínʌskjùːl] a.아주 작은(miniature, diminutive) n.소문자

min(작은=미니=mimi)+uscule의 결합.

소문자는 minuscule이고, 대문자는 capital입니다.

- In the twentieth century, electron microscopes have provided direct views of viruses and **minuscule** surface structures.
  20세기에 전자현미경은 바이러스와 아주 작은 표면 구조들의 직접적인 모습을 제공했다.

patent [pǽtənt, péit-] n.특허(권) a.명백한, 특허의

특허권은 독창성이 명백할 때 부여하는 것이기 때문에 '특허'에서 '명백한'이란 뜻이 파생.

- 명백한—plain, clear, obvious, manifest, distinct, unmistakable
- A **patent** is a right granted to an invention.
  특허권은 발명품에 인정된 권리를 말한다.
- Besides the Korean and British courts, German and Dutch courts have also not recognized Apple's design **patents**.
  한국과 영국법원 이외에, 독일과 네덜란드 법원도 애플의 디자인 특허를 인정하지 않았다.

treaty [tríːti] n.조약, 협정

treat(다루다=handle, manager)+y의 결합.

'국가 간의 문제를 다루고 맺은 것=조약(treaty, convention, agreement), 협정'입니다.

- We must remember that the Korean War ended in 1953 in a truce and without a peace **treaty**.
  우리는 한국전쟁이 1953년에 평화조약 없이 휴전(정전)으로 끝났음을 기억해야 한다.

unveil [ʌnvéil] v.베일을 벗기다, 밝히다(reveal, disclose)

un(반대=opposite)+veil(베일로 가리다)의 결합.

베일로 가리는 행위의 반대는 가려놓은 베일을 벗기는 것입니다.

- The small robot turtle could **unveil** underwater archaeological secrets.
  그 작은 로봇 거북이 해저의 고고학적 비밀을 밝혀줄 수도 있다.
- Our DNA tests **unveiled** that Hitler was related to the people whom he disliked.
  DNA 실험은 히틀러가 증오했던 사람들과 자신이 관련되었다는 것을 밝혀주었다.

unseat [ʌnsíːt] vt.~의 자리를 빼앗다

un(반대=opposite)+seat(vt.자리에 앉히다)의 결합.

자리에 앉히는 행위의 반대동작은 자리를 빼앗는 것입니다.

- Their ostensible goal was to clean up government corruption, but their real aim was to **unseat** the government.
  그들의 표면상 목표는 정부의 부패를 척결하는 것이었지만 진짜 목표는 현 정부의 자리를 빼앗는 것이었다.

peremptory [pərémptəri] a.위압적인, 독단적인

per(완벽한=perfect)+empt(잡다=take, catch)+ory의 결합.

'자기가 완벽하다는 생각을 갖고 있는=위압적인(coercive), 독단적인(arbitrary)'입니다. 자기가 완벽하다고 생각할 때 자신의 주장을 관철시키기 위해 위압적이 되고, 다른 사람의 의견을 무시하고 독단적인 행위를 하게 됩니다.

- a peremptory gesture 위압적인 몸짓(태도)   • a peremptory thought 독단적인 생각
- Public officials should not issue **peremptory** commands to people.
  공무원들은 사람들에게 위압적인 명령을 해서는 안 됩니다.

tarnish [táːrniʃ] vt.변색시키다, (명예)손상시키다

발음 [탄이쉬] ▶ 햇볕에 [탄] 간판이 변색되었다.

해수욕장에서 햇볕에 탄 피부도 변색되고, 햇볕에 노출되어 탄 간판이나 현수막도 변색됩니다. 사람이 갖고 있는 명예를 변색시키는 것은 명예를 손상(훼손) 시키는 것입니다.

- The **tarnished** his image would harm investor confidence.
  손상된 그의 이미지는 투자자 신뢰도에 해를 미칠 것이다.
- The scandal will **tarnish** his reputation.
  그 추문은 그의 명예를 손상시킬 거야.

smudge [smʌdʒ] vt.더럽히다 vi.더러워지다 n.오점, 얼룩

s+mud(n.진흙)+ge로 결합.

머드팩을 하고 나서 옷에 진흙이 묻어 더러워진 모습을 연상해 보세요. 옷에 묻은 머드(mud)는 얼룩(stain, spot, blot, speck)입니다.

- If you touch it with your dirty hands, you will make **smudges** on the paper.
  더러운 손으로 만지면 종이에 얼룩을 만들 거야.
- My husband's shirt had a **smudge** of lipstick.
  남편의 와이셔츠에 립스틱 얼룩이 있었어.

imbecile [ímbəsil] n.얼간이, 바보, 천치

발음 [임버슬, 임버실] ▶ 그는 [임]시 반장을 [벼슬]로 생각하는 **바보, 얼간이**다.

- He called me an **imbecile** and I didn't notice.
  그는 나를 얼간이라고 불렀지만 나는 알아채지 못했다.

---

clientele [klàiəntél] n.(집합)고객, 소송의뢰인, 단골손님

client(n.고객, 소송 의뢰인, 단골손님)+ele의 결합.

clientele와 client는 같은 뜻으로 client는 복수형 clients로 사용하지만 clientele는 집합 명사이기 때문에 단수로만 사용.

- We have provided great service to our **clientele** over the years.
  우리는 몇 년간 모든 고객에게 훌륭한 서비스를 제공해왔다.

Day 7

upbeat [ʌ́pbìːt] a.오름세의, 낙관적인, 긍정적인(positive), (음악)경쾌한

up(위로)+beat(v.치다=hit)의 결합.

'아래에서 위로 치고 올라가는=오름세의, 낙관적인(optimistic, rosy, hopeful, sanguine)'입니다. 경기 지표가 바닥에서 위로 치고 올라가면 경제가 좋아질 것이라고 낙관하기 때문에 '오름세의'에서 '낙관적인' 이란 뜻이 파생. 사람 기분이 올라가는 음악은 경쾌한 음악이죠.

- He is energetic, decisive, **upbeat**, intelligent, ambitious, and self-confident.
  그는 활동적이고, 결단력 있고, 낙천적이고, 총명하고, 야심 있고, 자신감이 있습니다.

- Showing off her stylish hat and red heels, she proved there is no end to her undying energy and **upbeat** mood.
  그녀의 스타일 있는 모자와 빨간 하이힐을 뽐내면서, 그녀의 죽지 않는 에너지와 긍정적인 분위기는 끝이 없다는 것을 증명했다.

upbringing [ʌ́pbrìŋiŋ] n.(유년기의)양육, 가정교육

up(위로)+bring(v.가져오다)+ing(명접)의 결합.

'어린 아이의 사고력과 체력을 위로 끌어 올리는 것=양육'입니다. 구동사 bring up은 '양육하다(foster, rear, raise)'입니다.

- Many couples preferred to have a boy because of their Confucian **upbringing**.
  유교적인 교육으로 인해 많은 부부들이 남자 아이 낳는 것을 더 좋아했다.

upkeep [ʌ́pkìːp] n.유지, (땅, 집, 차 등)유지비

up(위로)+keep(v.지키다, 유지하다)의 결합.

집, 차, 정원 등을 down 상태로 만들지 않고 up 상태로 유지하는 것입니다.

- Children may help with eco-gardening, general **upkeep**, cooking, and dishwashing, and even woodworking.
  아이들은 친환경적 정원 손질, 일반 유지, 요리, 그리고 설거지, 심지어 목공 일을 도울 수도 있습니다.

upstream [ʌ́pstrìːm] a.상류로, 거슬러 올라가는

up(위로)+stream(n.시내, 개울, 흐름)의 결합.

'개울이나 강에서 위로 흐름을 타는=상류로, 거슬러 올라가는'입니다.

- There are myriad kinds of salmon swimming **upstream** annually in order to breed.
  매년 알을 낳기 위해 상류로 헤엄치는 수많은 종류의 연어가 있다.

stifle [stáifəl] a.숨 막히게 하다, 질식사키시다(smother), (반란)진압하다

발음 [스타이플] ▶ [스타]킹과 [이불]로 사람을 질식사시키다.

- He is said to have **stifled** his victim with a pillow.
  그가 베개로 그의 희생자를 질식시켰다고 한다.
- The police fired tear gas in an attempt to **stifle** the protests.
  경찰이 시위를 진압하기 위해 최루탄을 발사했어요.

felicitous [fiIísətəs] a.(표현, 행동, 방식)적절한(suitable)

- felicity [fiIísəti] n.더없는 행복(bliss), 적절한 표현
- He dealt with a very sensitive matter in a most **felicitous** manner.
  그는 몹시 민감한 문제를 가장 적절한 방법으로 처리했다.
- She made a **felicitous** remark on the matter.
  그녀는 그 문제에 관하여 적절한 말을 했다.

haggard [hǽgərd] a.야윈(emaciated), 수척한, 초췌한

발음 [해거드] ▶ 나빠진 건강에 [해고도] 당해 야위고, 수척한 사람을 연상해 보세요.

- His face looks **haggard** from the lack of sleep.
  수면 부족으로 그의 얼굴이 야위어 보인다.
- My mother looks **haggard** because of anxiety.
  어머니는 걱정(근심) 때문에 수척해 보인다.

mien [mi:n] n.태도(demeanor, attitude), 처신

발음 [미인] ▶ 유혹하는 남자들이 많은 [미인]은 처신을 잘해야 한다.

- His aristocratic **mien** and smart clothes singled him out.
  그의 귀족적인 태도와 맵시 있는 옷은 그를 돋보이게 했다.
- She conducts herself with an imperious **mien**.
  그녀는 오만한 태도로 행동한다.

pastoral [pǽstərəl] a.전원(생활)의, 목가적인

past(목장, 목초지=pasture)+oral의 결합.
'목장에서 생활하는=전원의, 목가적인(bucolic)'입니다.

- A **pastoral** scene gives us a peaceful feeling and relieves the stresses of city life.
  전원 풍경은 우리에게 평화로운 느낌을 주고 도시 생활의 스트레스를 풀어 준다.

pecuniary [pikjú:nièri] a.금전(상)의(monetary)

pecun(돈=money)+iary의 결합.

- He treated some patients from whom he expects no **pecuniary** reward.
  그는 어떠한 금전적인 보상도 기대할 수 없는 몇몇 환자들을 치료했다.
- She was so independent that she refused all **pecuniary** aid.
  그녀는 너무 독립심이 강해서 모든 금전적인 원조를 거절했다.

saunter [sɔ́:ntər] vi.어슬렁거리다, 산책하다(stroll, walk)

발음 [손터] ▶ [산타]가 선물을 갖고 오는지 보기 위해 밖에서 어슬렁거리는 아이 연상.

- Lions do only two things. **Sauntering** about, or sleeping.
  사자는 두 가지 일만 한다. 이리저리 어슬렁거리기 혹은 잠자기.
- He just gave me a knowing look and a wink and **sauntered** away, waving his hand.
  그는 아는 눈치와 윙크를 주고는 손을 흔들며 어슬렁거리며 나갔어요.

trenchant [tréntʃənt] a.신랄한, 날카로운

trench(n.도랑, 참호, 트렌치)+ant로 결합하여, 참호에서 졸고 있는 신병에게 신랄하게 꾸짖는 모습 연상.

- He is the wittiest political cartoonist with **trenchant**, thoughtful ideas.
  그는 날카롭고 깊이 있는 생각을 가진 가장 위트가 있는 정치 만평가다.
- His criticism that the bureaucratic government tends to make life more difficult for its citizens is **trenchant** and to the point.
  관료주의 정부가 시민의 삶을 더 힘들게 만드는 경향이 있다는 그의 비판은 신랄하고도 정확하다.

unilateral [jù:nəlǽtərəl] a.한쪽 편만의, 일방적인

uni(하나=one)+later(측면=side)+al의 결합.

'한쪽 편만 편드는=일방적인(lopsided)'입니다. 접두어 uni는 기본편 참조.

- If we continue to inform global citizens of the history of Dokdo, they may reject Japan's unreasonable and **unilateral** arguments soon.
  우리가 세계 시민들에게 독도의 역사를 계속 알린다면, 그들은 일본의 불합리하고 일방적인 주장을 곧 거부할 것이다.

magnanimous [mæɡnǽniməs] a.관대한, 도량이 큰

magn(큰=mega)+anim(마음=mind)+ous의 결합.

'큰마음을 갖고 있는=관대한(liberal, lenient, tolerant), 도량이 큰'입니다.

- He assumed a **magnanimous** attitude toward a conquered enemy.
  그는 정복당한 적에게 관대한 태도를 취했다.
- She is well known as the **magnanimous**, folksy leader of Germany.
  그녀는 도량이 크고 소탈한 독일의 리더로 잘 알려져 있다.

tantalize [tǽntəlàiz] vt.감질나게 하다, 애타게 하여 괴롭히다

호수에 몸을 목까지 잠기게 하여 물과 음식이 닿을 듯 말 듯 한 상태로 감질나게 하는 처벌을 받았던 신화 속의 인물 **탄탈로스**(Tantalus-제우스의 아들)에서 유래한 단어.

- It stirred up people's curiosity about such a **tantalizing** topic.
  그것은 그런 감질나게 하는 주제에 관하여 사람의 호기심을 자극시켰다.

- It is so **tantalizing** to see it but not to touch it.
  그것을 만지지 못하고 보기만 하는 것이 너무 감질난다.

wanton [wɑ́ntan] a.(여자)음탕한, 바람난, 악의(고의)적인(malicious)

want(vt.원하다=wish, hope, desire)+on(계속)으로 결합.

'이 남자 저 남자와 놀아나며 새로운 남자를 계속 원하는=음탕한, 바람난'입니다. 어떤 여자를 음탕하고 바람난 여자라고 소문내는 것은 악의적인 행위이기 때문에 '음탕한'에서 '악의적인'이란 뜻이 파생.

- Am I a **wanton** woman? You say it.
  내가 바람난 여자야? 네가 말해봐.

- They have to take the responsibilities and the blame for such **wanton** acts.
  그들은 그런 악의적인 행동에 책임지고 비난을 받아야 한다.

judicious [dʒuːdíʃəs] a.현명한, 신중한(prudent, discreet, deliberate)

jud(판단하다, 판사=judge)+icious의 결합.

'판사처럼 객관적으로 판단하는=현명한(sensible, intelligent, prudent, discreet, wise)'입니다.

- We need **judicious** handling of the situation.
  우리는 그 상황에 현명한(신중한) 대처가 필요합니다.

- It requires a more **judicious** judgement to going abroad for study.
  해외 유학 가는 것은 좀 더 현명한(신중한) 판단이 요구된다.

inveigh [invéi] vi.거세게 비난(항의)하다

발음 [인베이] ▶ [베이(비)인] ▶ 울고 있는 **베이비를 안고** 클래식(연극) 공연장 안으로 들어온 관객에게 제작자가 **거세게 항의**하는 모습을 연상.

- There were politicians who **inveighed** against immigrants to get votes.
  이민자들이 투표권을 가지는 것에 대해 거세게 비난하는 정치인들이 있었다.

- I think we should put in a call to the manager and **inveigh**.
  나는 우리가 관리자에게 전화해서 거칠게 항의해야 한다고 생각합니다.

illicit [illísit] a.불법의(illegal, unlawful), 무허가의

발음 [일이싯] ▶ 천만 원을 빌려주고 매일 [일 이십] 만원을 받아가는 불법 대부업자를 떠올려 보세요.

- licit [lísit] a.합법의(lawful, legal), 정당한
- These lawmakers probably knew they had received **illicit** funds.
  이들 국회의원은 불법 자금을 받았다는 것을 알고 있었을 것이다.
- The police are trying to stop the **illicit** sale of drugs.
  경찰은 불법 마약 판매를 막으려고 노력하고 있다.

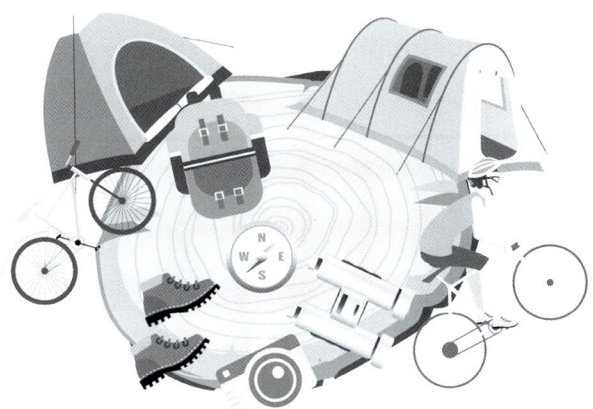

Day 8

fatuous [fǽtʃuəs] a. 어리석은(foolish), 바보 같은

발음 [패추어스] ▶ 자식이 **어리석은** 행동을 해서 [**패주었어**.]

- That is the most **fatuous** lie you could think up.
  그것은 네가 생각해 낼 수 있는 가장 어리석은 거짓말이야.
- I think it is **fatuous** thing to invest in bitcoins.
  나는 비트코인에 투자하는 것은 바보 같은 짓이라고 생각한다.

dodge [dɑdʒ] vi. 홱 몸을 피하다 vt. 회피하다(evade, shirk, shun, elude)

발음 [다쥐] ▶ 흙탕물이 몸에 [**닿지**] 않도록 **홱 피하다**.

- Draft **dodging** is not a new problem in South Korea.
  병역회피는 한국에서 새로운 문제가 아니야.
- I can **dodge** what I don't want and pull in what I want.
  저는 제가 원하지 않는 것을 피할 수 있고 원하는 것은 끌어당길 수 있습니다.

milestone [máilstòun] n. 이정표, 획기적인 사건, 중대 시점

mile(n. 마일)+stone(n. 돌, 비석)의 결합.

'다음 마을까지 몇 마일이 남았는지 알려주기 위해 새겨놓은 돌=이정표(landmark)'입니다. 길 위의 이정표처럼 인생이나 역사에서 이정표로 남아 있으면 획기적인 사건이고, 시기에 있어서는 중대 시점입니다. 참고로 1 mile은 1.6km입니다.

- The case was **milestone** in my life.
  그 사건은 내 인생의 중대 시점(획기적인 사건)이었다.
- This mission will be an important **milestone** in human development like the first moon landing.
  이번 임무는 첫 번째 달 착륙처럼 인간 발전의 중요한 사건이 될 것입니다.

fervent [fə́ːrvənt] a. 뜨거운, 열렬한, 열심인

ferv(열, 열광=fever)+ent의 결합.

'열, 열광'에서 '뜨거운, 열렬한(fiery, ardent, passionate)'이란 뜻이 파생.

- He had a **fervent** desire to win.
  그는 승리하려는 뜨거운 욕구가 있었다.
- Koreans have traditionally been **fervent** believers in education, and Korean parents today have dedicated themselves to their children's education.
  한국인들은 전통적으로 교육에 뜨거운 믿음을 갖고 있는 사람들이었으며, 오늘날의 부모들은 자식의 교육에 헌신해왔다.

avid [ǽvid] a. 열렬한(desire eagerly), 열심인

발음 [애비드] ▶ 그 집은 [애비]-아버지]가 [더] 열심히 자녀 교육에 신경 쓴다.

- He has an **avid** desire for power.
  그는 권력을 위한 열렬한 욕망을 갖고 있다.
- The reporters were **avid** to cover the story.
  기자들은 그 기사를 취재하려고 열심이었다.

beatific [bìːətífik] a. 행복(기쁨)에 넘친

beat(v.이기다, 승리하다=win)+ific의 결합.
'전쟁에서 승리하여 전리품을 취할 수 있어서=행복(기쁨)에 넘친'입니다.

- She is **beatific** as the result of his examination.
  그녀는 그의 시험 결과로 인해 기쁨에 넘친다.
- The **beatific** smile on your face is thanks enough for me.
  행복에 넘치는 너의 미소는 나한테 충분한 감사야.

haggle [hǽgəl] vi. 흥정하다(deal), 입씨름하다

발음 [해글] ▶ 북한이 [핵을=해글] 개발하는 것은 미국과 흥정하기 위함일까?

- We **haggled** a bit and settled on a price that seemed reasonable to us.
  우리는 조금 흥정하여 우리에게 합리적인 것처럼 보이는 가격에 도달했어요.
- She always **haggles** at every store just to save a few dollars.
  그녀는 항상 그저 몇 달러 아끼려고 가게마다 흥정을 해.

mettle [métl] n. 패기, 용기(courage, valor, bravery)

mettle(패기)는 metal(금속)에서 파생된 단어. '금속처럼 단단한 마음=패기, 용기'입니다.
mettle과 metal은 발음이 같습니다.

- He has the **mettle**, intelligence, ability and dedication for the job.
  그는 패기 있고, 지적이고, 능력 있으며 그리고 일에 헌신적이다.
- Are you ready to test your **mettle** against the great unknown?
  당신은 미지의 위대한 것에 대응하여 자신의 패기를 시험할 준비가 되어있나요?

pedantic [pədǽntik] a.현학적인, 아는 척하는

발음 [퍼댄틱] ▶ 인터넷에서 [퍼]와서 들이 [댄] 것으로 **아는 척**하지 마.

- A **pedantic** person has a tendency to explain something with a wordy style.
  현학적인 사람들은 장황한 스타일로 무언가를 설명하는 경향이 있다.
- His speeches were neither banal nor **pedantic** and delivered his message clearly to the public.
  그의 연설은 평범하지도 현학적이지도 않았고 그의 메시지는 대중에게 쉽게 전달됐다.

sardonic [sɑːrdánik] a.조소적인, 비웃는(scornful), 냉소적인(cynical)

발음 [사단~] ▶ 바둑 프로 9단이 아마 [4단]을 **비웃는** 모습 연상.

- They responded to my suggestion with a **sardonic** laugh.
  그들은 냉소적인 웃음으로 나의 제안에 대답했다.
- I noticed that his **sardonic** expression gradually disappeared.
  그의 냉소적인 표정이 차츰 사라지는 것을 나는 알아차렸다.

trepidation [trèpədéiʃən] n.떨림, 공포, 두려움

trep(떨다=tremble)+ida+tion의 결합.

'몸을 떨게 하는 두려움=공포(fear, terror, fright, horror, dread, panic), 전율'입니다.

- Participants all gave confident performances, without shaking with **trepidation**.
  모든 참가자는 떨지 않고 자신감 있는 공연을 선보였다.
- A suicide-ridden society is a sick society imbued with **trepidation**, frustration and anger.
  자살이 팽배한 사회는 공포, 좌절, 분노로 물든 병든 사회입니다.

fuddle [fʌ́dl] vt.취하게 하다 vi.술 취하다 n.만취, 혼미

발음 [퍼들] ▶ [뻗을] 정도로 **술 취하다**.

- I **fuddled** away with my old friends.
  나는 오랜 친구들과 술에 취해 시간을 보냈다.
- His statement became more and more incoherent in a **fuddle**.
  만취 속에서 그의 진술은 점점 더 앞뒤가 맞지 않았다.

ostentatious [àstentéiʃəs] a.과시하는, 허세부리는(swashbuckling)

o(밖으로=out)+stent(세우다=stand)+atious의 결합.

'가진 것들을 밖으로 줄 세워 놓는=과시하는'입니다. 명품, 자동차, 현금 등 가진 것들을 보라고 죄다 밖에 내놓는 것은 과시하는 것이죠.

- They criticized the lavish and **ostentatious** lifestyle of their leaders.
  그들은 자신의 지도자들의 낭비하고 허세부리는 생활 방식을 비난했다.

fraudulent [frɔ́:dʒulənt] a.사기의, 속이는, 거짓의

fraud(n.사기, 사기꾼)의 형용사형입니다.

- He made **fraudulent** claims that he can cure cancer with vitamins.
  그는 비타민으로 암을 치료할 수 있다는 사기(거짓) 주장을 했다.
- But sadly, these are **fraudulent** claims supported by dodgy science.
  슬프게도, 이것은 사이비 과학에 근거한 사기성 주장들입니다.

uncharted [ʌntʃɑ́:rtid] a.미지의(unbeknown), 지도에 없는

un(부정=not)+chart(a.해도, 도표)+ed의 결합.

'해도(海圖)에 없는=미지의'입니다. 뱃사람들이 이용하는 해도에 없는 섬은 미지의 섬이죠.

- We're entering **uncharted** territory, and yet our expertise and our systems are based on the past.
  우리는 가보지 못한 미지의 영역으로 들어가고 있는데 우리의 전문성과 체제는 과거에 의존하고 있습니다.

annals [ǽnəlz] n.연대기, 연보, 역사적인 기록

ann(일 년의=annual)+als의 결합.

'한 해 한 해 동안의 역사적 기록을 합친 것=연대기(chronicle)'입니다.

- Disfavor towards women has been reflected throughout the **annals** of history.
  역사의 기록을 보면, 사회가 여성들을 냉대했다는 것을 알 수 있다.

luscious [lʌ́ʃəs] a.맛(향)이 좋은(delicious), (여자)매혹적인(charming)

발음 [러셔스] ▶ luscious와 딜[리셔스–delicious]를 함께 기억하세요.

- luscious ripe strawberries 맛 좋은 잘 익은 딸기
- Who was that **luscious** blonde you were with last night?
  지난밤 너와 함께 있던 매혹적인 금발은 누구였어?

inveigle [invéigəl] vt.꼬드기다(tempt, allure, seduce), 교묘하게 유도하다

발음 [인베이글] ▶ 그는 종종 [베이글]녀를 꼬시러 클럽에 간다.

베이글은 베이비 페이스(baby face)에 몸매는 글래머(glamour)라는 뜻의 신조어입니다.

- Her son tried to **inveigle** her into giving her money for a car.
  그녀의 아들은 어머니를 꼬드겨 자신에게 차를 살 돈을 주게 하려 했다.

cadaverous[kədǽvərəs] a.시체 같은, 창백한(pale)

cadaver(n.시체, 송장=corpse)+ous의 결합.

의대생들은 해부학 실습 시간에 **커데버**(cadaver—**시체**) 해부를 하게 됩니다. 시체란 말을 쓰면 되지 굳이 커데버란 영어를 쓸 필요가 있느냐고 물었더니 시체를 만지면서 느낌이 바로 전달되는 시체라는 단어를 쓸 필요가 있느냐고 하더군요. 또 제삼자가 시체란 말을 들어서 좋을 것이 없다고.

- cadaver[kədǽvər] n.송장, 시체(dead body, corpse)
- He has a pale and **cadaverous** face.
  그는 창백하고 시체 같은 얼굴이었다.
- The thin figure sitting opposite me looks **cadaverous** in the shadows.
  나의 맞은편에 앉아있는 앙상한 형상은 어둠속에서 시체처럼 보였다.

somnolent[sámnələnt] a.졸리는(sleepy), 나른한

somn(잠=sleep)+ol+ent의 결합.

Somnus[sámnəs]는 로마 신화에서 잠의 신 이름입니다.
insomnia(n.불면증)는 in(부정=not)+somn(잠=sleep)+ia의 결합.

- Because of his **somnolent** voice, I can't concentrate in his classes.
  그의 졸리는 목소리 때문에 나는 그의 수업 중에 집중을 할 수가 없다.
- In three years of relentless activity, he turned a **somnolent**, insular council into a paragon of municipal virtue.
  3년의 끈질긴 활동으로, 그는 지루하고 편협한 의회를 시 미덕의 모범으로 바꾸었다.

Day 9

sibling [síbliŋ] n.형제(brother), 자매(sister)

발음 [시블링] ▶ 부모님 돈으로 [블링블링]한 삶을 살고 있는 형제자매를 연상.

- Do you have **siblings**? 넌 형제자매가 있니?
- For some people, friends are more important than **siblings**.
  어떤 사람들에게는, 친구가 형제자매보다 더 중요하다.

sap [sæp] n.수액 vt.(체력, 신념)약화시키다(weaken)

수액(樹液)이 부족한 나무는 시들어 버리죠. 사람에게 피(수액)가 부족하면 몸을 약화시키기 때문에 '수액'에서 '약화시키다'는 뜻이 파생. 땀을 많이 흘린 후 수분을 보충하지 않으면 탈수증상으로 체력이 약화됩니다.

- They eat nectar, tree **sap**, fruit, and some of them feed on human food.
  그들은 과일즙, 나무 수액, 과일, 그리고 그들 중 일부는 사람의 음식을 먹기도 합니다.
- An increase in household debts and deteriorating job market are also **sapping** the nation's growth momentum.
  가계 부채의 증가와 고용시장 악화도 우리나라의 성장 잠재력을 약화시키고 있습니다.

bedrock [bédràk] n.기초, 근본(원리, 원칙)

bed(바닥=floor, ground)+rock(n.돌=stone)의 결합.
'건물의 맨 밑바닥에 깔린 돌=기초(foundation), 근본(root, source)'입니다.

- The **bedrock** of our company, the foundation is creativity.
  우리 회사의 기초와 토대는 창의성입니다.
- Adaptability is fine, but we also need **bedrock**. 융통성은 좋다. 하지만 기본 원칙이 필요하다.

bellicose [bélikòus] a.호전적인(warlike), 전쟁을 좋아하는

bell(전쟁=war)+icose의 결합.

라틴어 어원 bell은 war입니다. rebellion(반란, 폭동)은 re(반대)+bell(전쟁=war)+ion의 결합으로 반란과 폭동은 국가에 반대하여 일으키는 전쟁.

- Another problem with the United States is they are the most **bellicose** nation on Earth.
  미국이 갖고 있는 또 하나의 문제는 지구상에서 가장 전쟁을 좋아하는 국가라는 것이다.

fastidious [fæstídiəs] a.까다로운(fussy), 꼼꼼한

발음 [패스티디~] ▶ 유명 빵집의 [패스트리]도 맛없다는 까다로운 입맛의 여(남)친을 연상.

- Don't be so **fastidious**. 너무 까다롭게 굴지 마.
- She showed tact in dealing with **fastidious** businessmen.
  그녀는 까다로운 사업가들을 다루는 데에 재간을 선보였다.

halcyon [hǽlsiən] a.평온한, 평화로운(peaceful, tranquil) n.물총새

할키온(halcyon)은 그리스신화에 나오는 신으로, 파도를 가라앉혀 **평온한** 바다를 만드는 마력을 갖고 있습니다. 태평성대를 흔히 할키온(halcyon) 시대라고 합니다. 문어체 단어.

- In retrospect, there were no **halcyon** days in our past.
  회상해 보니 과거에 평온한 날들은 없었어.

mercurial [məːrkjúəriəl] a.변덕스러운, 수은의, 수성의

mercuri(수은, 수성=mercury)+al의 결합.

'온도에 따라 잘 변하는 수은 같은=변덕스러운(capricious, fickle, volatile, whimsical)'입니다.

- Companies should pay attention not to **mercurial** politics, but to consumers at home and abroad.
  기업들은 변덕스런 정치가 아니라 국내 및 해외의 소비자에 주의해야 한다.

peerless [píərlis] a.비교할 데 없는, 독보적인

peer(n.동료, 대등한 사람)+less(부정)의 결합.

'주위에 비교할 동료가 없는=비교할 데 없는, 독보적인(unique, matchless)'입니다.

- Something which is **peerless** is better than any other.
  독보적이라는 것은 다른 어떠한 것보다 좋다는 것이다.
- He is **peerless**. He is second to none.
  그는 비교 대상이 없어. 그는 최고야.

sanction [sǽŋkʃən] n.제재, 인가(approval, permission), 허가 vt.인정하다

sanct(성스러운=holy)+ion(명접)의 결합.

성스러운 신의 말씀을 빌려서 무엇을 제재하고 허가하는 것에서 유래.

- The UN imposed new **sanctions** on North Korea after the country carried out its third nuclear test.
  유엔은 북한이 세 번째 핵실험을 실행한 후에 새로운 제재들을 가했다.
- The U.S. has stood almost alone in the world in officially **sanctioning** juvenile executions.
  미국은 세계에서 청소년 사형을 공식적으로 인정하는 거의 유일한 국가이다.

tribunal [traibjúːnl] n.재판소, 법정, 위원회(committee, board)

trib(부족=tribe)+unal의 결합.

'부족장이 주재하는 곳=재판소, 법정(court, bar)'입니다. 과거 부락에서 발생한 일은 부족장이 주재하여 재판하였고 오늘날 법정의 효시가 됨.

- All persons shall be equal before courts and **tribunals**.
  모든 사람은 법정과 재판소에 가기 전까지 동등하다.

pomposity [pɑmpásəti] n.거만(haughtiness, arrogance), 건방짐

발음 [팜파서티] ▶ 강남 [반포시티] 60평에 산다고 자랑하는 거만한 사람 연상.

- The prince's manner was informal, without a trace of **pomposity**.
  그 왕자의 태도는 격식을 차리지 않고 거만한 구석이라고는 없었다.
- He has a self-confident that is sometimes seen as **pomposity**.
  그는 때때로 건방짐처럼 보이는 자신감을 갖고 있다.

sanctuary [sǽŋktʃuèri] n.성역, 피난(은신)처, (동물)보호구역

sanct(성스러운 곳=holy place)+uary의 결합.

'신을 모시는 성스러운 곳=성역(성당, 교회, 신전), 피난처(refuge, shelter, haven)'입니다. 중세 시대 교회는 왕의 힘이 미치지 못하는 성역으로, 교회는 도망자의 은신처이자 피난처로 가장 좋은 곳이었기 때문에 '성역'에서 '은신(피난)처'라는 뜻이 파생.

- We will pursue nations that provide aid or **sanctuary** to terrorism.
  우리는 테러행위자에게 원조나 피난처를 제공하는 국가들을 추적할 것입니다.
- Pakistan has the largest bird **sanctuary** in Asia.
  파키스탄은 아시아에서 가장 큰 조류 보호 구역을 가지고 있습니다.

consummate [kánsəmèit] a.완벽한, 뛰어난, 흠잡을 데 없는

con(강조=completely)+summ(정상, 꼭대기=summit)+ate의 결합.

'확실하게 정상에 도달한=완벽한(perfect, complete), 뛰어난(excellent)'입니다. 자기가 목표로 한 정상에 확실하게 도달하면 더 이상 흠잡을 데가 없는 완벽한 상태가 되지요.

- summit [sʌ́mit] n.정상(top), 꼭대기, 정상회담
- It was a perfect drama made by a **consummate** teamwork.
  그것은 완벽한 팀워크에 의해 만들어진 완벽한 드라마였다.
- The museum displayed many masterpieces by **consummate** artists.
  그 박물관은 뛰어난 예술가들의 걸작을 많이 전시했다.

erratic [irǽtik] a.변덕스러운(capricious, fickle), 변하기 쉬운

발음 [이래~] ▶ 상황에 따라 [이래] 저래 변하는 **변덕스러운** 사람 연상.

- Men and women are **erratic**, unpredictable and irrational.
  남녀관계는 변덕스럽고, 예측불가하며, 비이성적이다.

- I also have a friend who is very **erratic**.
  나도 진짜 변덕스러운 친구 하나가 있어.

sporadic [spərǽdik] a.때때로 일어나는(occasional), 산발적인

발음 [스퍼래딕] ▶ **때때로 일어나는** 일에 친구의 얼굴이 [시퍼래~] 진다.

- The trip was smooth, despite **sporadic** rain, and I had no problem finding here.
  산발적인 비가 내렸지만 여행은 순조로웠고 여기를 찾는 데 어려움은 없었어요.

- Six-party talks, since its launch in 2003, have been **sporadic**.
  2003년 출범한 이후, 6자회담은 산발적으로 이루어졌다.

misdemeanor [mìsdimí:nər] n.경범죄, 비행(나쁜 행실)

mis(나쁜=wrong)+demeanor(n.태도, 행실)의 결합.

'법에 저촉되는 사소한 행실=경범죄(felony), 비행(misdeed, misconduct, delinquency)'입니다.

- Any person violating this provison is guilty of a **misdemeanor**.
  이런 규정을 어기는 그 어떤 사람도 경범죄가 적용됩니다.

- The **misdemeanor** of the son brought disgrace to his father.
  아들의 비행은 아버지에게 불명예로 돌아갔다.

nonaggression [nɑ̀nəgréʃən] n.불침략, 불가침

non(부정=not)+aggression(n.침략, 공격)의 결합.

'침략이나 공격하지 않는 것=불침략, 불가침(inviolability)'입니다.

- The two Koreas remain technically at war although they signed a **nonaggression** treaty in 1992.
  비록 1992년에 불가침조약을 체결했음에도 남한과 북한은 엄밀히 말해 교전 상태를 지속하고 있다.

nondescript [nɑ̀ndiskrípt] n.형언(표현, 말)하기 힘든, 정체 모를

non(부정=not)+descript(설명, 묘사=description)의 결합.

'설명이 안 되는=형언하기 힘든(unexplainable, inexplicable), 정체 모를'입니다.

- His home is in a **nondescript** building on the outskirts of town.
  그의 집은 마을의 교외에 있는 한 정체 모를 건물 안에 있다.

forthright[fɔ́ːrəràit] a.솔직한

forth(앞으로=forward)+right(a.올바른)의 결합.

'무엇이 옳다고 그대로 앞으로 내뱉는=솔직한(candid, outspoken, plain, openhearted)'입니다.

- That was the most **forthright** critique that I have heard.
  그것은 내가 들어본 것 중 가장 솔직한 비평이었다.
- His narrow-minded leadership does not even allow **forthright** conversation within his own party.
  그의 속 좁은 지도력은 자신의 당내에서조차 솔직한 대화를 허용하지 않고 있다.

decoy[díːkɔi] n.미끼, 유인하는 장치 vt.(미끼로)유혹하다, 유인하다

de(분리=off)+coy(우리=cage)의 결합.

'동물을 잡기 위해 음식의 일부를 분리시켜 우리에 넣어 두는 것=미끼(bait, lure)'입니다. 미끼로 유인(유혹)하기 때문에 '미끼'에서 '유혹하다'는 뜻이 파생.

- Duck hunters are known to use **decoys** to attract ducks to a particular spot.
  오리 사냥꾼은 특정 장소로 오리를 유인하기 위해 미끼를 사용하는 것으로 알려져 있다.
- The goal of marketing is to **decoy** people to a product.
  마케팅의 목적은 사람들을 상품으로 유인하는 것이다.

Day 10

pigheaded[píghèdid] a.고집 센(stubborn)

pig(n.돼지)+head(n.머리)+ed(갖고 있는=have)의 결합.

'돼지머리를 갖고 있는=고집 센'입니다. 서양에서는 돼지를 고집 센 동물로 생각합니다.

- The **pigheaded** boy refused to obey his mother.
  고집 센 소년은 엄마 말에 순종하는 걸 거부했다.
- According to the survey, doctors' least favorite patients are **pigheaded** or poor listeners.
  설문조사에 의하면 의사들이 가장 좋아하지 않는 환자는 고집이 세거나 지시사항을 잘 듣지 않는 이들이다.

tint[tint] n.색깔(color), 색조, 염색(dyeing) vt.물들이다

발음 [틴트] ▶ 염색한 머리 색깔이 [틴다.]

- In Korea, there are a variety of trees whose leaves become **tinted** in autumn.
  한국에는 가을에 잎의 색깔이 변하는 다양한 나무종이 있다.

scamp[skæmp] n.(어린애)장난꾸러기, (어른)건달, 깡패

발음 [스캠프] ▶ 허락 없이 [슥] [캠프]장에 들어와서 행패부리는 건달 연상.

- That little **scamp** has hidden my shoes again!
  저 개구쟁이 녀석이 또 내 신발을 숨겼네!
- Yet he will be remembered as something more than a **scamp**.
  그러나 그는 건달 이상으로 기억될 것이다.

heyday[héidèi] n.전성기, 정점, 절정

hey(야아!=감탄사)+day(n.날, 하루)로 결합.

'일생에 있어서 즐거운 감탄사가 연이어 나오는 시기=전성기(peak, zenith, acme, height, climax)'입니다.

- He is enjoying the **heyday** of his career at the age of 42.
  그는 42세의 나이에 자신의 전성기를 즐기고 있다.

bicker [bíkər] n.말다툼 vi.말다툼하다(quarrel)

발음 [비커] ▶ [비켜]라고 반말하면 상대편과 **말다툼**하게 됩니다.

- I am sick of watching these two parties **bicker**.
  나는 두 정당의 말다툼을 지켜보는 것에 신물이 납니다.
- He's such a mild man that no one had a **bicker** with him.
  그는 너무 순한 사람이어서 아무도 그와 말다툼하지 않았다.

bigotry [bígətri] n.(심한)편견, 편협

bi(있다=be)+got(신=God)+ry의 결합.

'자신이 믿는 신의 말씀 속에만 진실이 있다고 말하는 것=편견(prejudice, bias)'입니다. 종교적인 위선자(religious hypocrite)라는 의미에서 시간이 흘러 '편협, 편견'이란 뜻으로 변화.

- There are always good people who will not give in to **bigotry**.
  편견(편협)에 굴복하지 않는 좋은 사람들이 항상 있다.
- Adversity can come from **bigotry**, illness, death, financial difficulties, and many other unpleasant experiences.
  역경은 편견과 병, 죽음, 재정적 어려움과 다른 많은 불쾌한 경험들로부터 올 수 있다.

far-fetched [fɑːr-fètʃt] a.설득력이 없는, 비현실적인

far(먼)+fetched(가지고 온)의 결합.

'주장을 위해 본질과 상관없는 논리를 먼 곳에서 가지고 온=설득력이 없는(implausible)'입니다.

- That's a little **far-fetched**, don't you think?
  그건 좀 설득력이 없어. 그렇게 생각하지 않니?
- That's a very **far-fetched** idea, but I really believe that it may be possible.
  그것은 너무 비현실적이지만, 전 정말 가능할 수 있다고 믿어요.

mercenary [mɔ́ːrsənèri] a.돈을 목적으로 n.용병

발음 [머슨에~] ▶ 돈을 목적으로 [무슨] 일이든 하는 [애]를 연상.

돈을 목적으로 전쟁에 참여하는 군인은 용병(a hired soldier)입니다.

- He has a **mercenary** scheme to marry a wealthy widow.
  그는 부유한 과부와 결혼하려는 돈을 목적으로 하는 계획이 있다.
- **Mercenaries** have a tendency to act brave among fellow members, but become cowardly facing the enemy.
  용병들은 동료들 사이에선 용감하게 행동하지만 적을 대하면 비겁하게 행동하는 경향이 있다.

penal [píːnəl] a.형(刑)의, 형벌의, 형사상의

pen(형벌=penalty)+al의 결합.

어근 pen은 페널티(penalty-형벌, 벌금)의 pen입니다.

- A strong **penal** system is necessary to ensure a safe society.
  엄격한 형벌 제도는 안전한 사회를 보장하기 위해 필요합니다.

---

hallowed [hæloud] a.거룩한, 신성한(blessed)

어근 hal이 '신성한(holy)'이란 뜻입니다. 할로윈(Halloween)은 매년 10월 31일 만성절(萬聖節-모든 聖人의 날) 전날에 미국 전역에서 다양한 복장을 갖춰 입고 벌이는 축제입니다.

- We have come to this **hallowed** spot to remind America of the fierce urgency of "now."
  우리는 "바로 지금"이라고 하는 이 순간의 긴박성을 미국인들에게 일깨우기 위해 신성한 이 자리에 모였습니다.

---

tyro [táirou] n.초보자(beginner, novice)

발음 [타이로우] ▶ 붉은 [넥타이로] 장례식장 가는 아무것도 모르는 인생 초보자를 연상.

- I am amazed to see such fine work done by a mere **tyro**.
  초보자에 의해 만들어진 훌륭한 작품을 보니 놀랍다.
- **Tyros** often lose control, and even those who are advanced can make mistakes.
  초보자들은 종종 자제력을 잃고, 심지어 숙련자들도 실수를 할 수 있습니다.

---

umbrage [ʌ́mbridʒ] n.불쾌(감)(displeasure), 화(anger), 토라짐

발음 [엄브리지] ▶ [엄(마) 브리지]를 분실하여 엄마가 불쾌해하는 모습 연상.

- The employee took **umbrage** at not getting a raise.
  임금을 인상 받지 못해 그 직원은 몹시 불쾌해했다.
- He roared with **umbrage**. "Get out!"
  그는 화가 나서 고함쳤다. "나가!"

---

tenacious [tənéiʃəs] a.끈질긴, 집요한, 고집 센(stubborn)

ten(갖고 있다=tain=hold)+acious의 결합.

'중단하지 않고 끝까지 갖고 있는=끈질긴(pertinacious), 집요한'입니다. 어근 ten은 영단어쇼크 기본편 참조.

- **Tenacious** practice, practice, and more practice is crucial for excellence. Repetition is underrated in the U.S.
  지속적인 연습, 연습 그리고 더 많은 연습은 우수하게 하는 데 있어 결정적이다. 반복은 미국에서 과소평가된다.

alignment [əláinmənt] n. 일렬 정렬, 지지(support)

휠 **얼라인먼트**(wheel alignment)는 4개의 자동차 바퀴를 공학적으로 **일렬 정렬**하는 것입니다. 얼라인먼트를 하지 않으면 타이어가 고르게 닳지 않는 편마모, 고속주행시 떨림, 직선 도로에서 핸들을 놓으면 차가 한쪽으로 쏠립니다. 전투에 앞서 장군 앞에서 군사들이 일렬 정렬하면 장군의 결정을 지지하는 것이죠.

- Every eclipse lasts for different time length depending on the **alignment** of the Moon and Earth.
  모든 월식은 달과 지구의 일직선에 따라 다양한 시간 동안 지속된다.

- The church should have no political **alignment**.
  교회는 어떠한 정치적 지지도 없어야 한다.

perforate [pə́ːrfərèit] v. 구멍 내다, 꿰뚫다

per(완전한=perfect)+for(뚫다=pierce)+ate의 결합.

'송곳의 끝이 밖으로 나오도록 완전히 뚫다=구멍 내다, 꿰뚫다(pierce, penetrate)'입니다.

라틴어 perforare(꿰뚫다)가 영어에 유입된 단어로, 명사형 perforation이 흔히 사용됩니다. 유명 가수가 수술 후 발생한 위의 천공으로 세상을 떠난 슬픈 일이 있었지요.

- perforation n. 관통(piercing, penetration), 천공, 뚫림
- Excessive drinking can lead to **perforation** of the stomach wall.
  과도한 음주는 위벽에 천공을 초래할 수 있다.

landslide [lǽndslàid] n. 산사태(landslip, landfall), 압도적 승리

land(n.땅)+slide(v.미끄러지다)의 결합.

산 중턱에 있는 나무, 흙 등이 아래로 미끄러지는 것은 산사태입니다. 선거에서 경쟁자가 산이 무너지듯이 무너져 승리하면 압도적인 승리입니다.

- Countless development projects were behind the multiple **landslides** in and around Seoul.
  서울 안팎에서 많은 산사태들을 유발한 배후에 수많은 개발 프로젝트들이 있었다.

- For starters, it wasn't a **landslide** victory.
  먼저, 그것은 압도적 승리가 아니었다.

grotesque [groutésk] a. 그로테스크 무늬의, 기괴한(strange), 괴상한

그로테스크(grotesque)는 서양 장식 모양의 일종으로 동물, 식물, 가면, 건축의 일부 등 각종 모티브를 곡선 모양으로 연결해 복잡하게 구성한 것. 장식적 패턴을 떠나서 기괴하고 환상적인 표현을 통상 그로테스크라고 부르게 됨.

- The horror movie was so **grotesque** that several members of the audience almost fainted.
  공포 영화는 매우 기괴해서 몇몇 관객은 거의 기절할 정도였다.

- At the time, English society thought his illustrations were **grotesque**.
  그 당시에 영국 사회는 그의 그림을 괴기스럽다고 생각했다.

fruition [fruːíʃən] n.결실, 성과

fruit(vi.열매를 맺다, n.과일, 성과)+ion의 결합.
'일을 시작하여 열매를 맺은 것=결실, 성과(result, fruit, outcome)'입니다.

- After months of hard work, our plans finally came to **fruition**.
  몇 달 동안의 힘든 작업 후, 우리의 계획이 마침내 결실을 맺게 되었다.

- It's going to take 20 years or so to come to **fruition**.
  성과에 도달하는 데는 약 20년 정도가 걸릴 것 같습니다.

delve [delv] vi.파다(dig), 탐구하다(search)

책을 파고드는 것은 탐구하는 것이고, 무엇을 찾기 위해 가방 속을 파는 것은 뒤지는 것입니다.

- If you **delve** into something, you will discover new information about it.
  네가 무언가에 파고들면, 그것에 관한 새로운 정보를 발견할 거야.

- Scientists worldwide are searching for renewable energy sources, **delving** into things nobody has thought of.
  세계의 과학자들은 아무도 생각하지 못한 것을 탐구하면서 재생에너지 공급원을 찾고 있다.

hiatus [haiéitəs] n.틈(gap), (일정기간)중단, 공백(vacuum, void)

발음 [하이에이터스] ▶ [하이에이나]가 틈을 타서 사자의 먹이를 훔치는 모습 연상.

- Thank you for the conversational **hiatus**.
  대화를 나눌 틈을 주셔서 감사합니다.

- The five-member group will go on **hiatus** because its members must serve in the Korean military.
  다섯 명 멤버의 이 그룹은 군 복무를 해야 함에 따라 활동 중단에 들어갑니다.

- What did you do during your four-year-long **hiatus**?
  4년간의 오랜 공백 기간 뭘 하셨나요?

Day 11

hallucination [həlùsinéiʃən] n.환각, 환영(illusion), 환청

발음 [헐루신~] ▶ 꿈에서 [헐루신~]을 믿으라는 환영과 환청을 들었어.

- Doctors say too much coffee consumption could cause **hallucinations**.
  커피를 너무 많이 마시면 환각 작용을 초래할 수도 있다고 의사들은 말한다.
- About 10 percent of the hearing impaired people get musical **hallucinations**.
  청각 장애가 있는 사람의 약 10%는 음악소리가 들리는 환청을 경험합니다.

mendicant [méndikənt] a.구걸하는 n.거지(beggar, mendicant)

발음 [멘디컨트] ▶ 차가운 [맨] 바닥에 [딩]굴어 [컨]디션이 나쁜 거지들을 연상.

- We usually do not know the needs of a **mendicant** in the street.
  우리는 보통 거리의 걸인들이 무엇을 필요로 하는지 알지 못한다.
- Under normal circumstances, a **mendicant** would have no credit rating with which to gain a loan.
  일반적인 상황에서, 거지는 대출을 받을 어떤 신용 등급도 갖고 있지 않다.

usher [ʌ́ʃər] n.안내인, 접수원(receptionist) vt.안내하다(guide)

발음 [어셔] ▶ '[어서]오세요'라고 말하는 사람은 안내인입니다.

- Bright red blossoms of camellia bushes are indisputably the earliest flowers to **usher** in spring.
  강렬한 붉은 빛을 띠는 동백꽃이 반박의 여지없이 가장 먼저 봄을 안내하는 꽃일 것이다.

anthropology [æ̀nθrəpálədʒi] n.인류학, 인간학

anthropo(사람=man)+logy(학문)의 결합.

발음 [앤쓰러팔어지] ▶ [앤쓰러]에서 나쁜 생활환경에서 안쓰럽게 살아가는 현재의 인류를 떠올려 보세요.

- As an undergraduate student, he majored in biological **anthropology**.
  대학생 시절에, 그는 생물 인류학을 전공했다.

DAY 11

burrow [bə́ːrou] n.(여우)굴, 은신처 v.굴을 파다, 파고들다

자신 있게 주장하다가 약점이 발견되거나 부적절한 행위를 하고 모습을 감출 때 굴에 숨는 여우와 토끼에 빗대어 버로우(burrow)족이란 말을 흔히 사용하는데, 스타크래프트에 버로우족이 나옵니다.

- Larvae **burrow** into the ground and feed on the roots of plants.
  유충은 땅을 파고 들어가 식물의 뿌리를 먹고 산다.
- Skunks usually nest in **burrows** constructed by other animals.
  스컹크는 보통 다른 동물이 만들어 놓은 굴에 보금자리를 만든다.

bland [blænd] a.(말, 태도)부드러운, (음식)싱거운

blend(vt.섞다=mix)와 bland(a.부드러운, 싱거운)는 철자가 비슷하기 때문에 함께 기억해야 합니다.

- He said with his face expanding in a **bland** smile.
  그가 얼굴을 펴고 부드러운 미소를 띠면서 말했다.
- It's best to have your food as **bland** as possible.
  가능한 한 음식을 싱겁게 먹는 것이 가장 좋습니다.

blandish [blǽndiʃ] v.아첨하다, 알랑거리다

bland(부드러운=mild, gentle)+ish의 결합.

'목적 달성을 위해 누군가를 부드럽게 구워삶다=아첨하다(toady, flatter)'입니다.

- He **blandished** his friend into buying his company's products.
  그는 친구에게 알랑거려 자신의 회사 물건을 사게 했다.
- She **blandished** to her boss in the hope of getting more money.
  그녀는 돈을 더 받으려는 희망에 사장에게 아첨했다.

fanaticism [fənǽtəsizəm] n.광신, 열광(zeal, craze)

fan(n.광, 팬)+atic+ism의 결합.

- fan[fæn] n.부채, 선풍기, 팬, 광(狂) vt.부채질하다, 선동하다
- Muslims still remember the **fanaticism** and brutality of the Crusades.
  무슬림들은 여전히 십자군 원정의 광신적 행위와 잔혹성을 기억한다.
- When **fanaticism** is mixed with politics, it can manifest in horrible ways.
  광신이 정치와 혼합되었을 때 끔찍한 방식으로 나타날 수 있습니다.

slander [slǽndəːr] n.중상모략, 비방(명예 훼손) vt.비방하다(abuse, defame)

scandal(n.추문, 중상모략)에서 파생. 스캔들(scandal)은 실제로 일어난 사실도 있지만, 누군가의 중상모략에 의해 의도적으로 만들어진 허위도 있고, 유명인들은 추문으로 인해 사람들로부터 비방(욕설)을 듣게 되기 때문에 '스캔들'에서 '비방하다'란 뜻이 파생.

- scandal n.추문, 중상   • scandalize vt.모욕하다, 화나게 만들다(모욕하면 화가 남)

- If you **slander** me again, I could kill you. 네가 다시 나를 비방한다면 널 죽여 버릴 수도 있어.
- Words have the power to cut down, **slander**, criticize, and bully a person or group of people.
  말은 개인이나 한 그룹의 사람들을 죽이고, 비방하고, 비판하고, 위협하는 힘이 있습니다.

penance [pénəns] n.참회, 회개, 속죄

pen(형벌=penalty)+ance의 결합.

'신의 형벌이 내리기 전에 뉘우치는 것=참회(penitence, repentance), 회개, 속죄'입니다.

- She made him cook the dinner as a **penance** for forgetting her birthday.
  그녀는 자기 생일을 잊어버린 것에 대한 속죄로 그에게 저녁 식사 준비를 시켰다.

typify [típəfài] vt.대표하다, 전형이 되다, 특징을 나타내다

type(n.전형, 유형)+ify(동접)의 결합.

'전형을 이루다=대표하다(represent), 전형이 되다(epitomize), 특징을 나타내다'입니다.

- type n.전형(유형), 타입 • typical a.대표(전형)적인 • typically ad.대체로, 전형적으로
- That confusion is **typified** by the situation in the war.
  그 혼란은 그 전쟁 속의 상황으로 대표된다.
- His works are **typified** by the bold contrast of colors.
  그의 작품은 대담한 원색 대비로 특징 지워진다.

hub [hʌb] n.중심(center), 중추, 허브

선거철이 되면 물류 허브, 교육 허브, 관광 허브, 의료 허브 등 각종 허브(중심)도시를 만들겠다는 공약들이 쏟아져 나옵니다.

- The city is the **hub** of all cultural, political, and religious events.
  그 도시는 모든 문화, 정치, 종교 행사의 중심지입니다.
- The country is a **hub** of industries that greatly influence the global environment.
  그 나라는 국제 환경에 크게 영향을 미치는 산업의 중심지이다.

sprinkle [sprínkəl] vt.(액체, 분말 따위를)뿌리다 n.보슬비

공원이나 과수원에서 보슬비 같은 물을 뿌리는 장치가 스프링클러(sprinkler)입니다.

- **Sprinkle** lightly with salt and a bit of olive oil. 소금과 약간의 올리브유를 가볍게 뿌리세요.

photosynthesis [fòutousínəəsis] n.광합성

photo(빛=light)+syn(같은=same)+thesis의 결합.

'식물이 빛, 이산화탄소, 물을 같이 놓아 합성하여 유기질을 얻는 것=광합성(光合成)'입니다.

- During **photosynthesis**, the energy generated by plants is stored in the soil.
  광합성 도중, 식물에 의해 만들어진 에너지는 토양에 저장됩니다.

swagger [swǽgər] v.뽐내며 걷다, 자랑하다(boast) n.뽐내는 태도

대중문화 힙합에서 잘난 척하며 자기 과시, 자기 자랑하는 행위를 스웩(swag)이라고 합니다. 건들거리며 잘난 척하는 부정적인 의미도 들어 있습니다.

- He **swaggered** his way towards her, grinning from ear to ear.
  그는 만면에 웃음을 띠고 그녀에게 으스대며 다가갔다.

postnatal [pòustnéitl] a.출생 후의

post(뒤, 후=after)+nat(태어난=native)+al의 결합. '애가 태어난 이후의=출생 후의'입니다.

- Mothers may suffer from **postnatal** depression.
  어머니들은 산후 우울증으로 고생할 수 있다.

frivolous [frívələs] a.경솔한(frivolous), 천박한, 시시한, 하찮은

발음 [프리벌러스] ▶ 어른들 앞에서 [프리]하게 다리를 쩍 [벌렸어.] 그녀는 천박해.

- When he joked about his classmate's fat body, he was criticized for his **frivolous** behavior.
  그가 급우의 뚱뚱한 몸에 대해 농담을 했을 때 그의 경솔한 태도로 비난받았다.
- At that time, cars were considered **frivolous** playthings of the rich.
  그 당시에, 자동차는 부자들의 시시한(하찮은) 장난감으로 간주되었다.

existential [ègzisténʃəl] a.실재적인, 실존주의의, 존재의

existent(a.존재하는, 실재하는)+ial의 결합.

- Afghanistan does not pose an **existential** threat to global security.
  아프가니스탄은 세계 안보에 실제적인 위협을 끼치지 않습니다.
- We watched so many **existential** threats unfold in front of us.
  우리는 우리 앞에 펼쳐진 많은 실재적인 위협들을 지켜봤습니다.

bucolic [bjuːkάlik] a.전원생활의, 시골의, 목가적인

bu(황소=bull)+co(함께=com=with)+lic로 결합.

'소와 함께하는 생활하는=전원생활의, 시골의(rural), 목가적인(pastoral)'입니다.

- My parents are living a **bucolic** life.
  나의 부모님은 전원생활을 하고 있다.

Day 12

truculent[trʌ́kulənt] a.호전적인(bellicose, warlike, militant), 야만적인

발음 [트러큘런~] ▶ 호전적인 [드라큘라~]

- The union is the second-largest with 620,000 members, but it is popularly known to be the most **truculent**.
  그 노조는 회원수가 62만 명을 가진 국내 2위의 노동단체인데, 가장 호전적인 단체로 널리 알려져 있다.

- I have never seen such a **truculent** person in my life.
  나는 지금까지 그렇게 호전적인(야만적인) 사람을 본 적이 없다.

chastise[tʃæstáiz] vt.질책(비난)하다(censure, reproach, denounce) n.질책, 비난

발음 [채스타~] ▶ [채] [스타]가 되기도 전에 사고 친 가수를 비난하다.

- He **chastised** the team for their lack of commitment.
  그는 헌신 부족을 이유로 팀을 질책했다.

- They try not to **chastise** each other even when things go wrong.
  그들은 일이 잘 풀리지 않을 때에도 서로를 비난하려고 하지 않습니다.

vertigo[vɔ́ːrtigòu] n.현기증, 어지러움(dizziness, giddiness)

ver(돌다=turn)+tigo의 결합. '머리가 빙 도는 증상=현기증'입니다.

발음 [버티고우] ▶ 현기증을 [버티고] 일하다 쓰러지는 노동자 연상.

- If you have **vertigo** it seems as if the room is spinning around you.
  현기증이 있으면 방이 당신 주위를 빙글빙글 도는 것처럼 보인다.

- The potential side effects of study pills include loss of appetite, sleep disorders, nausea, anxiety, manic behavior, insomnia, **vertigo**, or depression.
  학습 알약의 잠재적인 부작용은 식욕 감퇴, 수면 장애, 메스꺼움, 불안, 병적 행동, 불면, 어지러움과 우울증을 포함한다.

burgeoning[bɔ́ːrʒəniŋ] a.급성장(발전)하는

burg(bud=꽃봉오리)+eon+ing(진행)의 결합.

'시작하자마자 바로 꽃봉오리를 맺는=급성장(발전) 하는'입니다. 사업을 시작하자마자 꽃봉오리를 맺으면 급성장(발전)한 것입니다.

- burgeon vi.싹이 트다, 급성장하다 n.새싹, 어린가지   • bud n.꽃봉오리, 새싹
- The Education, Science and Technology Ministry hopes the online lectures can curb **burgeoning** private tutoring market.
  교육과학기술부는 EBS 인강을 통해 급성장하는 사교육 시장을 억제할 수 있기를 기대한다.

militant [mílətənt] n.군인(병사, 민병대), 무장단체 a.호전적인(warlike)

milit(군대=military)+ant(사람)의 결합.

'군대에 있는 사람=군인(soldier)'입니다. 군대에 있는 사람은 군인이고, 군인이 소속된 과격 단체가 무장단체입니다. 무장 단체에 있는 군인들은 호전적이기 때문에 '무장단체에 있는 군인 같은=호전적인'입니다.

- The three-day standoff left at least 23 hostages and **militants** dead.
  3일간의 대치는 적어도 23명의 인질과 무장 군인의 사망을 남겼다.
- **Militant** unionized workers are worsening the situation.
  호전적인, 조직화된 노동자들이 상황을 악화시키고 있습니다.

chaste [tʃeist] a.순결한(pure, immaculate), 정숙한

여성의 월경불순에 매우 좋은 허브(약초)가 체이스트 트리(chaste tree)입니다. 불순한 것을 순결(chaste)하게 해 주는 기능을 갖고 있기 때문에 chaste tree라고 이름을 붙인 것.

- That couple was **chaste** until their marriage. 그 커플은 결혼할 때까지 순결을 지켰다.

hypocrite [hípəkrìt] n.위선자

hypo(아래=under)+crite(만들다=create)의 결합.

'마음 아래에 또 다른 마음을 만든 사람=위선자(pretender, pharisee)'입니다. 그리스어 hypokrites(무대 배우=actor)가 영어에 유입된 단어. 평상시의 모습과 무대 위에서 연기할 때의 모습이 너무나도 다른 것에서 위선자라는 뜻이 발생.

- hypocrisy[hipákrəsi] n.위선, 가식(pretense, dissembling)
- I saw at a glance that he was a **hypocrite**. 나는 그가 위선자라는 것을 한눈에 간파했다.
- How am I a **hypocrite**? 내가 어떻게 위선자야?

elegiac [èlidʒáiək] a.애가(哀歌)의, 구슬픈(mournful, doleful)

elegi(애가, 엘레지=elegy)+ac의 결합.

부모, 친구, 연인 등의 죽음이나 불행, 또는 실연당한 슬픔에 잠긴 심정을 읊은 노래나 시를 널리 엘레지라고 합니다.

- elegy[élədʒi] n.애가(哀歌), 비가(悲歌), 엘레지
- I used to listen to **elegiac** songs a lot. 나는 구슬픈 노래를 많이 듣곤 했었다.
- At first, an **elegiac** melody plays and speedy orchestral music soon follows.
  처음에는 구슬픈 멜로디가 흐르고 곧 빠른 관현악 음악이 따라 나온다.

meek [miːk] a.온순한(gentle), 유순한(docile, obedient)

발음 [미이크] ▶ 온순한 이미지의 [미키]마우스(mickey mouse)를 연상해 보세요.

- He is so **meek** that you can tell him to do anything.
  그는 너무 온순해서 그에게 무엇이든 하라고 말할 수 있어.

bizarre [bizάːr] a.기이한(strange), 특이한(singular, peculiar, unique)

발음 [비자르] ▶ [빗자루] 모양의 기이한, 특이한 수염

전쟁터에서 프랑스 군인이 특이하고 기이한 턱수염(beard)을 하고 있는 스페인 군사들을 보고 한 말에서 유래한 단어입니다.

- The **bizarre** objects look like soft jelly and have vivid purple colors.
  그 기이한 물체는 부드러운 젤리처럼 생기고 선명한 보랏빛을 띠고 있습니다.

- I had a **bizarre** experience with a classmate the other day.
  일전에 학급 친구와 특이한(기이한) 경험을 했어.

factitious [fæktíʃəs] a.인위적인, 만들어 낸

fact(만들다=factory)+itious의 결합.

'없는 것을 만들어 낸=인위적인(artificial), 만들어 낸'입니다. factory(공장)는 물건을 만드는 곳이죠.

- He has invented a wholly **factitious** story about his past.
  그는 자신의 과거에 대해 완전히 만들어 낸 이야기를 꾸며 냈다.

- We do not have the right to transfer wild animals to a **factitious** environment.
  우리는 야생 동물을 인위적으로 만든 환경으로 옮길 권리를 가지고 있지 않다.

haphazard [hæphǽzərd] a.ad.닥치는 대로, 되는 대로, 무계획적인

hap(발생하다=happen)+hazard(n.우연=accident)의 결합.

'계획 없이 우연히 일어나는 대로 처리하는=닥치는 대로, 무계획적인'입니다.

- hazard[hǽzərd] n.우연, 운에 맡기기, 위험
- I doubt if we can recapture the China market with such a **haphazard** plan.
  그런 무계획적인 계획으로 우리가 중국 시장을 탈환할 수 있을지 의문입니다.

memento [miméntou] n.기념품, 추억거리

mem(기억, 추억=memory)+ento의 결합.

'기억에 남고 추억이 될 수 있도록 주는 물건=기념품(souvenir, remembrance)'입니다.

- I'd like to present all those who have done so much for our school's development with this **memento** in recognition of their extraordinary efforts.
  학교의 발전을 위해 많은 일을 하신 모든 분의 각별한 노고를 인정하여 이 기념품을 증정하고자 합니다.

petulant [pétʃulənt] a.성미 급한, 화를 잘 내는(peevish)

발음 [페츌런~] ▶ [페]가 [출렁] 거려 피를 토할 정도로 성미 급한 사람 연상.

- He was **petulant**, selfish, arrogant and occasionally savage.
  그는 성미가 급하고, 이기적이고, 거만하고, 가끔씩은 야만적이었다.

stealthy [stélθi] a.은밀한(confidential, furtive), 비밀의(secret)

발음 [스텔씨] ▶ 적의 레이더에 포착되지 않아 은밀히 들어가서 공격하는 [스텔스] 전투기를 연상.

- We will attack the enemy with **stealthy** new weapons.
  우리는 비밀 신무기로 적을 공격할 것입니다.
- After looking around, he **stealthily** pocketed the money.
  주변을 살핀 후 그는 돈을 은밀하게 주머니에 집어넣었다.

acquisitive [əkwízətiv] a.얻고자(갖고자) 하는, 탐욕스런(greedy, grasping)

acquire(vt.손에 넣다, 획득하다)의 형용사형으로, '손에 넣고자 하는=얻고자 하는, 탐욕스런'입니다.

- She has an **acquisitive** nature and collects everything of value.
  그녀에게는 갖고자 하는 본성이 있어 가치 있는 것은 무엇이나 모은다.
- We live in an **acquisitive** society which vies success primarily in terms of material possessions.
  우리는 주로 물질적인 부로 성공을 겨루는 탐욕적인 사회에서 살고 있다.

actuate [ǽktʃuèit] vt.작동(가동)시키다

act(n.행위, 행동)+u+ate(동접)의 결합.
'기계 따위가 행동하게 만들다=작동시키다'입니다.

- A detonator is any device containing an explosive that is **actuated** by heat, percussion, friction, or electricity.
  기폭 장치란 열, 충격, 마찰, 전기에 의해서 작동되는 폭발물을 담고 있는 장치를 말한다.

periodic [pìəriádik] a.주기적인, 정기의

period(n.기간, 주기)+ic(형접)의 결합.
'기간을 정해두고 반복되는=주기적인(periodical, cyclic), 정기의'입니다.

- Treatment options for anemia range from simple iron supplements to **periodic** blood transfusions.
  빈혈을 위한 치료 선택은 간단한 철분 보충제로부터 주기적인 수혈까지 줄지어 있다.

erroneous [iróuniəs] a. 잘못된, 틀린

erro(잘못, 실수=error)+neous의 결합.

'잘못, 실수가 들어 있는=잘못된(wrong, mistaken, perverted), 틀린'입니다.

- It is also very **erroneous** to teach students wrong history.
  학생들에게 잘못된 역사를 가르치는 것도 매우 잘못된 일이야.

- It mispaid 75.2 billion won because of **erroneous** information inputs by welfare officials.
  복지 공무원의 자료를 잘못된 정보 입력 때문에 752억 원이 잘못 지급되었다.

Day 13

abeyance[əbéiəns] n.중지(discontinuance, suspension), 중단(상태), 정지

a(이동=ad)+bey(입을 크게 벌림=gape)+ance(명접)의 결합.

하던 일이 중지, 중단되어 일을 다시 시작할 때까지 하품하며 기다리던 것에서 유래.

- gape[geip] n.입을 크게 벌림, 하품(yawn) vi.하품하다
- My blog has been in **abeyance** for a long time.
  나의 블로그는 오랜 기간 동안 휴면 상태로 있어.
- The plan has been in **abeyance** because of the heavy cost of extending.
  그 계획은 막대한 비용의 증대로 인해 중단되어 있다.

agape[əgéip] a.입을 벌린

a(이동=ad)+gape(n.입을 벌림, 하품)의 결합. gape의 형용사형입니다.

- They stood **agape** at the strange sight.
  그들은 이상한 광경에 입을 벌린 채 서 있었다.
- He stared at her with his mouth wide **agape**.
  그는 입을 헤 벌리고 그녀를 쳐다보았다.

amass[əmǽs] vt.(재산 등)모으다(accumulate), 축적하다

a(이동=ad)+mass(n.덩어리, 다량)의 결합.

'돈이나 재물을 모아 큰 덩어리로 만들다=(재산)모으다, 축적하다'입니다. 돈을 쓰지 않고 금고에 계속 이동시키면 큰 덩어리(다량)가 되는데, 이는 재산을 모으고 축적하는 것이지요.

- mass[mæs] n.덩어리, 다량(다수), 일반 대중(people), 부피(bulk)
- His friends envy the enormous wealth that he has **amassed**.
  그의 친구들은 그가 축적해놓은 엄청난 재산을 부러워해요.
- This is his second music video to **amass** 200 million views.
  이것은 2억 회의 조회 수를 모은 그의 두 번째 뮤직비디오이다.

aver [əvə́ːr] vt.확언(단언, 주장)하다

a(이동=ad)+ver(정말인, 진짜인=true)의 결합.

"정말이다, 진짜다'라는 말을 입 밖으로 내다=확언하다(assert, affirm, predicate)'입니다. 어근 ver(true)는 very(매우, 진짜인)입니다. very는 현대 영어에서는 'ad.매우'이지만 옛날에는 'a.정말인, 진짜인'이란 뜻으로 사용되었습니다.

- She continued to **aver** that she was innocent.
  그녀는 계속해서 자기가 무죄라고 확언(단언, 주장)했다.
- He **avers** that the death penalty should be revoked for three reasons.
  그는 사형제도는 3가지 이유로 폐지되어야 한다고 주장한다.

ablaze [əbléiz] a.타오르는, 빛나는 ad.흥분하여, 열광하여

a(이동=ad)+blaze(n.불길, 타오름)의 결합.

'불길이 이곳저곳으로 이동하는=타오르는(burning, aflame), 빛나는'입니다. 불길이 이곳저곳으로 이동하는 것은 타오르는 것이고, 사람의 마음속에서 불길처럼 타오르는 것은 흥분하고 열광하는 것입니다.

- blaze [bleiz] n.불길, 번쩍거림, 타오름 vt.빛내다 vi.빛나다
- Within a few seconds his house was **ablaze**.
  순식간에(몇 초 내에) 그의 집은 불타올랐다.
- The team fandom is **ablaze** with excitement.
  그 팀의 팬들은 흥분으로 불타올랐습니다.

aflame [əfléim] a.타오르는(서술적 용법으로만)

a(이동=ad)+flame(n.불길, 불꽃)의 결합.

'불꽃이 튀어 이곳저곳으로 이동하는=타오르는(burning, ablaze)'입니다.

- Her heart is **aflame** with love for him.
  그녀의 가슴은 그에 대한 사랑으로 타오르고 있다.

adrift [ədríft] a.표류하는(서술적 용법으로만), 방황하는

a(이동=ad)+drift(n.표류, 떠내려감)의 결합.

'배가 물길이 가는 대로 이동하며 떠내려가는=표류하는, 방황하는'입니다.

- The survivors were **adrift** in a lifeboat for six days.
  생존자들은 6일 동안 구명정을 타고 표류했다.
- She has been **adrift** and isolated for a long time.
  그녀는 오랫동안 방황했고 고립되어 있었다.

asperse [əspə́:rs] vt. 악담을 퍼붓다, 비방하다

a(이동=ad)+sper(뿌리다=spray)+se의 결합.

'물 뿌리듯 악담을 퍼붓다=비방하다(slander, abuse, defame)'입니다. asperse는 가톨릭교에서는 물을 뿌려 성수(holy water)하는 것을 의미하고, 일반적인 의미로 사용하면 악담을 퍼붓고 비방하는 것입니다.

- spray n.물보라, 분무기, 스프레이 vt.뿌리다 • aspersion n.비난, 비방
- The politician **aspersed** his opponent as dishonest.
  그 정치인은 상대방을 부정직하다고 비방했다.

accolade [ǽkəlèid] n. 상(award), 칭찬(praise)

ac(이동=ad)+col(목=collar, neck)+ade의 결합.

'공을 세우거나 무엇을 잘했을 때 목에 메달을 걸어 주는 것=상, 칭찬'입니다. 어근 col은 collar(n.칼라, 깃, 목걸이)의 col입니다. 경기에서 1, 2, 3등을 한 선수의 목에 걸어 주는 메달은 상(award)이고, 상은 칭찬하는 것이죠.

- The Nobel Prize has become the ultimate **accolade** in the sciences.
  노벨상은 과학계에서 최고의 상이 되어있다.
- He has been gained with multiple singing **accolades**.
  그는 다수의 가수상을 받아왔습니다.

accrue [əkrú:] vi. (이익, 결과 등 자연히)증가하다, 생기다, (이자)붙다

ac(이동=ad)+cru(증가하다=crease)+e의 결합.

'없던 것이 저절로, 자연히 증가하다=증가하다, 생기다, (이자)붙다'입니다. 좋은 공부 습관을 갖고 있으면 없던 사고력이 저절로, 자연히 생기고 증가하게 됩니다. 돈을 은행에 예금하면 없던 이자가 생기고 붙게 되지요.

- Thinking **accrues** to you from good habits of study.
  여러분에게 사고력은 좋은 공부 습관에서 생깁니다.
- Interest **accrues** if you keep your money in a savings account.
  돈을 저축 예금계좌에 넣어 두면 이자가 붙습니다.

adjudicate [ədʒúːdikèit] v. 판결(판정)하다(judge), 선고하다

ad(이동)+judic(판결하다=judge)+ate의 결합.

어근 judic(judge)에 밑줄 치면 단어 뜻을 쉽게 기억할 수 있습니다. 어근 뜻이 명확할 때 이동의 접두어 ad는 의미를 부여할 필요가 없습니다.

- They had to **adjudicate** on the issue of whether the dismissal was fair or unfair.
  그들은 그 해고가 정당한지 아닌지에 대해 판결을 내려야 했다.
- The court **adjudicated** him (to be) bankrupt.
  법원은 그에게 파산을 선고했다.

annotate [ǽnətèit] v.주석을 달다

an(이동=ad)+note(n.주석, 기록)+ate의 결합.

'책 아래에 주석을 이동시켜 붙이다=주석을 달다'입니다.

- note n.메모, 기록, 주석, 주목, 음표, 기호, 지폐(어음) vt.적어두다, 주목하다
- He **annotated** the report with her comments.
  그는 그녀의 논평 보고서에 주석을 달았다.

---

appellation [æpəléiʃən] n.명칭, 이름(name, title), 호칭

ap(이동=ad)+pel(몰아붙이다=pel)+lation의 결합.

'모든 사람들을 몰아붙여 부르도록 만든 것=명칭, 이름, 호칭'입니다. 삼성 스마트폰 갤럭시, 현대자동차 그랜져, 농심 신라면 등은 광고 등을 통하여 모든 사람들이 그렇게 부르도록 몰아붙여 만들어진 명칭, 이름입니다.

- I am not sure whether I should be happy with that **appellation**.
  나는 그 이름으로 불리는 것을 기뻐해야 하는지 확신할 수 없어.
- She uses the **appellation** "Lim, Kim".
  그녀는 Lim, Kim이란 호칭을 사용한다.

---

attenuate [əténjuèit] vt.가늘게 하다(slender), 약화시키다(weaken, reduce)

at(이동=ad)+tenu(가는=thin)+ate의 결합.

음식을 주지 않고 사람을 굶주리면 사람 몸을 가늘게 하고 체력을 약화시키기 때문에 '가늘게 하다=약화시키다'입니다.

- The team has gradually been **attenuated** by the players' injuries.
  그 팀은 선수들의 부상으로 인해 점차 약해졌다.
- Radiation from the sun is **attenuated** by the earth's atmosphere.
  태양에서 나오는 방사선은 지구의 대기에 의해 약화된다.

---

attrition [ətríʃən] n.마찰, 소모, 감소

at(이동=ad)+tri(문지르다=rub)+tion의 결합.

'2개의 물체를 붙여 문지르는 것=마찰(friction), 소모, 감소(decline)'입니다. 차를 몰면 타이어가 땅바닥을 문질러 마찰이 발생하고, 마찰로 인해 타이어가 소모되고 타이어 사용 기간이 감소하기 때문에 '마찰'에서 소모, 감소라는 뜻이 파생.

- The war is taking on the characteristics of **attrition**.
  그 전쟁은 소모전의 양상을 띠고 있다.
- They have adopted a policy of reducing their workers gradually by **attrition**.
  그들은 자연 감소로 단계적으로 직원을 줄이는 방안을 채택했다.

baneful [béinfəl] a. 해로운, 유독한

ban(vt.금지하다=prevent)+e+ful(가득 찬=full)의 결합.

'법으로 금지하는 것으로 가득 차 있는=해로운(harmful), 유독한(poisonous)'입니다.

- It is **baneful** to the country and the people.
  그것은 국가와 국민에게 해로운 것입니다.
- Usually the yellow dust contains a lot of **baneful** compounds.
  주로 황사에는 해로운 성분들이 많이 들어 있어.

cessation [seséiʃən] n. 정지(stop, standstill), 중지(discontinuance, suspension)

cess(멈추다=cease)+ation(명접)의 결합. cessation은 cease(stop, halt)의 명사형으로 기억하세요.

- The **cessation** of war between the two countries brought peace.
  두 나라의 전쟁 중지는 평화를 가져왔다.

dilettante [dìlətáːnt] n. 딜레탕트, 아마추어 예술가, 호사가

딜레탕트(dilettante)는 이탈리아어 딜레타레(dilettare=즐긴다)에서 유래된 말로서 미술, 문예, 학술을 비직업적으로 애호하는 사람, 호사가(好事家)를 의미합니다.

- She is a professional artist, not a **dilettante**. 그녀는 전문적인 화가이지, 아마추어 예술가 아니다.

conjure [kándʒər] vt. 마술(요술)로 ~하다, (마음속에)떠올리다

con(강조=completely)+jure(맹세, 배심원, 심사원=jury)의 결합.

'신에게 맹세하고 자신이 원하는 것을 불러내다=마술(요술)로 불러내다'입니다. 무당들은 자신이 모시는 신이 있습니다. 자신이 신의 제자라고 맹세하고, 신의 힘을 빌려 죽은 사람의 영혼을 불러내지요. jury(배심원, 심사원)는 공정하게 판단하겠다고 맹세하고 자신의 임무를 수행하기 때문에 '맹세'라는 뜻에서 '배심원, 심사원'이란 뜻이 파생.

- The juggler **conjured** a rabbit out of the hat.
  마술사는 마술로 모자에서 토끼를 꺼냈다.
- You may **conjure** up martial artist, Bruce Lee, the legendary figure of martial artists.
  너는 아마 무술계의 전설 같은 인물인 브루스 리(이소룡)를 떠올릴 거야.

Day 14

irremediable[irimíːdiəbəl] a.치료할 수 없는, 돌이킬 수 없는(irrecoverable)

ir(부정=in)+remedy(v.치료하다)+able(가능)의 결합.

- remedy n.치료, 치료약 vt.고치다, 치료하다
- Although it is an **irremediable** disease, people with AIDS can live many more years after infection if he or she takes the treatments regularly.
  비록 에이즈가 불치의 병이긴 하지만 정기적으로 치료 받으면 감염 후에 더 오랫동안 살 수 있다.
- I have made an **irremediable** mistake. 나는 돌이킬 수 없는 실수를 저질러 놓았다.

irrecoverable[ìrikʌ́vərəbəl] a.돌이킬 수 없는(irrevocable), 회복할 수 없는(irretrievable)

ir(부정=in)+recover(v.회복하다)+able(가능)의 결합.

- The storm did **irrecoverable** damage to the crops.
  폭풍이 농작물에 돌이킬 수 없는 손해를 입혔어요.
- It is undesirable for Korea and Japan to continue their war of words and drive bilateral relations to an **irrecoverable** state.
  한국과 일본이 말 전쟁을 계속 이어가며 양국관계를 회복할 수 없는 수준으로 몰고 가는 것은 바람직하지 않다.

irreconcilable[irékənsàiləbəl] a.화해(타협)할 수 없는, 조화되지 않는

ir(부정=in)+reconcile(vt.화해시키다, 조화시키다)+able(가능)의 결합.

- We want divorce because of **irreconcilable** differences.
  우리는 서로 타협할 수 없는 차이점 때문에 이혼을 원해요.
- The talks have become **irreconcilable** with both sides refusing to compromise any further.
  양측이 더 이상 타협하기를 거부하여 회담은 화해할 수 없는 상태에 이르렀다.

irreverent[irévərənt] a.불손한, 무례한, 예의 없는

ir(부정=in)+revere(vt.존경하다=respect)+ent의 결합.

'존경심이 없는=불손한, 무례한(rude, disrespectful, insolent, outrageous)'입니다.

- The professor was bitterly resentful of his students' **irreverent** attitudes.
  그 교수는 학생들의 불손한 태도에 몹시 분노했다.
- The country suffers from too many Chinese tourists and their **irreverent** behavior.
  그 나라는 너무 많은 중국인 여행객들과 그들의 무례한 행동으로 고통을 받고 있다.

illimitable [illímitəbəl] a.끝없는, 무한한

il(부정=in)+limit(n.한계)+able(가능)의 결합.

'한계를 정할 수 없는=끝없는(endless), 무한한(infinite)'입니다.

- His life was filled with **illimitable** hours of nothing to do.
  그의 생활은 끝없이 할 일이 없는 시간들로 채워졌다.

- He became who he is today through **illimitable** practice and perseverance.
  그는 끝없는 연습과 인내로 오늘날의 그가 되었습니다.

cajole [kədʒóul] v.부추기다, 유혹하다, 꼬시다

caj(새장, 우리=cage)+ole의 결합.

'미끼를 사용하여 새장 안으로 들어오도록 하다=부추기다, 꼬시다(allure, entice)'입니다. 새장 속에 새가 좋아하는 씨앗, 우리 속에 다람쥐가 좋아하는 도토리나 밤을 넣어 놓는 것은 들어오라고 부추기고 꼬드기는 것입니다. 발음 [커죠~]에서 '이 오징어 정말 커죠'라고 하면서 오징어 사라고 꼬드기는 생선가게 주인의 모습을 떠올려 보세요.

- The sudden increase of these newly designed apartments has **cajoled** many moms and dads.
  새롭게 디자인된 아파트의 갑작스러운 증가는 많은 부모들을 유혹했다.

- These nontraditional books are visual enough to **cajole** young kids.
  이 비전통적인 책은 어린 아이들을 유혹하기에 매우 시각적이다.

bustle [bʌ́sl] vi.바쁘게 움직이다

발음 [버스-ㄹ] ▶ 버스를 타기 위해 바쁘게 움직이는 모습을 연상. 폭발물이 터져 살기 위해 바쁘게 움직이는 것에서 유래한 단어.

- Let's **bustle** up to finish our work.
  일을 끝내도록 바쁘게 움직입시다.

- Copenhagen is Denmark's **bustling** capital city of almost two million people.
  코펜하겐은 거의 이백만 명을 가진 북적이는(바삐 움직이는) 덴마크의 수도입니다.

buttress [bʌ́tris] n.지지대(버팀목) vt.지지(지탱)하다(support)

발음 [버쳐리스] ▶ [버쳐리]를 [버티리]로 읽으면 벽이 넘어지지 않도록 버티는 지지대를 연상할 수 있습니다.

- China has been a reliable **buttress** for North Korea for decades.
  북한에게 있어서 중국은 수십 년 동안 믿을만한 버팀목이 되어 왔다.

- I have some facts to **buttress** that argument.
  나는 그 주장을 지지할 몇 가지 사실을 갖고 있습니다.

dowdy [dáudi] a.(복장이)촌스러운, 초라한(shabby)

발음 [다우디] ▶ 모두 [다 우~] 하며 웃는 촌스러운 복장의 여자를 떠올려 보세요.

- Why does that girl wear such **dowdy** clothes?
  저 여자아이는 왜 저렇게 초라한 옷을 입고 있어요?

---

harbinger [háːrbindʒər] n.선구자, 전조(presage)

harb(항구=harbor)+ing+er(사람)의 결합.

'항구에 선발대로 도착하여 피난처를 짓는 사람=선구자(forerunner)'입니다.

- The forsythia blossom is the **harbinger** of spring.
  개나리꽃은 봄의 선구자이다.
- The event was seen as a **harbinger** of things to come.
  그 사건은 다가올 일들의 전조(징조)로 보였다.

---

polygamy [pəlígəmi] n.일부다처(제)

poly(많은=multi=many)+gam(결혼=marriage)+y의 결합.

'남자 한 사람이 많은 여자와 결혼 하는 것=일부다처'입니다. 폴리에스테, 폴리우레탄 등 폴리(poly)가 들어간 단어는 많은 요소가 들어간 합성물이란 뜻입니다.

- Some argue that **polygamy** is a matter of free choice.
  일부 사람들은 일부다처제를 자유 선택의 문제라고 주장한다.

---

maul [mɔːl] n.큰 망치 vt.상처를 입히다, 혹평을 가하다

발음 [몰] ▶ 그녀는 쇼핑 [몰]에 전시한 신상품에 혹평을 가했다.

- Her book was **mauled** by the critics.
  그녀의 책은 비평가들에게 혹평을 받았다.
- She was **mauled** by her husband.
  그녀는 자신의 남편으로부터 상처를 받았다.

---

volition [vəlíʃən] n.의지(discretion, will), 결단(resolution, decision)

발음 [벌이션] ▶ 주위의 강력한 반대에도 불굴의 의지로 사업을 [벌이신] 아버지.

- The Secretary resigned his office not by his own **volition**, but because of the pressure of public opinion.
  그 장관은 자기 자신의 의지에 의해서가 아니라 여론의 압력 때문에 사임했다.
- Everybody who smokes does so at their own **volition**. Do you agree?
  담배를 피우는 모든 사람은 자신의 의지(결단)로 그렇게 하는 것이다. 너는 동의하니?

wheedle[hwíːdl] v.구슬리다(꼬드기다), 감언이설로 속이다

발음 [위들] ▶ [위=다락방]에 [들]어가면 장난감이 있다고 **꼬드기는** 친구를 연상.

- The clerk **wheedled** me into buying the pricy coat.
  그 점원은 나를 구슬려 비싼 코트를 사게 했다.
- He **wheedled** his father into taking him to the zoo.
  그는 아버지를 구슬려 자신을 동물원에 데려가게 했다.

phlegmatic[flegmǽtik] a.침착한(calm, cool), 냉정한, 점액질의

phlegm(끈적이는 점액)+atic의 결합.

가래(끈적이는 점액)가 많은 사람은 기침을 많이 하면 호흡 곤란이 올 수 있기 때문에 기침하지 않도록 침착해야 합니다.

- Some people show their emotions all the time, while others control their feelings and appear **phlegmatic**.
  어떤 사람들은 항상 자신의 감정을 드러내는 반면 다른 이들은 자신의 감정을 조절하며 침착한 모습을 유지한다.

bumpy[bʌ́mpi] a.(길)울퉁불퉁한, 험난한

bump(v.충돌하다=collide)+y의 결합.

'마차의 수레바퀴가 자갈과 충돌하는=울퉁불퉁한(험난한, 순탄치 않은)'입니다. 자동차 범퍼(bumper)는 충돌 시 충격을 흡수하는 장치.

- We are aware that the road to the reunification may well be rough and **bumpy**.
  우리는 통일로 가는 길이 거칠고 험난할(울퉁불퉁할) 것임을 잘 알고 있습니다.

falter[fɔ́ːltər] vi.비틀거리다(흔들리다), 머뭇거리다(hesitate), 말을 더듬다(stumble)

falt(실수=fault)+er의 결합.

stumble의 동의어로 실수로 돌부리나 그루터기에 걸려 비틀거리면서 넘어지는 것을 말합니다. 말실수 하면 어떻게 수습해야 할지 몰라 머뭇거리고 말을 더듬기 때문에 '말실수'에서 '머뭇거리다, 말을 더듬다'는 뜻이 파생.

- We will not tire, we will not **falter**, and we will not fail.
  우리는 지치지 않을 것이고, 흔들리지 않을 것이며, 실패하지 않을 것입니다.
- Many **falter** when asked to explain the characteristics of hangul and the Korean language.
  한글이나 한국어의 특징이 무엇이냐고 물으면 많은 사람이 더듬거린다.
- It's cruel to make fun of people who **falter**[stammer].
  말을 더듬는 사람들을 놀리는 것은 잔인한 짓이야.

chary [tʃɛ́əri] a.조심스러운(cautious, careful)

chary는 care(조심, 걱정)에서 파생된 형용사. chary에 밑줄을 그어 명사 care(조심)를 떠올리세요.

- Especially, Children should **be chary of** drinking hot beverage not to scald.
  특히, 아이들은 데이지 않도록 뜨거운 음료를 마시는 것을 조심해야 한다.
- You have to **be chary of** jellyfish when swimming in the sea.
  바다에서 수영을 할 때 해파리를 조심해야 합니다.

ransack [rǽnsæk] v.샅샅이 찾다, 뒤지다, 약탈하다

ran(도망치다=run)+sack(자루=bag)로 결합.

'물건을 자루나 가방에 넣어 도망치다=뒤지다, 약탈하다(plunder, pillage, loot, despoil)'입니다. 흑인 차별로 일어난 LA폭동에서 흑인들은 사무실을 뒤지고, 상점에 있는 물건들을 자루에 넣어 도망쳤는데 이것이 약탈입니다.

- sack n.자루(bag), 노략질 vt.약탈하다, 해고하다(fire)
- Demonstrators **ransacked** and burned the houses and the offices.
  시위자들은 약탈했고 집과 사무실을 불태웠다.

procrastinate [proukrǽstənèit] v.꾸물거리다(wriggle), 질질 끌다, 미루다

pro(앞, 이전=before)+cras(내일=tomorrow)+tin(갖고 있다=hold)+ate의 결합.

'눈앞의 일을 내일 일정으로 옮겨서 갖고 있다=꾸물거리다, 질질 끌다, 미루다'입니다. 눈앞에 있는, 당장 해야 할 일을 지금 하지 않고 내일 일정으로 미루어 갖고 있는 것은 꾸물거리고, 질질 끌고, 일을 미루는 것입니다. '**크리스틴! 꾸물거리지** 마!'로 기억하세요. 크리스틴(Christine)은 흔한 여자애 이름입니다.

- **Procrastinating** is actually a natural function of our brains.
  늑장 부리는(꾸물거리는) 것은 사실 우리 뇌의 자연스런 기능입니다.
- People often want and feel they must do something, but often **procrastinate** because they lack specific plans.
  구체적인 계획이 없기 때문에, 사람들은 무엇인가 하고 싶고 해야 하는데도 자꾸 미루게 된다.

Day 15

dour[dauər] a.시무룩한, 무뚝뚝한(glum), (날씨)음침한(sulky)

발음 [다우어] ▶ 친구와 [다우어=다투어] **시무룩한** 모습을 연상해 보세요.

- Don't ever write about yourself being **dour** and somber.
  절대 너 자신에 대해 시무룩하고 우울한 것처럼 쓰지 마라.

harness[há:rnis] n.(안전)벨트 vt.이용하다(use, utilize), 활용하다

발음 [하니스] ▶ 그는 **안전벨트**에 [**한**이 **있어**]. 벨트를 매지 않아 크게 다쳤거든.

- He only used a rope and **harness** for his climb.
  그는 (빌딩을) 오르는 데 밧줄과 벨트만을 사용했다.
- We need to **harness** our skills to adapt to the changing environment.
  변화하는 환경에 적응하기 위해 기술을 이용할 필요가 있다.

bleak[bli:k] a.(미래)암울한, (장소)황량한, (날씨)차가운(cold)

b+leak(새다=run out)로 결합.

'모두 새어나가고 없는=암울한(gloomy), 황량한(deserted, wild, lonesome, solitary)'입니다. 노후 자금으로 저축해둔 돈이 자식들 교육비로 모두 새어나가고 없으면 미래가 암울합니다. 논밭에 심어 놓은 농작물을 짐승들이 먹어치워 모두 새어나가고 없으면 황량한 들판이 되지요. 따뜻한 공기가 모두 새어 나가고 없으면 차가운 날씨가 됩니다.

- leak n.샘, 누설, 새는 곳 vi.새다, 오줌 누다(out) vt.누설하다(reveal, disclose)
- The **bleak** forecast for this year is that growth will stay around 3 percent.
  올해 성장률이 3% 수준에 머물 것이라는 암울한 전망이 나온다.
- The elephants know how to find food and water in **bleak** desert.
  그 코끼리들은 황량한 사막에서 음식과 물을 찾는 방법을 알고 있다.

salvage[sælvidʒ] n.(해난, 화재)구조, 인양 vt.(해난, 화재)구조하다, 인양하다

sal̲v(구하다=save)+age의 결합.

어근 sal̲v에서 철자 l을 제거하면 save(구하다)가 됨을 알 수 있습니다. 해난 사고나 화재 사고에 사용. 해난 사고가 나면 어김없이 등장하는 단어입니다.

- A lot of work is being done to **salvage** the sunken ship.
  침몰선을 인양하기 위해 많은 일이 수행되고 있습니다.

periphery [pərífəri] n.주위, 주변(circumference), (정치)소수파, 야당

그리스, 라틴어 어원으로 peri는 around(주변)이란 뜻입니다. 정치에서 주류세력 주변에 있는 사람은 소수파이고, 야당입니다. '주변'에서 '소수파, 야당'이란 뜻이 파생. 프랑스 파리 주변에 [퍼리]라는 마을이 있답니다.

- peripheral a.주위의, 주변의, 지엽적인, (컴)주변장치의
- Remember. The solution is on the **periphery**.
  기억하세요. 해답은 주변에 있습니다.
- We are to take care of those who are at the **periphery** of our society.
  우리는 사회의 주변에 있는 사람들을 돌봐야 합니다.

purge [pəːrdʒ] v.제거(숙청, 청산)하다, 깨끗이 하다(cleanse) n.정화, 숙청

발음 [퍼쥐] ▶ 약초로 몸에 [퍼지]는 독소를 제거하다.

- She wanted to **purge** these unhappy memories from her mind.
  그녀는 불행한 기억들을 마음속에서 깨끗이 지우고 싶었다.
- It costs a lot of money every year to **purge** chewing gum.
  매년 껌 자국을 제거하는데 많은 돈이 소모됩니다.

quack [kwæk] n.꽥꽥(집오리 우는 소리), 돌팔이 의사(charlatan), 사기꾼

오리가 [꽥꽥] 울어대는 소리를 돌팔이 의사나 사기꾼이 허풍 치는 행위에 빗대어 표현.

- One who pretends to have a skill which he does not possess is a **quack**.
  소유하고 있지 않은 기술을 가진 척하는 사람은 사기꾼이야.

bristle [brísəl] n.뻣뻣한 털 v.털이 서다, 격분하다

사람은 격분하면 머리털이 서기 때문에 '털이 서다'에서 '격분하다'는 뜻이 파생. 긴 머리카락이나 털이 긴 개를 빗을 때 브리슬 브러쉬(bristle brush=털솔)를 사용합니다.

- The first nylon **bristle** toothbrush was invented in 1938.
  나일론 털이 달린 최초의 칫솔은 1938년에 발명되었습니다.
- North Korea has **bristled** at the talk of sanctions.
  북한은 제재 회담에 격분해 있습니다.

chaotic [keiátik] a.혼돈된, 무질서한(disorderly), 혼란한

chao(혼돈, 혼란=chaos)+tic의 결합.

카오스(chaos)는 그리스어로 우주가 발생하기 이전의 무실서하고 혼돈된 상태를 나타냅니다. 카오스(chaos) 이론은 무질서해 보이는 현상에도 복잡하지만 일정한 규칙이 있다는 이론.

- The political situation of the country is getting more and more **chaotic**.
  그 나라의 정치 상황이 점점 더 혼란스러워지고 있습니다.

- Children may suffer damage in adjusting their emotions if they experienced a **chaotic** household and poverty for long periods of time at early ages.
  어린 나이에 오랜 기간 혼란스런 가정환경과 빈곤을 겪으면, 아이들은 감정 조절 능력에 손상을 입을 수도 있다.

vogue [voug] n.유행(fashion, rage)

발음 [보우그] ▶ 나는 길거리를 [보고] 무엇이 유행하는지 바로 알 수 있어.

- Bright vivid colors are in **vogue** this spring.
  올봄에는 밝고 선명한 색깔이 유행이야.

- Visiting palaces wearing hanbok is in **vogue** at schools now.
  지금 학교에서는 한복을 입고 고궁을 방문하는 것이 유행입니다.

slack [slæk] a.느린, 나태한, 느슨한 vi.나태해지다

s(속도=speed)+lack(부족=want, shortage)로 결합.

'일을 함에 있어서 속도감이 부족한=느린, 나태한(lazy, idle), 느슨한(loose)'입니다. 정신적으로 느슨한 것은 나태한 것이죠.

- slacken vt.늦추다 vi.늦어지다, 나태해지다, 게을러지다

- These tent ropes are too **slack**. They need tightening.
  텐트의 밧줄이 너무 느슨하게 묶여 있군요. 단단하게 매야 합니다.

- Entering a university without a good purpose may lead to a **slack** college life.
  좋은 목적 없이 대학에 진학하는 것은 나태한 대학 생활로 이어질 수 있다.

zealot [zélət] n.열광자, (구어)광신자

zeal(열정=passion)+ot의 결합.

'무엇에 지나칠 정도의 열정을 갖고 있는 자=열광자(fanatic), 광신자'입니다.

- The wealthy **zealots** who were previously sponsoring this kind of activity are now less generous.
  전에 이런 종류의 활동을 후원하던 부유한 광신자들은 지금 그리 후하지 않습니다.

placebo[plətʃéibou] n.위장약, 가짜 약

의사들은 병이 없음에도 아프다고 하는 환자에게 환자를 안심시키기는 정신적 효과를 위해 위장약(소화제 따위의 가짜 약)을 처방하는데, 환자는 그 약을 먹고 안심하게 되는 효과를 플라시보(placebo) 효과 라고 합니다.

- The **placebo** effect causes the body to release endorphins which are used by the body to relieve pain.
  플라시보 효과는 고통을 완화시키기 위해 사용되는 엔도르핀을 몸에 방출하게 한다는 것이다.

custody[kʌ́stədi] n.보호, 양육(권)(fostering), 구금(감금)(detention, confinement)

발음 [커스터디] ▶ 아이가 [커]가면서 [스터디=공부]할 수 있도록 하는 것은 보호, 양육.

- Who gets **custody** of the kids?
  누가 아이들의 양육권을 갖나요?

- He was later killed while in **custody**.
  그는 후에 구금 중에 살해당했습니다.

pacific[pəsífik] a.평화로운, 잔잔한

태평양은 The Pacific입니다. '잔잔한 태평양 같은=평화로운(peaceful)'입니다.

- Norway is one of the richest and the most **pacific** countries in the world.
  노르웨이는 세계에서 가장 부유하고 가장 평화로운 나라들 중 하나입니다.

- According to a new study, seeing **pacific** images makes you feel better.
  새로운 연구에 따르면, 평화로운 이미지를 보는 것은 기분을 더 좋게 만든다고 한다.

pulsate[pʌ́lseit] vi.(맥박, 가슴)뛰다, 진동하다

pulse(n.맥박, 진동)+ate(동접)의 결합.

'맥박, 진동이 크다=뛰다, 진동하다(oscillate, swing, vibrate, librate)'입니다.

- When you play the string, the string **pulsates** and produces a sound wave.
  현을 연주하면 현이 진동하고 음파를 만듭니다.

glutton[glʌ́tn] n.대식가(gourmand)

발음 [글러튼] ▶ 허리띠를 [끌러]놓고 1[톤]의 음식을 먹을 수 있는 대식가를 연상.

- I'm not a **glutton** but a gourmet.
  나는 대식가가 아니라 미식가야.

memoir [mémwɑːr] n.회고록, 자서전(autobiography)

memo(n.메모)+ir의 결합.

'살아가면서 있었던 중요한 메모(기록)을 모아 엮은 것=회고록, 자서전'입니다.

- She wrote a **memoir** while imprisoned, and then committed suicide.
  그녀는 수감 중에 자서전을 집필했고 그 다음에 자살했다.

contrite [kəntráit] a.후회하는, 뉘우치는

con(강조=completely)+trit(문지르다=rub)+e의 결합.

'지은 죄를 씻어 내려고 돌로 몸을 문지르는=후회하는(regretful, repentant)'입니다. 정화수에 몸을 담그고 피가 나도록 몸을 문질러 자기가 지은 죄를 완전히 씻어 내려는 행위에서 유래.

- Her **contrite** tears did not influence the judge when he imposed a sentence.
  판사가 형을 내릴 때 그녀의 뉘우치는 눈물은 영향을 미치지 못했다.

- Would you like to hear my **contrite** reply?
  저의 뉘우치는 대답을 듣고 싶으세요?

congruous [káŋgruəs] a.어울리는(적합한), 조화하는

발음 [캉그루어스] ▶ [캥그루]가 어울려 다니는 모습 연상.

- This work is **congruous** to his character.
  이 일은 그의 성격에 어울린다.

- The end result wasn't **congruous** with the efforts we were putting in.
  최종 결과는 우리가 기울인 노력과 어울리지 않았다.

Day 16

qualm[kwɑːm] n.양심의 가책(scruple), 불안(apprehension, misgivings)

발음 [쾀] ▶ 나는 [쾀]에 혼자 여행 가서 가족들에게 **양심의 가책**을 느껴.

- Tom has no **qualms** about ripping off people.
  톰은 사람들의 물건을 훔치는 것에 대해 양심의 가책이 전혀 없다.
- Animals eat one another without **qualm**. 동물은 양심의 가책 없이 서로를 잡아먹는다.

chicanery[ʃikéinəri] n.속임수(tricks)

발음 [시케인어리] ▶ [시커]먼 바다에 [인어]가 살고 있다고 아이들을 **속이는** 어른을 연상.

- The action was just dexterous **chicanery**, which was inexcusable.
  그 행위는 단지 교묘한 속임수였으며, 이는 용납될 수 없었다.
- Crows use various methods and **chicaneries** to hide their food from their competitors.
  까마귀들은 경쟁자로부터 음식을 숨기기 위해 다양한 방법과 속임수를 사용합니다.

sloth[slouθ] n.나무늘보, 게으름, 나태

slo(느린=slow)+th의 결합.

'아주 천천히 느리게 가는 동물=나무늘보, 게으름(indolence, laziness, idleness)'입니다. 나무에 거꾸로 매달려 아주 천천히 가는 동물 나무늘보(평균 시속 1m)를 사람의 시선으로 보면 게으르고 나태한 동물로 보이지요. 동물 '나무늘보'에서 '게으름, 나태'란 뜻이 파생.

- slothful a.나태한, 게으른(lazy, idle, slothful)
- **Sloth** may be a medical condition, according to recent studies.
  최근 연구에 의하면, 게으름은 의학적 질환으로 볼 수 있다고 한다.

breach[briːtʃ] n.깨뜨림, 위반(violation), 침해(infringement, encroachment)

brea(깨뜨리다=break)+ch의 결합.

서로가 합의한 계약을 깨뜨리는 것은 계약을 위반하고 상대방의 이익을 침해하는 것이기 때문에 '깨뜨림'에서 '위반, 침해'라는 뜻이 파생.

- His refusal to pay money is a **breach** of the contract.
  그가 돈 지불하는 것을 거부하는 것은 계약 위반이야.
- Critics say it is an outrageous **breach** of privacy.
  비평가들은 그것이 터무니없는 사생활 침해라고 말한다.

comely [kʌ́mli] a.(용모)아름다운, 잘생긴(handsome)

comely는 동사 come에 ly가 결합된 단어가 아니라 옛날 영어 cymlic이 철자가 변형된 것입니다. 우리말도 세종대왕 당시와 지금이 현저하게 다른 단어가 많습니다.

- Changing his hairstyle, he became a **comely** child.
  머리 모양을 바꾼 이후, 그는 잘생긴 아이가 되었다.
- I'm sure my friends will envy me for having such a **comely** friend.
  나에게 매우 잘 생긴 친구가 있어서 친구들이 나를 부러워할 거라고 확신해.

harry [hǽri] vt.괴롭히다(bully, harass), 약탈하다

발음 [해리] ▶ 200 [해리] 경제수역 안에 들어와 불법 조업으로 우리 어민을 **괴롭히**는 중국 어선들을 연상해 보세요.

- She has been **harried** by the press for a long time. 그는 오랫동안 언론에 시달렸다.
- **Harrying** is a big problem that has to be stopped.
  괴롭힘은 반드시 중단되어야 하는 큰 문제입니다.

pungent [pʌ́ndʒənt] a.자극적인, 신랄한(sharp, harsh, severe)

발음 [펀전트] ▶ [편전~] 회의에 나오지 않는 신하들을 **신랄하**게 비판하는 왕을 연상.

- The **pungent**, choking smell of dregs filled the air.
  자극적이고 숨 막히는 쓰레기 냄새가 대기를 가득 메웠다.
- Listening to her **pungent** words, he did not reply.
  그녀의 신랄한 말을 듣고, 그는 대답하지 않았다.

arid [ǽrid] a.바싹 마른(건조한), 불모의(barren), 무미건조한

발음 [애리드] ▶ 가뭄으로 **바싹 마른** 들판을 보니 마음이 [**애리다**.]
'애리다'는 '아리다(슬프다)'의 경상도 사투리. 프랑스어 aride(마른=dry)가 영어에 유입된 단어. 땅이 바싹 마르면 식물이 자라지 않는 불모의 땅이 되고, 삶의 흥미가 바싹 마르면 무미건조한 삶이되기 때문에 '마른'에서 '불모의, 무미건조한'이란 뜻이 파생.

- Global warming will exacerbate the problem, especially in poor, **arid** areas.
  지구 온난화는 특히 가난하고 건조한 지역에서 문제를 악화시킬 것이다.
- Throughout the reign of Joseon, a huge portion of **arid** land was turned into usable land.
  조선이란 역사 기간 내내 많은 불모지가 사용가능한 땅으로 바뀌었다.

vivacious [vivéiʃəs] a.활기찬(vigorous, animated), 생기 넘치는

viv(활기찬=vivid)+acious의 결합. vivid와 vivacious는 동의어로 함께 기억하세요.

- I'm an introverted, quiet man married to a **vivacious**, gregarious woman.
  저는 활기차고 사교적인 여자와 결혼한 내성적이고 조용한 사람입니다.
- Songs and dances can actually make the films more **vivacious** and energetic.
  노래와 춤은 실제로 영화를 더 활기차고 에너지 넘치게 만들 수 있습니다.

aphorism [ǽfərìzəm] n.금언(金言), 격언(saying)

금언이나 격언을 아포리즘(aphorism)이라는 영어로 자주 사용합니다.

- An **aphorism** is a brief saying that sums up years of experience.
  격언은 오랜 경험을 집약한 짤막한 말이다.
- I always emphasize the **aphorism**, "Never judge a book by its cover."
  나는 항상 "표지만 보고 책을 판단하지 말라"는 격언을 강조한다.

misapprehend [mìsæprihénd] vt.오해하다, 잘못 이해하다

mis(나쁜=bad)+apprehend(v.이해하다=understand)의 결합.
'나쁘게 이해하다=오해하다(misunderstand, mistake)'입니다.

- People may **misapprehend** you if your first impression is bad.
  너의 첫인상이 좋지 않으면 사람들은 너를 오해할 수 있어.
- People **misapprehend** that Apple's iPhone is the world's first smartphone.
  사람들은 애플의 아이폰이 세계 최초의 스마트폰이라고 오해한다.

misstep [misstép] n.실족, 과실(fault), 실수(mistake)

mis(나쁜=bad)+step(v.걷다, 발을 디디다)의 결합.
'발을 잘못 디디는 것=실족(失足)'이고, '어떤 일에 발을 잘못 딛는 것=과실, 실수'입니다.

- Despite that one serious **misstep**, he has been the best player this season.
  그 한 번의 큰 실수에도 불구하고, 그는 이번 시즌 팀 내 최고의 선수였다.
- Because of the **misstep** I committed yesterday, I'm too embarrassed today to look anyone in the face.
  어제 내가 저지른 실수로, 오늘은 누군가를 보기가 너무 곤혹스럽다.

paycheck [péitʃèk] n.월급, 임금, 봉급 지불 수표

pay(v.지불하다)+check(n.수표)의 결합.
'봉급 지불 수표=월급(salary), 임금(wages, pay)'입니다.

- I am looking forward to the end of my studies and to a new beginning at my first job where I can get my first **paycheck**.
  나는 학업이 끝나고 첫 급여를 받을 수 있는 첫 직장의 새로운 시작을 기대하고 있다.

valiant [vǽljənt] a.용감한(brave, courageous, heroic), 용맹스런

발음 [밸리언트] ▶ [밸리–계곡=valley]에 매복이 있다는 것을 알면서도 용감하게 들어가는 병사들을 연상.

- Cowards die many times before their death, but the **valiant** never taste of death but once.
  겁쟁이들은 진짜 죽기 전에 여러 번 죽지만, 용감한 사람들은 한 번만 죽음을 경험한다.

opulence [άpjələns] n.풍부(affluence, abundance), 부유(wealth)

opulence[아퓰런스]와 affluence[애퓰런스]는 동의어로 발음이 비슷합니다. 함께 기억하세요.

- This book excels other books in **opulence** of data.
  이 책은 자료의 풍부함에 있어서 다른 책들을 능가한다.
- Korea has gone through rapid economic development, which has enabled Koreans to enjoy material **opulence**.
  한국은 급속한 경제적 발전을 겪었고, 이것은 한국인들이 물질적인 풍요를 누리도록 해주었다.

anemia [əníːmiə] n.빈혈(poverty of blood), 무력감

발음 [어니미어] ▶ 빈혈이 있는 [어! 님이여.] 쇠 물고기를 사용하세요.

세계 인구 중 20억 명이 주기적으로 빈혈을 겪는다고 합니다. 개빈 암스트롱(Gavin Armstrong)이란 사람이 쇠 붕어빵을 만들어 빈혈 문제를 한 번에 해결했다고 합니다. 물론 떼돈도 벌었고. 쇠 물고기를 요리할 때 넣고 끓이면 철분 해결 끝.

- **Anemia** can lead to many problems such as learning disabilities and behavioral problems.
  빈혈은 학습장애와 행동 장애와 같은 여러 문제로 이어질 수 있습니다.

chasm [kǽzəm] n.(땅, 바위, 의견이 깊게 갈라져 생긴)틈, 간격(gap), 차이

발음 [캐즘] ▶ [깨짐]으로 읽으면 바위가 깨져 생긴 틈을 연상할 수 있습니다. 의견이 갈라져 틈이 생겼을 때 갭(gap)이 있다고 흔히 말하는데 gap=chasm입니다.

- There still exists a huge **chasm** between the rich and the poor.
  부자들과 가난한 사람들 사이에는 여전히 깊은 골이 존재한다.

fallout [fɔ́ːlàut] n.(방사성)낙진, 부수적인 결과

fall(v.떨어지다)+out(밖으로=outside)의 결합.

핵폭탄이 공중에서 폭발하는 경우 폭탄 속에 있던 방사성 물질이 out하여 아래로 fall하면 그것이 방사성 낙진(죽음의 재)입니다. 낙진은 핵폭발의 부수적인 결과입니다.

- At least 60,000 were dead from the effects of the **fallout**.
  최소 6만 명의 사람들이 그 원폭 투하의 영향으로 목숨을 잃었다.
- Raising taxes produced negative **fallout** for the politicians.
  세금 인상은 그 정치인들에게 부정적인 결과를 가져왔다.

loathe[louð] vt.(매우)싫어하다, 질색하다

발음 [로우더] ▶ 나는 [로우더] 운전을 몹시 싫어한다.

건설 기계에는 굴삭기, 천공기, 로우더(loader) 등이 있습니다. 5년째 로우더 자격증 취득에 실패한 학생이 '난 로우더 운전을 몹시 싫어해'라고 합니다. loathe는 몹시 싫어하는 것이기 때문에 dislike, hate, abhor 보다는 뜻이 좀 더 강합니다.

- My wife **loathes** going to space where there are doves.
  아내는 비둘기들이 있는 공간에 가는 것을 매우 싫어한다.
- If there's one insect that everyone **loathes**, it's mosquitoes.
  모두가 매우 싫어하는 곤충이 있다면, 그것은 모기입니다.

ruthless[rúːθlis] a.무자비한, 인정 없는, 냉혹한

ruth(동정, 연민=pity)+less(부정)의 결합.

'사람에 대한 동정, 연민이 전혀 없는=무자비한(cruel, heartless, pitiless)'입니다. ruth(동정, 연민)은 현대 영어에서는 거의 사용하지 않습니다. 성서에 나오는 여자 룻(Ruth)은 시어머니에 대한 효성으로 유명한 인정 많은 사람입니다.

- Terrorism is the most cowardly and **ruthless** act of provocation.
  테러는 도발 중에서 가장 비겁하고 무자비한(냉혹한) 행위이다.
- As the empire expanded, Genghis Khan ruled in very **ruthless** ways.
  제국이 커져감에 따라 칭기즈칸은 매우 무자비한 방식으로 통치했다.

Day 17

vitiate[víʃièit] vt.(가치 따위)훼손시키다, 손상시키다

발음 [비시에이트] ▶ [비(B)와 시(C)가 [에이트=8개]인 성적표가 나의 명예를 **손상시킨다**.

- It is true that the numerous scandals have **vitiated** the reputation of him.
  다수의 스캔들이 그의 명성을 훼손시켜왔다는 것은 사실이야.
- The narcotic case in which she was involved **vitiated** her reputation.
  그녀가 연루된 마약 사건은 그녀의 명성을 훼손시켰다.

uxorious[ʌksɔ́ːriəs] a.애처가인, 아내를 극진히 위하는

발음 [억소리~] ▶ 명품을 사 주며 [억 소리] 날 정도로 **아내를 위하는**.

- We laughed at him because he was so **uxorious** and submissive to his wife's desires.
  그가 아내를 너무 위하고 아내의 요구에 순종적이어서 우리는 그를 비웃었다.

quandary[kwándəri] n.곤경(dilemma), 궁지(predicament), 난처한 상황

발음 [콴드리] ▶ [관들이] 우리 앞에 있네. 우리는 **궁지**에 몰렸다네.

- The nature of journal writing is to write personally about life's **quandaries**.
  일기 쓰기의 본질은 삶의 난처한 상황(곤경)에 대해 개인적으로 쓰는 것이다.
- It may be true that the **quandariy** of one country often affects other countries.
  한 나라의 곤경이 다른 나라에 영향을 준다는 게 사실일 수도 있다.

adjacent[ədʒéisənt] a.인접한, 가까운, 부근의

ad(이동=to)+jac(던지다=jet=throw)+ent의 결합.

'내 집 앞에 던져 놓은=가까운(nearby, neighboring, contiguous, close)'입니다.

- jet[dʒet] n.분출, 분사 a.분출하는, 제트기의
- The town incorporated with an **adjacent** city.
  그 도시는 인접한 도시와 합병되었다.
- His house is **adjacent** to the sea.
  그의 집은 바닷가에 인접해 있다.

appalling [əpɔ́ːliŋ] a.소름 끼치는(gruesome), 섬뜩한, (구어)형편없는(very bad)

ap(이동=ad)+pal(창백한=pale)+ling로 결합.

'다가가서 보니 얼굴을 창백하게 만드는=소름 끼치는(frightening)'입니다. 무엇인가 싶어서 다가갔다가 동물의 사체를 보면 사람 얼굴을 창백하게, 섬뜩하게, 소름 끼치게 만듭니다.

- **appall** vt.소름 끼치게 하다. 섬뜩하게 하다
- **pale** a.창백한, 야윈, (빛)희미한
- With **appalling** battles shown on television, Americans began to protest their country's involvement in the war.
  텔레비전에서 방영되는 소름끼치는 전투 장면들을 보고, 미국인들은 자국의 월남전 개입에 항의하기 시작했다.
- I'm not going to show you the whole video, because it's quite **appalling**.
  상당히 소름 끼치기 때문에 영상 전부를 보여드리지 않을 계획입니다.

brazen [bréizən] a.놋쇠로 만든, 뻔뻔한

bra(놋쇠=brass)+zen의 결합.

'얼굴을 놋쇠로 만든 듯한=뻔뻔한(impudent, barefaced)'입니다.

- He was so **brazen** as if he didn't know anything.
  그는 마치 아무 것도 모른다는 것처럼 너무 뻔뻔스러웠다.
- He was **brazen** enough to give me directions.
  그는 나에게 명령을 할 정도로 뻔뻔했다.

chide [tʃaid] vt.꾸짖다(scold, rebuke), 비난하다(reproach, denounce, condemn)

거짓말을 하는 child(아이)는 호되게 chide(꾸짖다)해야 합니다. chide는 문어체 단어.

- We should never **chide** people for admitting to error.
  실수를 인정하는 것에 절대 사람들을 비난해서는 안 된다.
- Be kind to yourself and never **chide** yourself for failing at something.
  너 자신에게 친절하게 대하고 어떤 일에 실패했기 때문에 자신을 비난하지 마.

idolize [áidəlàiz] v.우상화(시)하다, 숭배하다(worship, adore)

idol(n.우상)+ize(동접)의 결합.

기획사에 의해 만들어진 10대 스타를 아이돌(idol)이라고 하는데 10대 청소년들이 우상처럼 추종하기 때문입니다.

- The ruling Kim dynasty of North Korea has **idolized** a family beyond an individual.
  북한의 김일성 왕조는 개인을 넘어 가족을 우상으로 만들었다.
- Chinese people **idolize** the dragon because it was a symbol of the emperor.
  중국인들은 용이 황제의 상징이기 때문에 용을 숭배합니다.

pundit [pʌ́ndit] n.(인도의)학자, 박식한 사람, 전문가(specialist, expert)

'배운 인도 사람'이란 뜻에서 '학자, 박식한 사람'이란 뜻이 파생. 영국이 인도를 지배하고 있을 때 인도의 대학자를 보고 한 말.

- Some **pundits** are worried about the degree of seriousness of school violence these days.
  요즈음 일부 전문가들은 학교폭력의 심각성에 대해서 우려한다.

apogee [ǽpədʒìː] n.정점, 정상

apo(분리=off)+gee(땅=earth)의 결합.

'땅으로부터 분리되어 있는 가장 높은 곳=정상(peak, pinnacle, height, vertex)'입니다.

- He reached an **apogee** of his political career when he was inaugurated as the president of the united states.
  미국 대통령으로 취임했을 때 그는 자신의 정치 경력의 정점에 올랐다.

- Due to his excellent physical condition, Lee Dong-gook has proven that he has not reached the **apogee** of his career.
  탁월한 건강 상태 덕분에, 이동국 선수는 그의 경력에 있어 아직 정점에 이르지 않다는 것을 증명했다.

hamlet [hǽmlit] n.작은 마을

ham(집=house)+let(적은, 작은=small)의 결합.

'집의 수가 적은 마을=작은 마을(small village)'입니다. booklet(소책자, 팸플릿)의 let은 small이란 뜻. 햄릿(Hamlet)은 셰익스피어 작품에 나오는 비극의 주인공 이름입니다.

- He has gone to a **hamlet** far from Seoul.
  그는 서울에서 먼 작은 마을에 가 있다.

mendacious [mendéiʃəs] a.허위의(false, fictitious, mendacious), 거짓인

발음 [멘데이셔스] ▶ 살인이 일어난 날 [먼데있었어]라고 거짓말 하는 살인범을 연상.

- What Feynman hated worse than anything else was intellectual pretense. Phoniness, **mendacious** sophistication, jargon.
  파인만이 그 무엇보다도 가장 싫어했던 것은 지적 가식이었다. 허위, 거짓된 교양, 전문용어 같은 것.

- Journalists are often forced to make **mendacious** reports to satisfy advertisers which bring in the big bucks.
  언론인들은 종종 큰 수익을 가져다주는 광고주들을 만족시키기 위해 허위 기사를 마지못해 써야한다.

penurious [pənjúəriəs] a.매우 가난한(poverty-stricken), 인색한(stingy)

발음 [퍼뉴리어스] ▶ 재산을 마구 [퍼] 호화로운 삶을 [누리어서] 지금은 매우 가난해.

- Don't despise him because he is **penurious**, for he is wealthy in wisdom.
  가난하다고 그를 멸시하지 마라. 왜냐하면 그는 지혜에서 부자이기 때문이다.
- Disappointingly, Korea's economy has been **penurious** with spending for the disabled.
  실망스럽게도 한국 경제는 장애인을 위해 돈을 쓰는 것에 계속 인색해왔다.

tutelage [tjúːtəlidʒ] n.후견, 지도(guidance, leadership), 감독

tute(후견인, 교사=tutor)+lage의 결합.

아동을 보호하고 후견(guardianship, wardship, tutelage)하는 것에서 유래.

- He led the 2002 World Cup soccer team to a fourth place finish under the **tutelage** of Guss Hiddink.
  거스 히딩크의 지도 아래 그는 2002 월드컵 축구팀을 4강으로 이끌었습니다.

disarray [dìsəréi] n.무질서, 혼란 vt.혼란시키다(disarrange)

dis(부정, 분리)+array(v.정렬시키다)의 결합.

'정렬되지 않은 상태=무질서(disorder, confusion, chaos)'입니다.

- What's going on with all the **disarray** in this office?
  사무실이 이렇게 혼란한 건 어떻게 된 거야?
- While they may have been right to protest, it is wrong to cause such levels of **disarray**.
  그들이 시위하는 것이 옳았을지 모르지만, 그러한 수준의 혼란을 야기한 것은 잘못된 일이다.

displease [displíːz] vt.불쾌하게 하다

dis(부정, 분리)+please(v.기쁘게 하다)의 결합.

'기쁘게 하다'의 부정은 '안 기쁘게 하다, 불쾌하게 하다(discomfort)'입니다.

- Many people around the world are **displeased** with the way Tibet has been treated by China.
  전 세계의 많은 사람은 티베트가 중국에 의해 취급받아온 방식에 대해 불쾌해 하고 있다.

apoplexy [ǽpəplèksi] n.(의학)뇌졸중, 뇌출혈

apo(분리=off)+ple(채우다=fill)+xy의 결합.

'뇌혈관에 채워져 있는 피가 분리되어 나오는 것=뇌졸중(cerebral apoplexy)'입니다. 뇌졸중을 흔히 중풍이라고 합니다. 어근 ple는 영단어쇼크 기본편 참조.

- Globally, 15 million people suffer from cerebral **apoplexy** annually and 6 million die among them.
  세계적으로 매년 1,500만 명이 뇌졸중에 걸려 이 가운데 600만 명이 사망한다.

caliber [kǽləbər] n.(총)구경, (총알)직경, 능력(capability), 품질(quality)

cal-30, cal-38, cal-45와 같은 권총, 기관총의 이름이 있는데 cal은 총알이 나가는 **구경**의 크기를 나타냅니다. 구경(총구멍)이 크다는 것은 총알이 크다는 것이죠. 구경(총알)이 크다는 것을 사람에 비유하면 능력(역량)이 큰 사람, 물건에 비유하면 품질이 좋은 것을 의미.

- She was hit in the leg by a 22-**caliber** bullet.
  그녀는 다리에 22구경의 총알을 맞았다.

- Ryu is definitely a pitcher of high **caliber**.
  류현진은 확실히 높은 능력(역량)의 투수이다.

nebulous [nébjələs] a.흐릿한(dim, faint), 애매모호한(vague, ambiguous)

발음 [네뷸러스] ▶ 하늘에 떠 있는 **흐릿한** [내별]을 쳐다보세요. 흐릿하게 보이면 [내별]인지 [네별]인지 **애매모호해** 집니다.

- What he said was too **nebulous** to understand.
  그가 말한 것은 너무 애매모호해서 이해할 수 없었다.

- Avoid **nebulous** wording and deliver your message clearly at meetings.
  회의에서는 모호한 어법을 피하고 명료한 방식으로 너의 의사를 전달해.

docile [dásəl] a.가르치기 쉬운, 온순한

doc(가르치다=teach)+ile의 결합.

'가르치는 대로 잘 따라오는=가르치기 쉬운, 온순한(gentle, meek, obedient)'입니다. 어근 doc는 <u>doc</u>tor (박사, 의사=가르치는 사람)의 doc. 박사, 의사는 연구하고 제자를 가르치는 사람입니다. 가르치는 대로 잘 따라오는 가르치기 쉬운 학생은 온순한 학생이죠.

- He prefers **docile** students, but I prefer students with creative minds.
  그는 온순한 학생을 좋아하지만 나는 창조적 사고를 갖고 있는 학생을 좋아한다.

- Despite common belief, bulls are **docile** animals by nature.
  일반적인 믿음에도 불구하고, 황소는 천성적으로 온순한 동물이야.

Day 18

dire [daiər] a. 끔찍한(terrible), 심각한(serious)

발음 [다이어리] ▶ [다리얼어] 죽어가는 끔찍한, 심각한 상태의 모습을 연상해 보세요.

- People can hide behind the veil of internet anonymity and do **dire** things.
  사람들은 인터넷의 익명성 뒤에 숨어서 끔찍한 일을 할 수 있습니다.
- For many in Hong Kong, the housing conditions are really **dire**.
  홍콩의 많은 사람들에게, 주거 조건은 정말 심각해(끔찍해).

prowess [práuis] n. 용감함, 뛰어난 능력(기량, 기술, 솜씨)

pro(앞, 이전=before)+wess(가다=cess=go)의 결합.

'혼자 적진 앞으로 나아감=용감함(courage), 뛰어난 능력(기량, 기술, 솜씨)'입니다. 삼국지에 등장하는 장수들은 적진 앞으로 용감하게 돌격해 들어가는데, 창과 칼을 다루는데 뛰어난 능력(기량, 솜씨)을 갖고 있기 때문에 '용감함'에서 '뛰어난 능력'이란 뜻이 파생.

- People still believe that tigers are a symbol of **prowess**, strength and dignity.
  사람들은 호랑이가 용맹, 힘 그리고 위엄의 상징이라고 여전히 믿고 있다.
- He has shown his great **prowess** since he overcame his injuries last year.
  그는 지난해 부상들을 극복한 이후, 자신의 뛰어난 기량을 보여주고 있다.

bombastic [bɑmbǽstik] a. 과장된(exaggerated, hyperbolic), 허풍떠는

발음 [밤배스틱] ▶ [담배] 길이가 [스틱]만큼 길다고 과장하는 모습 연상.

- I am sick of his **bombastic** manner.
  나는 그의 과장된(허풍떠는) 태도에 신물이 난다.
- It is true their comments are a bit biased and **bombastic**.
  그들의 논평이 조금 편향되고 과장된 것은 사실이다.

chubby [tʃʌ́bi] a. 토실토실 살이 찐, 오동통한(plumpish, fleshed)

발음 [쳐비] ▶ 살이 첩[첩이] 쌓인 오동통한 돼지를 연상해 보세요.

chub(n.잉어)+by의 결합으로 토실토실, 오동통하게 살이 찐 잉어 모습에서 유래한 단어.

- Look! She is so **chubby** that she seems like a pig.
  봐! 그녀는 너무 통통해서 돼지처럼 보여.

hubris [hjú:bris] n. 거만(arrogance, haughtiness), 오만, 자만

발음 [휴버리스] ▶ 거만한 남자친구를 [휴]지통에 [버렸어.]

- Russia's **hubris** and military activity is funded by recent oil wealth.
  러시아의 자만과 군사행동은 최근 석유로 벌어들인 부에서 자금이 공급된다.
- He attributed the downfall to the party's **hubris**.
  그는 당의 몰락 원인을 오만함으로 돌렸다.

insular [ínsələr] a. 섬의, 섬나라 근성의, 편협한(narrow-minded)

insul(섬=island)+ar의 결합.

발음 [인설~] ▶ 무조건 [인설=인 서울]해야 한다는 편협한 사고는 버려.

- I think the Japanese people are still terribly **insular**.
  내가 생각하기에 일본인들은 여전히 매우 편협해.
- Plastic surgery is for **insular** people who think that looks are everything.
  성형수술은 겉모습이 전부라고 생각하는 편협한 생각을 지닌 사람들을 위한 거야.

pry [prai] vi. 엿보다(peep), (사생활)캐다

pry(v.사생활을 캐다)와 privacy(n.사생활, 프라이버시)를 함께 기억하세요.

- The man **pried** at the secret document.
  그 남자는 그 비밀문서를 엿보았다.
- The wedding was conducted in Hawaii to stay away from the **prying** eyes of the public.
  그 결혼은 대중의 엿보는 시선을 벗어나기 위해 하와이에서 거행되었다.

querulous [kwérjələs] a. 불평하는(complaining), 성 잘 내는(peevish)

quer(질문하다, 캐묻다=query)+ulous의 결합.

자기 마음에 들지 않아 사소한 것에도 '꼬치꼬치 캐묻는'에서 '불평하는, 성 잘 내는'이란 뜻이 파생된 단어.

- My mom is always **querulous** about the high costs of it.
  우리 엄마는 항상 높은 사교육비에 대해 불평을 하셔.
- He became increasingly dissatisfied and **querulous** in his old age.
  그는 노년에 점점 더 불만이 많고 성을 잘 내는 사람이 되었다.

virtuoso [və̀:rtʃuóusou] a. (음악, 미술의)거장, 대가(大家), 명인

virtu(장점, 미덕=virtue)+oso의 결합.

'한 분야에 뛰어난 장점을 가진 사람=대가(master, maestro, virtuoso)'입니다.

- New and improved instruments made the age of the **virtuoso** possible.
  새롭고 향상된 악기들은 거장의 시대가 가능하도록 만들었다.
- Now what we're looking at is an entire generation of young people who are **virtuoso** gamers.
  지금 우리가 보고 있는 것은 게임의 대가인 젊은 세대 전체입니다.

unscathed[ʌnskéiðd] a.상처(손상)를 입지 않은(uninjured), 건재한

un(부정=not)+scathe(n.상처 vt.상처를 입히다)+d의 결합.

- scathe[skeið] n.상처, 손상 vt.상처(손상)를 입히다
- It is interesting that Lenin statues remain **unscathed** while those of Stalin have almost all disappeared.
  스탈린의 동상은 거의 사라졌는데 레닌의 동상이 건재하다는 것이 흥미롭다.
- While dinosaurs have perished, sharks are still going **unscathed**.
  공룡들은 사라진 반면에 상어들은 여전히 건재하다.

vestige[véstidʒ] n.자취(trace, mark, track), 흔적

라틴어 vestig<u>ium</u>(발자국=footprint)이 영어에 유입된 단어. 발자국을 남기면 사람이 지나간 자취와 흔적을 남기는 것이기 때문에 '발자국'에서 '자취, 흔적'이란 뜻이 파생.

- The area has many **vestiges** left by Koreans who fought for liberation against Japanese colonial rule.
  그 지역은 일제 식민 지배에 대항하여 자유를 위해 싸운 한국인들에 의해 남겨진 자취(흔적)들이 많이 있습니다.
- This town retains no **vestige** of its past prosperity.
  이 도시에는 과거 번영의 어떠한 자취(흔적)도 남아있지 않아.

derivative[dirívətiv] a.끌어낸, 파생된(derived) n.파생물, 파생상품

deriv(끌어내다, 파생시키다=derive)+ative의 결합.
파생물이란 원래의 무엇에서 분리되어 나온 것입니다. 접두어 de는 분리의 off.

- Heroin is a **derivative** of morphine, which itself is an opium extract.
  헤로인은 모르핀에서 나온 파생물인데, 모르핀 자체는 아편에서 나온 것이다.
- **Derivatives** products are a means of hedging against fluctuations in interest rates and exchange rates.
  파생상품은 금리와 환율 등의 변동에 대비해 리스크를 회피하는 수단이다.

syllabus[síləbəs] n.요약(표), 계획서(plan, program), 시간표

발음 [실러버스] ▶ 애들을 [실러] 나르는 [버스] 시간표. 버스가 움직이는 일정을 요약한 표가 시간표입니다.

- According to the class **syllabus**, the final exam will be in December.
  강의 계획표에 따르면, 기말 시험은 12월에 있을 것이다.

shipment [ʃípmənt] n.배에 싣기, 선적(shipping), 수송(transport), 배송

ship(v.배로 보내다, 수송하다)+ment(명접)의 결합.

- Let us know what you want us to do with the mistaken **shipment**.
  잘못 배송된 물품에 대해 어떻게 처리하기를 원하는지 알려주세요.
- If the North refuses to give out food aid to its people, **shipments** should be stopped.
  북한이 원조 식량을 사람들에게 나눠주는 것을 거부한다면, 선적을 멈춰야 한다.

unshaken [ʌnʃéikən] a.흔들리지 않는, 확고부동한, 요지부동인

un(부정=not)+shaken(흔들리는=shake의 과거분사)의 결합.
'흔들림이 없는=확고부동한(unwavering, steadfast, fixed)'입니다.

- His faith in the new medicine was **unshaken**.
  신약에 대한 그의 확신은 확고(부동)했다.
- He is a very courageous person who keeps his conviction and doesn't be easily **unshaken** by others.
  그는 다른 사람에 의해 쉽게 흔들리지 않고 자신의 신념을 지키는 매우 용기 있는 사람이다.

dormant [dɔ́ːrmənt] a.잠자는, 휴면의, 잠복의(latent)

발음 [도어먼~] ▶ 잠자는 [도어먼(수위=door+man)]을 연상.

- A volcano can lie **dormant** for a long period of time before becoming active.
  화산은 활동하기 전에 장기간 휴면 상태로 있을 수 있다.
- The disease has a **dormant** period of two to 14 days.
  그 병은 2일에서 14일의 잠복기를 갖는다.

naive [nɑːíːv] a.천진난만한, 순진한(ingenuous, guileless), 때 묻지 않은

발음 [나이브] ▶ [나]는 [이브]처럼 순진하고 때 묻지 않은 사람이야.

- a naive smile 천진난만한 미소 • a pure and naive boy 순박하고 순진한 소년
- We can't be **naive** to think that teenagers aren't going to have sex.
  우리는 십 대들이 성생활을 하지 않을 것이라는 순진한 생각을 해서는 안 된다.

centrifugal [sentrífjəgəl] a.원심력의, 밖으로 나가려는

centr(중심, 가운데=center)+fugal의 결합.
'원운동을 하는 물체에서 중심에서 밖으로 퓨(fu)하고 날아 가려는 힘=원심력'이고, 그 반대의 힘이 구심력입니다.

- The train rails are banked in a curved course so that gravity cancels out the **centrifugal** force on the train.
  철도 레일은 커브 코스에서 경사져 있는데 그것은 중력이 원심력을 상쇄하도록 하기 위해서다.

centripetal [sentrípətl] a.구심력의, 중심으로 가려는

centr(중심, 가운데=center)+pet(발=ped=pedal)+al의 결합.
'원심력의 반대 힘으로, 밖으로 가지 않고 중심에 발을 들여놓으려는 힘=구심력'입니다.

- The present state of East Asia, where centrifugal force is prevailing over **centripetal** force presents a grave challenge to Korea.
  구심력이 사라지고 원심력이 지배하는 동아시아의 정치 현실은 한국에게도 도전을 제기하고 있습니다.

Day 19

parsimony[pɑ́:rsəmòuni] n.인색, 극도의 절약

발음 [파서모운이] ▶ 그는 쓰레기 더미를 [파서] 돈을 [모은 이]로 매우 인색한 사람이야.

- spare[spɛə:r] vt.절약하다(save), 아끼다
- It's no good asking him for money. To begin with, he is **parsimony** itself.
  그 사람에게 돈을 요구해 보았자 소용없어. 먼저 그는 인색 그 자체야.
- Korea should not be **parsimony** in inviting talented foreign students for educational purposes.
  한국은 교육적인 목적으로 뛰어난 외국인 학생들을 유치하는데 인색해서는 안 될 것이다.

boisterous[bɔ́istərəs] a.시끌벅적한, 활기찬

boi(소년=boy)+st(서 있다=stand)+erous로 결합.

'복도에, 운동장에 많은 소년들이 서 있는=시끌벅적한, 활기찬(lively, boisterous)'입니다.

- The children were having a **boisterous** game in the playground.
  아이들은 운동장에서 시끌벅적한(활기찬) 놀이를 하고 있었다.
- **Boisterous** performances and events entertained people at Busan on Sep. 6.
  9월 6일 부산에서 활기찬 공연과 행사들은 사람들을 즐겁게 했습니다.

citadel[sítədl] n.(도시를 지키는)성채, 요새(fortress, fortifications)

cit(도시=city)+adel의 결합. 도시를 지키는 성에서 유래.

서양 문명의 모태인 그리스는 도시가 하나의 나라인 도시 국가였고 도시를 지키기 위해 성채를 만들었습니다.

- The town has a 11th century **citadel** overlooking the river.
  그 마을에는 강을 내려다보는 11세기에 지어진 요새가 있다.

horticultural[hɔ́:rtəkʌ̀ltʃərəl] a.원예(학)의, 원예 농업의

hort(정원=garden)+cultur(경작, 문화=culture)+al의 결합.

'정원을 아름답게 꾸미는 일과 같은=원예(학)의, 원예 농업의'입니다.

- The **horticultural** sector has grown extensively during the past 10 years.
  원예 산업 분야는 지난 10년간 놀라운 성장을 해왔습니다.

irascible[irǽsəbəl, air-] a.성을 잘 내는, 신경질적인(ticklish, temperamental)

발음 [이래서~] ▶ 뭐든 [이래서] 맘에 안 든다고 트집 잡고 **신경질적인** 사람을 연상.

- She's becoming more and more **irascible** as she grows older.
  그녀는 나이가 들어갈수록 점점 더 신경질적으로 되어가고 있다.
- She is very **irascible**, better not make fun of her.
  그녀는 아주 신경질적이어서 그녀를 놀리지 않는 게 좋아.

proxy[práksi] n.대리(권), 대리인(agent)

pro(앞=before)+xy의 결합. '위임을 받아 누군가를 대신해서 앞에 나서는 행위=대리(代理)'입니다.

- **Proxy** voting is also not allowed.
  대리 투표 또한 허용되지 않습니다.
- He said the use of **proxy** translators is a prevailing practice in the publishing world.
  그는 대리 번역자 사용은 출판계에 만연한 관행이라고 말했다.

quintessence[kwintésns] n.진수(essence), 본질

essence(본질, 진수, 에센스)와 quintessence(본질, 진수)는 동의어로 함께 기억하세요.

- The **quintessence** of this drama was to display the conflicting between the ruling class and the ruled.
  이 드라마의 진수는 지배 계층과 피지배 계층 사이의 충돌을 보여주는 것이었다.
- They will display the **quintessence** of modern performing arts using fireworks, videos, and sounds.
  그들은 불꽃, 영상, 소리를 이용하여 현대 공연 예술의 진수를 보여줄 것이다.

vindicate[víndəkèit] vt.~의 정당성을 입증하다, 옹호(변호)하다

vin(힘=force)+dic(말하다=dict=say)+ate의 결합.
'무엇이 옳다고 힘주어 말하다=옹호하다(champion, advocate)'입니다.

- There is no reason to worry because there is sufficient evidence to **vindicate** us.
  우리의 정당함을 입증할 충분한 증거가 있으므로 걱정할 이유가 없다.

vindictive[vindíktiv] a.보복적인, 앙심을 품은(spiteful, revengeful)

vin(힘=force)+dict(말하다=say)+ive의 결합.
'힘주어 되받아쳐 말하는=보복적인'입니다. 누군가가 다치도록 힘 있게 하는 말은 보복적인 말이죠.

- It was suspected that these were **vindictive** rumors spread by his enemies.
  이것들은 그의 적들에 의해 퍼뜨려진 보복적인 소문으로 의심되었다.
- Without the threat of a **vindictive** strike, countries can attack others at will.
  보복 공격의 위협 없이, 국가들은 다른 국가를 마음대로 공격할 수 있다.

touchstone [tʌ́tʃstòun] n.시금석, 표준, 기준

touch(v.만지다)+stone(n.돌)의 결합.

'금인지 아닌지를 판단하기 위해 만져보는 돌=시금석(standard, norm, criteria, criterion, benchmark)' 입니다.

- Job security has become the **touchstone** of a good job for many employees.
  직업 안전성은 많은 피고용인들에게 좋은 직업의 기준(표준)이 되어왔다.

- There is no such thing as a **touchstone** or normal human being but we share the same human spirit.
  표준 또는 정상적인 사람, 그런 것은 없고 우리는 똑같은 인간 정신을 공유하고 있다.

static [stǽtik] a.정적인, 정지 상태인

sta(서 있다=stand)+tic의 결합.

'움직이지 않고 서 있는=정적인, 정지 상태인(inactive)'입니다.

- Language isn't and shouldn't be **static**.
  언어는 정지되어 있지도 않고 정지되어 있어서도 안 됩니다.

- **Static** electricity occurs more often when the weather is dry.
  정전기는 날씨가 건조할 때 더욱 자주 발생합니다.

skeptical [sképtikəl] a.회의적인, 의심 많은(doubtful)

Skeptic은 참 지식에 대해서도 의심한 고대 그리스 학파 중 회의파 사람의 이름입니다. '스캡틱적인'에서 '의심 많은'이란 뜻이 파생. 영국에선 k대신 c를 사용하여 sceptical로 사용.

- skeptic n.회의론자, 무신론자(atheist)

- For this year, experts are **skeptical** of a radical improvement in the local labor market.
  전문가들은 올해 국내 고용시장에 있어서 현저한 개선에 대해 회의적이다.

- I am **skeptical** that raising cigarette prices will decrease the number of smokers.
  나는 담뱃값 인상이 흡연자 수를 감소시킬 것이라는 것에 회의적이다.

afire [əfáiər] a.불타는(on fire), 흥분한

a(접촉=on)+fire(불)의 결합.

'불이 접촉되어 있는=불타는'입니다. 사람의 감정이 불타는 것은 흥분한 상태인 것이죠.

- A military official said the crashes set several buildings **afire**.
  군 관계자는 그 충돌사고가 여러 빌딩을 불타게 했다고 말했다.

bypass [báipæs] n.우회로

by(옆=beside)+pass(n.샛길, 통행, 통로)의 결합.

'큰 길 옆에 있는 샛길=우회로(circuit, detour)'입니다.

- Traffic in the town has dropped off since the **bypass** opened.
  우회로가 개통된 후에 시내 교통량이 줄었다.

archbishop [á:rtʃbíʃəp] n.(가톨릭)대주교

arch(n.아치, 통치자, 지배자)+bishop(n.주교)의 결합.

'주교들을 지배하는 사람=대주교'입니다. 어근 arch는 기본편 참조.

- He became the **archbishop** of the city in 1998 and then a cardinal in 2001.
  그는 1998년에 그 도시의 대주교, 2001년에는 추기경이 되었다.

lavish [lǽviʃ] a.아낌없는(profuse), 낭비하는 vt.아낌없이 주다, 낭비하다

lav(목욕하다=wash)+ish의 결합.

'자식을 우유로 목욕시키다=아낌없이 주다, 낭비하다(waste, dissipate, use up)'입니다. 자식을 우유로 목욕시키는 것은 아낌없이 주는 것이고 낭비하는 것이죠.

- All of them showered **lavish** praise on him for his conduct.
  모두가 그의 행동에 아낌없는 칭찬을 보냈다.

- **Lavish** praise on the students, they thrive on encouragement.
  학생들에게 칭찬을 아낌없이 주세요. 그들은 격려로 성장합니다.

visage [vízidʒ] n.얼굴, 용모(appearance, features, looks)

vis(보다=look, see)+age의 결합.

'마주 했을 때 보이는 것=얼굴(face)'입니다. 어근 vis는 기본편 참조.

- Her **visage** is marked by worry and care.
  그녀의 얼굴에는 걱정과 근심이 나타나있다.

- The cruel fact is that a person's **visage** is always changing, and usually not for the better.
  냉혹한 사실은 사람의 용모는 항상 바뀌고, 보통 좋아지는 쪽으로 바뀌지 않는다는 거야.

apothecary [əpáθəkèri] n.약사(pharmacist), 약국

발음 [어파쓰~] ▶ 몸이 [아파서] 찾아가는 곳은 **약국**입니다.

- However, most **apothecaries** close their doors at night and on Sundays.
  하지만, 대부분의 약국은 밤과 일요일에 문을 닫습니다.

birthright [bə́:rəràit] n. 타고난 권리

birth(n.출생)+right(n.권리)의 결합.

'출생하면서부터 갖게 되는 권리=타고난 권리'입니다.

- **Birthright** citizenship in the U.S. is unique among developed countries.
  미국에서 태어나기만 해도 주는 시민권은 선진국 사이에서 독특한 것이다.

untamed [ʌntéimd] a. 길들지 않은, 야성의, 거친

un(부정=not)+tame(a.길든, 유순한 vt.길들이다)+d의 결합.

'길들여지지 않은=야성의(undomesticated, wild, rude, rough, boorish)'입니다.

- Humans have this sense of awe and wonder in front of **untamed** nature, of raw nature.
  인간은 때 묻지 않은 자연, 야성의 자연 앞에서 이러한 경외감과 신비감을 갖습니다.

Day 20

pugnacious [pʌgnéiʃəs] a.호전적인(warlike, belligerent, martial, combatant)

발음 [퍼거네~] ▶ 주먹부터 [퍽 내는] 호전적인 사람을 연상하세요.

- She became very **pugnacious** as a result of being alienated from her classmates.
  그녀는 반 아이들에게 따돌림을 받자 아주 호전적으로 변했다.
- We must not make light of the North's nuclear threats nor should we be shaken by its **pugnacious** threats.
  북한의 위협을 가볍게 여겨서도 안 되지만 호전적인 위협에 흔들려서도 안 된다.

salutary [sæljətèri] a.건강에 좋은(healthful), 유익한(useful, good)

발음 [샐유~] ▶ 건강에 좋은 [샐]러드와 우[유]를 자주 드세요.

- The vegetable is **salutary** because it is high in fiber and vitamin C.
  그 야채는 식이섬유와 비타민 C의 함량이 높기 때문에 건강에 좋습니다.
- There is no doubt that computers are very **salutary** devices.
  컴퓨터가 아주 유용한 기기임에는 의심의 여지가 없습니다.

bliss [blis] n.(더 없는)행복, 기쁨(glee)

호텔, 빌라, 펜션, 화장품, 여행사 등 블리스(bliss)란 영어가 들어간 상호가 많은데 모두 '행복, 기쁨'의 의미를 주려고 하는 것입니다.

- Some doctors believe ignorance is **bliss** and don't give their patients all the facts.
  일부 의사들은 모르는 게 행복이라고 믿고 환자들에게 모든 사실을 알려주지 않는다.

clandestine [klændéstin] a.비밀의(secret), 은밀한(underhand, confidential)

클랜데스틴 아일랜드 탈출(clandestine island escape)이라는 비밀의 섬 탈출 게임이 있습니다. 헬리콥터가 비밀의 섬에 추락하여 그 섬을 탈출하는 게임.

- I knew immediately that their relationship was **clandestine**.
  나는 그들이 은밀한 관계였다는 것을 바로 알아차렸다.
- **Clandestine** lobbying by foreign governments and businesses is rampant.
  외국 정부와 기업들의 은밀한 로비활동이 만연해 있다.

horrid [hɔ́:rid] a.무시무시한, 끔찍한, 지독한

hor(공포, 전율=horror)+rid의 결합.

'공포를 느끼는=무시무시한, 끔찍한(frightful, horrible, horrendous)'입니다.

- It was a **horrid** scene beyond description.
  그것은 형언할 수 없을 정도로 끔찍한 광경이었다.
- I think it's the worst **horrid** thing that can happen in my life.
  내 생각에 그것은 내 인생에 일어날 수 있는 가장 최악의 끔찍한 일이야.

irksome [ə́:rksəm] a.지루한(tedious, tiresome)

발음 [억섬] ▶ [억]수로 지루한 [섬] 여행을 연상해 보세요. 경상도 사투리 '억수로=매우'입니다.

- A long talk that I cannot understand is **irksome**.
  내가 이해할 수 없는 긴 대화는 지루해.
- When you're a student, it's easy to see reading as an **irksome** chore.
  학창 시절에는 독서를 지루한 일로 여기기 쉽다.

sullen [sʌ́lən] a.우울한(gloomy), 시무룩한

발음 [설언] ▶ 너도 [서른] 되면 우울해진다. 김광석의 '서른 즈음에'를 들어 보세요.

- I felt really **sullen** during the long, boring rainy season.
  나는 길고 지루한 장마철 동안 정말 우울했어.
- The **sullen** forecast for this year is that growth will stay around 2.5 percent.
  올해 성장률은 2.5% 수준에 머물 것이라는 암울한 전망이다.

privatize [práivətàiz] vt.민영화하다

privat(사적인, 사유의=private)+ize(동접)의 결합.

국유 재산을 민간인에게 넘기는 것이 민영화입니다. 과거에 통신, 전력회사는 모두 나라에서 운영했는데 지금은 민영화되어 있습니다.

- Vast areas of the Chinese economy have been effectively **privatized**.
  중국 경제의 상당 부분이 효과적으로 민영화되어 있습니다.
- France is extending the workweek and **privatizing** state-owned companies.
  프랑스는 주간 근무시간을 연장하고 국영 회사들을 민영화하는 중이다.

quixotic [kwiksátik] a.돈키호테식의, 공상(가)의, 비현실적인(impractical, unreal)

세르반테스 소설 속의 과대망상에 빠진 기사 돈키호테(Don Quijote)에서 유래한 단어. 스페인어로 돈(Don)은 우리말로 '~씨'입니다. Qui(키)+jo(호)+te(테)로 결합된 발음이 영어로 넘어와 quixotic이 된 것입니다. 돈키호테를 우리말로 옮기면 '키호테씨, 키호테님'이 됩니다.

- Several setbacks could indicate that your goal is too **quixotic**.
  여러 번의 좌절은 당신의 목표가 너무 비현실적이라는 것을 가리킬 수도 있다.
- Don't you think enforcing a ban on cell phones would be **quixotic**?
  당신은 휴대폰 사용을 금지하는 것이 비현실적이라고 생각하지 않는가?

vilify [víləfài] vt.비난하다(reproach, censure), 헐뜯다, 욕하다

발음 [빌러파이] ▶ 걸핏하면 돈 [빌러=빌려] 와플[파이] 사 먹는 친구를 욕하다.

- Even if your friend is wrong about something, don't advise or **vilify** him in front of other people.
  친구가 무언가 잘못했더라도, 다른 사람들 앞에서 친구에게 충고하거나 비난해서는 안 돼.
- Experts **vilified** this idea because of many reasons.
  전문가들은 많은 이유로 이 아이디어를 비난했습니다.

autonym [ɔ́ːtənìm] n.본명(real name), 실명

auto(자신=self)+nym(이름=name)의 결합.

자기 자신의 본래 이름은 본명이고, 가짜로 사용하는 필명은 pseudonym입니다. 어근 auto는 기본편 참조.

- Bill Clinton, whose **autonym** is William Jefferson Clinton, served the United States as its 42nd president from 1993 to 2001.
  본명이 윌리엄 제퍼슨 클린턴인 빌 클린턴은 1993년부터 2001년까지 미국의 42대 대통령으로 재임했습니다.

chisel [tʃízəl] v.조각하다(carve, sculpture, engrave) n.조각칼, 끌

가구 공예를 하는 사람들은 끌이라고 하지 않고 치즐(chisel)이라고 합니다. 끌이라고 하면 촌스럽기 때문에 치즐이라고 한다는군요. 치즐로 치즈를 조각해 보세요.

- He used a hammer and **chisel** to chip away at the wall.
  그는 망치와 끌을 이용해서 벽을 조금씩 깎아냈다.

blackmail [blǽkmèil] n.협박(threat, menace), 공갈, 갈취 vt.협박(갈취)하다

black(a.어두운)+mail(v.우송하다)의 결합.

약탈을 일삼는 산적의 협박에 못 이겨 산적에게 바쳤던 공물을 blackmail(어두운 밤에 산적에게 공물을 보내는 것)이라고 한 것에서 유래.

- **Blackmail**, humiliation and discomfort are words which would best describe the process of torture.
  협박, 굴욕 그리고 불편함은 고문 과정을 가장 잘 묘사하는 단어들이다.
- His personal homepage is full of **blackmails** and criticisms.
  그의 개인 홈페이지는 협박과 비판으로 가득 차 있다.

steadfast [stédfæst] a.확고한(impregnable, fixed), 불변의

stead(확고한, 고정된=steady)+fast(a.고정된, 빠른)의 결합.

steady와 steadfast는 동의어입니다.

- Chinese government remains **steadfast** on the issue.
  중국 정부는 그 문제에 대해 확고한 입장을 유지하고 있다.
- After the assassination of Julius Caesar in 44 B.C., Rome had no **steadfast** leader.
  기원전 44년 율리우스 카이사르의 암살 후 로마는 확고한 지도자가 없었다.

drowsy [dráuzi] a.졸리는(sleepy, dozy, slumberous), 꾸벅꾸벅 조는

발음 [드라우지] ▶ 졸리면 목을 아래로 [드리우지.]

- You'll feel **drowsy** and inactive after a meal, so you just might as well take a nap.
  식사 후 졸리거나 나른하면 그냥 낮잠을 자는 편이 좋다.

communicable [kəmjúːnikəbəl] a.전염성의

communic(vt.전달하다=communicate)+able(가능)의 결합.

'사람에게 전달할 수 있는=전염성의(contagious, infectious, transmissible)'입니다.

- We cannot be too careful when flu or other **communicable** diseases are around.
  독감이나 다른 전염병이 돌 땐 아무리 조심해도 지나치지 않다.
- Anorexia is a complicated disease, and it is not something that is **communicable**.
  거식증은 복잡한 질병이고, 전염성이 있는 것도 아니다.

humdrum [hʌ́mdrʌ̀m] a.단조로운, 지루한(tedious, boring)

hum(vi.윙윙거리다)+drum(n.북소리)의 결합.

'윙윙거리는 소리, 둥둥거리는 북소리만 있는=단조로운(monotonous), 지루한'입니다.

- A short stare or even a **humdrum** tone of voice can scar and scare the heart for a long time.
  짧은 응시나 심지어 단조로운 목소리 톤도 오랜 시간 마음에 흉터를 남기고 두렵게 할 수 있다.

inkling [íŋkliŋ] n.암시(cue, innuendo), 조금의 지식

발음 [잉클링] ▶ [잉]글리쉬 [클]럽에서 탈퇴(가입)한다고 암시하는 친구를 연상.

- He had no **inkling** of what was going on.
  그는 무엇이 진행되고 있는지 조금의 지식도 갖고 있지 않았다.
- Dozens of projects give us an **inkling** of what they're capable of doing.
  많은 프로젝트가 그들이 할 수 있다는 것을 암시해주었습니다.

quell[kwel] vt.(반란, 감정)억누르다(oppress, repress, suppress), 진압하다

발음 [퀠] ▶ [캘]빈 소총으로 강도를 진압하다.

- The riot police were called in to **quell** the violent protest by the factory workers.
  공장 근로자들의 폭력적인 시위를 진압하기 위해 폭동 진압 경찰이 호출되었다.
- Concentrative meditation focuses on breathing or specific thoughts, while **quelling** other thoughts.
  집중적 명상은 다른 생각은 억제하면서 숨쉬기 또는 구체적 생각에 집중한다.

Day 21

orthodox[ɔ́ːrəədɑ̀ks] a.(학설, 종교)정통의, 옳다고 인정된

ortho(옳은=right)+dox(의견=opinion)의 결합.

'올바른 의견을 갖고 있는=정통의, 정통적인'입니다. 패러독스(paradox=역설)는 para(반대=opposite)+dox(의견=opinion)의 결합으로 일반적인 믿음이나 생각과 반대로 말하는 것. 발음 [오쓰~]에서 [옳소]라는 어감을 살려보세요.

- We would prefer a more **orthodox** approach to the problem.
  우리는 그 문제에 대해 좀 더 정통적인 접근법을 선호합니다.
- Israel requires its men and women aged 18 or older to serve in the military except for Arabs and **Orthodox** Jews.
  이스라엘은 아랍인과 정통파 유대교인을 제외한 18세 이상 남녀에게 병역의무를 부과한다.

arbitrary[ɑ́ːrbitrèri] a.제멋대로인, 독단적인(dogmatic, peremptory)

발음 [아비트레리] ▶ [아비-아버지] 말에 [트]집 잡고 제멋대로 행동하는.

- **Arbitrary**, ambiguous decisions are unacceptable.
  독단적이고, 모호한 결정은 받아들일 수 없습니다.
- I'd not been raised to judge people based on **arbitrary** measurements, like a person's race or religion.
  저는 인종이나 종교와 같은 제멋대로 만든 잣대로 사람을 판단하지 않도록 키워졌습니다.

blatant[bléitənt] a.소란스런(noisy), 노골적인, 빤한

blat(두들기다=bat)+ant(형접)로 결합.

'깡통이나 꽹과리를 마구 두들기는=소란스런, 노골적인(undisguised)'입니다. 대문 앞에서 깡통을 소란스럽게 두들기는 각설이. 각설이가 밥통을 소란스럽게 bat 하는 것은 밥을 달라는 노골적인(빤한) 의사표현입니다.

- Surely this is a case of **blatant** gender discrimination.
  확실히 이것은 노골적인 성차별의 사례이다.
- That report is full of **blatant** lies.
  그 보고서는 빤한 거짓말들로 가득 차 있다.

cleave [kli:v] vt.(둘로)쪼개다(split), 찢다 vi.쪼개지다, 찢어지다

단어 속에 leave(떠나다)가 있어 하나가 둘로 쪼개지고 찢어져 떠나는 모습을 연상할 수 있습니다.

- **Cleave** the pumpkin with the kitchen knife.
  그 식칼로 호박을 쪼개 주세요.
- Conjure up the images of a 1,200-ton Navy ship **cleaving** in half.
  반으로 쪼개지는 1200t의 해군함 이미지를 떠올려 봐.

holistic [hòulístik] a.전반적인, 포괄적인

hole(전체=whole)+ist(서 있다=stand)+ic의 결합.

'전체적인 것이 다 들어 있는=전반적인(general), 포괄적인(comprehensive, generic)'입니다.

- It's an informal school, but it really contains **holistic** education.
  그것은 비정규 학교이지만, 전반적인(포괄적인) 교육이 이루어집니다.
- Art helps you improve your mental health and **holistic** well-being.
  예술은 여러분의 정신 건강과 전반적인 복지 향상을 돕습니다.

ironic [airánik] a.아이러니한, 모순적인, 반어적인

우리는 앞뒤가 맞지 않는 모순적인 상황에서 [아이러니]하다고 말하죠.

- How **ironic** that Korea depends on imports for 95 percent of its bean consumption though it is the place of origin for beans.
  한국이 콩 원산지인데 콩 소비의 95%를 수입에 의존한다는 것이 얼마나 아이러니한지.

pristine [prísti:n] a.본래의, 원시 시대의

pri(앞, 이전=pre=before)+sti(서 있다=stand)+ne의 결합.

'인류가 태어나기 이전부터 서 있는=본래의(original), 원시 시대의(primitive)'입니다.

- This movie is a great watch that shows some of Korea's most **pristine** natural surroundings.
  이 영화는 한국 최고의 원시 자연환경의 일부를 보여주는 멋진 작품이다.

ramification [ræməfikéiʃən] n.가지, 세분화, (파생되는)결과, (악)영향

ram(가지=branch)+fic(만들다=make)+ation의 결합.

'나무가 가지를 만들어나가듯 만들어나가는 것=세분화'입니다. 세분화는 어떤 결과를 초래하고 다른 것에 영향을 미치죠.

- I'm concerned about the **ramifications** of this decision.
  저는 이 결정의 결과에 대해 걱정이 됩니다.
- Due to the horrific **ramifications** of the bombing, London decided to create a bomb proof train carriage.
  이 끔찍한 폭파의 영향으로, 런던은 폭탄에도 끄떡없는 지하철을 만들기로 결정했습니다.

vicissitude[visísətjùːd] n.변천, 변화(change, variation), 부침

발음 [비시서~] ▶ [비시=BC=기원전]부터 [서]서히 **변화**한 미술사를 연상.

- The followers have continued to support him through all his **vicissitudes**.
  추종자들은 그의 모든 변화(변천) 기간 내내 계속해서 그를 지원하였다.

- He experienced the **vicissitudes**[ups and downs] of life.
  그는 인생의 부침을 경험했다.

befit[bifít] vt.~에 적합하다, ~에 어울리다

be(만들다=make)+fit(적합한)의 결합. 접두어 be는 기본편 참조.

- I want you to dress in a manner more **befitting** a manager.
  나는 당신이 관리자에 더 어울리는 방식으로 옷을 입었으면 합니다.

- Now they receive a welcome home **befitting** national heroes.
  지금 그들은 국가적 영웅에 어울리는 환대를 받는다.

behead[bihéd] vt.목을 베다, 참수하다

be(만들다=make)+head(n.머리)의 결합.

'머리가 없는 상태로 만들다=목을 베다, 참수하다(decapitate)'입니다.

- Four days before my eventful release, four hostages were **beheaded** a few miles away from where I was kept in captivity.
  내가 풀려나기 나흘 전에 내가 잡혀있던 곳으로부터 몇 마일 떨어진 곳에서 네 명의 인질이 참수당했습니다.

besmirch[bismə́ːrtʃ] vt.더럽히다(soil, taint, tarnish, defile)

be(만들다=make)+smirch(vt.더럽히다)의 결합. smirch와 besmirch는 동의어입니다.

- The prosecutorial investigation could **besmirch** his decades of prominent political service.
  그 검찰 조사는 그의 수십 년의 탁월한 정치 활동을 더럽힐 수도 있습니다.

- You **besmirched** your parents reputation.
  너는 네 부모님의 명예를 더럽혔어.

benumb[binʌ́m] vt.마비시키다

be(만들다=make)+numb(a.감각을 잃은, 마비된)의 결합.

'감각을 잃은 상태로 만들다=마비시키다(paralyze)'입니다.

- The effect of the drug is to **benumb** the nerves.
  그 약의 효과는 신경을 마비시키는 것이다.

- They have the ability to **benumb** the South's information and banking networks.
  그들은 한국의 정보 및 은행망을 마비시킬 능력을 갖고 있습니다.

beguile [bigáil] vt.속이다, 속여 빼앗다, (어린이 등)기쁘게 하다

be(만들다=make)+guile(속임=trick)의 결합.

'누군가를 속이는 행위를 하다=속이다(deceive, swindle, fool), 기쁘게 하다'입니다. 생일 파티가 없는 것처럼 속였다가 몰래 준비하여 나중에 근사한 생일 파티를 열어서 애들을 기쁘게 하는 경우가 많지요. 그래서 '속이다'에서 애들을 '기쁘게 하다'는 뜻이 파생.

- guile [gail] n.속임, 교활 • beguilement n.속임, 기분전환
- Companies habitually, intentionally and unabashedly **beguile** consumers.
  기업들은 습관적으로, 의도적으로, 뻔뻔하게 소비자를 속입니다.
- The salesman **beguiled** him into buying a car he didn't want.
  그 판매원은 그를 속여서 그가 원하지도 않은 차를 사게 했다.

predetermine [priːditə́ːrmin] vt.미리 결정하다, 예정하다

pre(앞, 이전=before)+determine(vt.결정하다)의 결합.

어떤 일이 일어나기 이전에(앞서서) 미리 결정하는 것으로, 주로 수동태로 사용합니다.

- A person's intelligence is partly **predetermined** by his genetic endowment.
  사람의 지능은 부분적으로 유전적 자질에 의해서 선천적으로 정해져 있다.

predominant [pridámənənt] a.우세한(regnant, prevailing), 지배적인

pre(앞, 이전=before)+dominant(a.우세한, 지배적인)의 결합.

다른 것보다 우세함이 앞서 있는 것으로, dominant와 predominant는 동의어입니다.

- The **predominant** preference of male babies forced the government to prohibit medical doctors from informing parents of the gender of their fetuses.
  지배적인 남아선호는 정부로 하여금 의사들이 부모들에게 태아의 성별을 알려주는 것을 금지하도록 했다.
- Within the Republican Party, the right wing grew **predominant** once again.
  공화당 내에서, 우익은 또다시 커져서 지배적인 세력이 되었다.

precondition [priːkəndíʃən] n.전제 조건, 필수 조건

pre(앞, 이전=before)+condition(n.조건, 상태)의 결합.

'어떤 일을 시작하기 이전에 내거는 조건=전제 조건'입니다.

- At first, I have two **preconditions**.
  먼저 두 개의 전제 조건이 있어.
- It goes without saying that humanitarian assistance should be offered without any **preconditions**.
  인도주의적 지원은 아무 전제조건 없이 제공되어야 하는 것은 당연하다.

wane [wein] vi.작아(적어)지다, (쇠)약해지다 n.감소(decline), 쇠퇴

발음 [웨인] ▶ [외인(外人)] 직접 투자가 감소하고 있다는 신문 기사를 떠올려 보세요.

- Shortly after Jangsu's death, its power began to **wane**.
  장수왕의 죽음 직후 고구려의 힘은 약해지기 시작했다.

- **Waning** moral strength erodes US global leadership.
  도덕적 힘의 쇠퇴가 미국의 세계 지도력을 잠식하고 있다.

---

languid [lǽŋgwid] a.나른한, 무기력한, 열의 없는

lan(땅=land)+guid(안내하다=guide)로 결합.

'서 있는 몸을 땅바닥으로 안내하는=나른한(drowsy), 무기력한(inactive, spiritless)'입니다. languid를 land(땅)+guide(안내하다)로 결합하면 너무 나른하고 무기력해서 몸을 땅바닥으로 이끌어 등을 대고 눕는 무기력한 모습을 떠올릴 수 있습니다.

- The hot summer weather made me feel **languid**[sluggish].
  무더운 여름 날씨가 나를 나른하게 만들었다.

- I felt like a **languid** man on a lonely deserted island in the big ocean.
  나는 큰 대양 한가운데 외로이 버려진 섬에 있는 무기력한 사람처럼 느꼈다.

Day 22

sluggish [slʌ́giʃ] a. 동작이 느린(slow), 게으른(idle, lazy, indolent)

발음 [슬어기쉬] ▶ 느릿느릿 돌아가는 [슬러쉬] 아이스크림 기계를 떠올려 보세요. 여름철이 되면 문방구나 매점에서 느릿느릿 돌아가는 슬러쉬 기계를 자주 보게 됩니다.

- The players have become **sluggish** from fatigue.
  지쳐서 선수들의 움직임이 둔해져 있네요.

- He was reprimanded for being **sluggish** at work.
  그는 근무 태만으로 징계 당했다.

plausible [plɔ́:zəbəl] a. 타당한, 이치에 맞는, (이유)그럴싸한

plaus(박수=applause)+ible(가능)의 결합.

'누구나 박수칠 수 있는=타당한(reasonable, adequate, appropriate, pertinent)'입니다. 누가 봐도 타당하고, 이치에 맞고, 그럴싸한 이야기를 하면 누구나 박수를 치게 되지요.

- applause [əplɔ́:z] n. 박수, 칭찬(praise, admiration)

- Experts recommend making only a few **plausible** New Year's resolutions.
  전문가들은 단 몇 개의 타당한 새해 결심을 할 것을 권한다.

- Her insistence sounded perfectly **plausible**.
  그녀의 주장은 확실히 타당해(그럴싸해) 보였다.

blaspheme [blæsfí:m] v. (신성한 것)모독하다

bla(비난하다=blame)+spheme의 결합.

'신을 비난하다=(신성한 것을)모독하다'입니다.

- Do you admit that you have **blasphemed**?
  당신은 신성 모독한 것을 인정하나요?

- North Korea has been blasting South Korea for **blaspheming** its "highest dignity."
  북한은 최고 존엄을 모독했다며 격렬하게 남측을 비난하고 있다.

clemency [klémənsi] n.관용(toleration, tolerance, leniency, generosity)

발음 [클러먼~] ▶ 네가 더 [클러면] 관용하는 것을 배워야 해.

- The court showed the greatest **clemency** to him as far as the law permits.
  법원은 법이 허용하는 범위 내에서 그에게 최대한 관용을 베풀었다.
- Our society has little **clemency** for failures.
  우리 사회는 실패에 대해 관용적이지 못하다.

hoax [houks] vt.(장난으로)속이다 n.(가벼운, 짓궂은)장난, 속임

발음 [호욱스] ▶ 겨자 맛 사탕을 목에 좋은 [호웈스]라고 속이다.

- The story of an ancient city in the jungle, filled with gold and jewels, turned out to be an elaborate **hoax**.
  금은보화로 가득 찬 정글 속 고대 도시 이야기는 교묘한 속임수로 밝혀졌다.
- His wound was a **hoax** to leave school during school hours.
  그의 부상은 학교를 조퇴하기 위한 속임수였다.

jettison [dʒétəsən] vt.(짐 따위)버리다, 내던지다 n.투하

jet(던지다=throw)+tison의 결합.

배나 항공기 운항 중 긴급한 상황에서 중량을 줄이기 위해 짐을 버리는 행위에서 일반적인 의미로 확대.

- The matter of concern of today's college student is to **jettison** every interest except one.
  오늘날 대학생의 관심사는 하나(취업)를 제외하고 모든 흥미를 버리는 것입니다.

potable [póutəbəl] a.마시기에 알맞은 n.음료(beverage), 술(liquor)

portable(휴대할 수 있는, 포터블)과 potable(마시기에 적합한)은 함께 기억해야 합니다.

- Only two to three percent of the water on Earth is fresh and **potable**.
  지구의 2에서 3퍼센트의 물만이 신선하고 마시기에 적합합니다.
- The standard for **potable** water is 100 bacteria per milliliter.
  마시기 알맞은 물의 표준은 밀리리터당 100마리의 박테리아입니다.

rancid [rænsid] a.(부패하여)고약한 냄새가 나는, 썩은(rotten)

미국 4인조 밴드에 랜시드(rancid-썩은)가 있습니다. 썩은 사회를 풍자하려는 듯.

- He sniffed the butter and knew immediately it was **rancid**.
  그는 버터 냄새를 맡아보았고 고약한 냄새가 나는 것을 금방 알았다.
- The next morning, he learned it was **rancid** water in a skull.
  그다음 날 아침, 그는 그것이 해골에 있는 썩은 물이라는 것을 알았습니다.

by-name [báinèim] n.성(surname), 별명(nickname)

by(옆=beside)+name(n.이름)의 결합.

이름 옆에 붙어 있는 것은 성(姓)이고, 본명이 있는데 옆에 별도로 놓여 있는 이름은 별명입니다.

- I also like the **by-name** better than my real name.
  나도 나의 본명보다 나의 별명을 더 좋아해.
- His **by-name** at Harvard was the programming prodigy.
  하버드에서 그의 별명은 프로그래밍 천재였다.

cataclysm [kǽtəklìzəm] n.대홍수(deluge), 격변(upheaval, catastrophe)

cata(아래=down)+clysm(씻어 내리다=wash)의 결합.

아주 많은 강물이 높은 곳에서 아래로 닥치는 대로 씻어 내리는 재난이 대홍수입니다. 어근 cata는 기본편 catastrophe(n.큰 재해, 격변)에서 학습.

- He is constantly worrying about a **cataclysm** such as a flood or earthquake occurring at midnight when he is fast asleep.
  그는 깊이 잠들어 있는 한밤중에 홍수나 지진과 같은 재난이 일어날까봐 끊임없이 걱정하고 있다.

deleterious [dèlətíəriəs] a.(심신에)해로운, 유독한

delete(vt.삭제하다, 지우다)+rious의 결합.

'몸과 마음에서 지워야 하는=해로운(harmful, injurious)'입니다.

- These drugs have a **deleterious** effect on the nervous system.
  이 약들은 신경계에 해로운 영향을 미친다.
- Too much alcohol is **deleterious** to your health.
  지나친 알코올 섭취는 건강에 해롭다.

copycat [kɑpikæt] n.(경멸적)모방하는 사람, 모방, 흉내쟁이 vt.모방하다(mimic)

잘 나가는 제품을 그대로 따라 하는 미투(me too) 제품을 지칭. 스티브 잡스가 아이패드 신제품 발표장에서 삼성전자, 구글, 모토로라를 copycat이라고 비난한 것이 계기가 되어 대중에게 알려졌습니다. 16세기 영국에서 경멸적인 사람을 일컫는 고양이(cat)라는 단어에 복사(copy)한다는 의미가 더해져 모방자를 지칭하게 되었다는 설, 새끼 고양이가 어미의 사냥하는 모습을 흉내 내면서 생존기술을 익히는 모습에서 나왔다는 설이 있습니다.

- **Copycat** means someone who imitates what other people are doing.
  카피캣은 다른 사람들의 행동을 모방하는 사람을 말한다.

stale [steil] a.(음식)상한(bad, rotten), 신선하지 않은

발음 [스테일] ▶ 맛이 간 [테일-꼬리(tale)] 곰탕을 연상하세요.

- I've been eating canned tuna and **stale** bread to save money.
  난 돈을 아끼기 위해 참치 캔과 신선하지 않은 빵을 계속 먹고 지낸다.

- I ate **stale** food and got bad food poisoning.
  저는 상한 음식을 먹고 식중독에 걸렸습니다.

lucrative [lúːkrətiv] a.돈이 되는, 수익성이 좋은

lucre(n.이익, 이득=profit)+ative의 결합.

'물건을 팔아서 이익이 많은=돈이 되는(profitable), 수익성이 좋은'입니다.

- lucre n.이익, 이득(profit, gain, returns)
- In the U.S., wait staff jobs can be **lucrative** because of tipping.
  미국에서, 웨이터 직업은 팁 때문에 돈이 됩니다.
- Instructors sometimes need to work a separate job to complement their income since teaching is not highly **lucrative**.
  강의가 매우 수익성이 좋은 것이 아니기 때문에, 강사들은 때때로 그들의 수입을 보완하기 위해 또 다른 직업을 갖기도 합니다.
  이 버스는 할리우드 대로를 통과하나요?

strenuous [strénjuəs] a.격렬한, 매우 힘든(very hard)

stren(엄격한, 가혹한, 준엄한=stern)+uous의 결합.

'실전과 같은 가혹한 훈련을 하는=격렬한(violent, severe, intense, vehement)'입니다. 스파르타식 훈련은 훈련을 실전처럼 합니다. 실전 같은 가혹한 훈련은 훈련이 격렬하고, 매우 힘이 들지요.

- stern a.엄격한(strict, severe), 가혹한, (명령)준엄한
- In the early days, soccer was a very **strenuous** sport.
  초기에 축구는 매우 격렬한 스포츠였다.
- Writing a book is very **strenuous** and time consuming.
  책을 쓰는 것은 매우 힘들고 시간을 소비하는 것입니다.

stagger [stǽgər] vi.비틀거리다, 비틀거리며 가다, ~에게 충격을 주다(shock)

stagger는 stag(수사슴)가 사냥꾼의 총에 맞아 비틀거리는 모습을 연상하세요. 건물을 받치고 있는 기둥이 비틀거리면 건물에 충격을 주기 때문에 '비틀거리다'에서 '~에게 충격을 주다'는 뜻이 파생.

- stag n.수사슴 • staggering a.충격적인(shocking)
- He **staggered** home drunk.
  그는 술에 취해 비틀거리며 집으로 갔다.
- It is **staggering** that the government is doing nothing about it.
  정부가 그것에 대해 아무것도 하고 있지 않는 것은 충격적이다.

bravado[brəvά:dou] n.허세(bluff, bluster), 허풍, 객기

발음 [버러봐도우] ▶ 네가 돈 [버러봐도] 얼마 벌겠냐 하며 허세 떠는 친구를 연상.

- I am not sure if it is pure ego or false **bravado**.
  그것이 순수한 자신감인지 거짓 허세인지 나는 확신할 수 없다.

- The man of true bravery is not frightened by a display of **bravado**.
  진정한 용기를 가진 사람은 허세를 과시하는 것에 놀라지 않는다.

---

apostate[əpάsteit] n.변절자, 배반자 a.신앙을 버린, 변절한

apo(분리=off)+state(말하다=say, speak)의 결합.

'자기가 믿던 신앙(신념)을 자신으로부터 분리시키겠다고 말하는 사람=변절자(renegade)'입니다.

- An **apostate** is someone who has abandoned religious faith.
  변절자는 종교적 신념을 버린 사람이다.

- A band of **apostates** had captured the prince and were holding him to ransom.
  배신자들 일당이 왕자를 붙잡아 몸값을 받기 위해 그를 억류하고 있었다.

---

boulevard[bύləvὰ:rd] n.큰길, 대로, 넓은 가로수 길

발음 [불러바드] ▶ 도와달라고 [불러 봐도] 아무도 없는 큰길을 떠올려 보세요.

- Does this bus go down Hollywood **Boulevard**?
  이 버스는 할리우드 대로를 통과하나요?

Day 23

unearthly [ʌnə́ːrθli] a.이 세상에 없는 듯한, 신비로운, 초자연적인

un(부정=not)+earthly(a.이 세상의, 세속적인)의 결합.

'이 세상에 없는 듯한=신비로운(uncanny, arcane), 초자연적인(supernatural)'입니다.

- The silence half way up the mountain was quite **unearthly**.
  그 산 중턱의 고요함은 상당히 신비로웠다.
- Many people say that I have a **unearthly** image.
  많은 사람이 제가 신비로운 이미지를 갖고 있다고 해요.

unruly [ʌnrúːli] a.통제하기 힘든, 제어하기 힘든

un(부정=not)+rule(다스리다=govern)+y의 결합.

'다스리기 힘든=통제하기 힘든, 제어하기 힘든'입니다.

- Currently, there are no effective methods to deal with **unruly** students.
  현재, 통제되지 않는 학생들을 다룰 수 있는 효과적인 방법은 없다.
- A dipsomaniac is a person who has an **unruly** need to drink alcohol.
  음주광은 술을 마시고 싶은 통제할 수 없는 욕구를 지닌 사람이다.

unconcern [ʌ̀nkənsə́ːrn] n.무관심, 냉담

un(부정=not)+concern(n.관심, 걱정)의 결합.

'관심 없음=무관심(indifference, apathy), 냉담'입니다.

- It was the continuing devastating war and the **unconcern** of the world.
  그것은 지속되는 파괴적인 전쟁이었고 세계의 무관심이었습니다.
- But, fear is better than **unconcern** because fear makes us do something.
  하지만 두려움은 무관심보다는 낫습니다. 두려움은 우리로 하여금 뭔가를 하게 만들죠.

unseemly [ʌnsíːmli] a.꼴사나운, 부적당한

un(부정=not)+seem(vi.~처럼 보이다)+ly의 결합.

'상식적인 것처럼 보이지 않는=꼴사나운, 부적당한(improper, inadequate, incongruous)'입니다.

- There was an **unseemly** public squabble last night.
  어젯밤에 꼴사나운 공개적인 언쟁이 있었다.

- It is **unseemly** for women to use such vulgar language.
  여자들이 그런 상스러운 말을 사용하는 것은 꼴사나워.

postmortem [poustmɔ́:rtəm] n.시체 해부(부검), 검시 a.사후의

post(이후=after)+mort(죽음=death)+em의 결합.

'사람이 죽은 후 사인을 규명하기 위해 하는 것=부검(autopsy), 검시'입니다.

- A **postmortem** on the body revealed that the victim had been poisoned.
  사체 부검은 희생자가 독살되었음을 밝혀냈다.

- The **postmortem** examination showed that it was a case of murder.
  부검 검사는 그것이 살인 사건임을 밝혀냈다.

cripple [krípəl] n.장애인, 불구자, 절름발이 vt.불구가 되게 하다

발음 [크리플] ▶ 불구자가 되어 creep(기다-크맆)하는 cripple(크맆-ㄹ)를 연상해 보세요.

- Every day after school I go home in a wheel chair because I'm **crippled**.
  나는 불구가 되어 방과 후에 집에 갈 때 매일 휠체어를 타고 갑니다.

- According to Homer, Hephaistos is the **cripple** and ugly god of fire.
  호메로스에 따르면, 헤파이스토스는 절름발이이며 못생긴 불의 신이다.

cursory [kə́:rsəri] a.대충하는, 피상적인(superficial, swallow)

발음 [커서리] ▶ 마우스로 [커서]를 누르면서 문서를 대충 읽어보는 모습 연상.

- You have only a **cursory** grasp of Korean and its politics.
  당신은 한국인과 한국 정치에 대해 피상적으로만 이해하고 있습니다.

- While it is possible to meet people on the Internet, the relationships are usually **cursory**.
  인터넷상으로 사람들을 만나는 것이 가능하지만 그 관계들은 보통 피상적입니다.

despotism [díspətìzəm] n.독재, 독재정치

despot(집주인=house-master)+ism(주의)의 결합.

'집주인처럼 나라를 자기 마음대로 다스리는 것=독재(dictatorship, autocracy, despotism)입니다.

- After years of **despotism**, the country is now moving towards democracy.
  수년의 독재 후 그 나라는 이제 민주주의를 향해 나아가고 있다.

DAY 23

hilarious [hilέəriəs] a. 즐거운(pleasant, cheerful), 신나는

발음 [힐에어~] ▶ 운동화 [힐(뒤꿈치=heel)]에 [에어](공기)를 넣고 즐겁고 신나게 텀블링하는 꼬마를 연상해 보세요.

- Its charm is its **hilarious** horse dance moves.
  그것의 매력은 신나는 말 춤 동작이다.
- People all over the world fell in love with the **hilarious** music video.
  전 세계 사람들은 신나는 그 뮤직비디오와 사랑에 빠졌답니다.

jubilation [dʒùːbəléiʃən] n. 환호(exultation), 기쁨(joy, delight)

체리 아이스크림, 펜션, 옷, 교회 성가대, 액세서리에 [주빌레]란 영어가 많이 들어가 있는데 모두 '기쁨'을 나타냅니다.

- AFP said certain Palestinians fired gunshots in the air in an expression of their **jubilation**.
  팔레스타인들은 기쁨의 표시로 하늘에 총기를 발사하기도 했다고 AFP통신은 전했다.

plump [plʌmp] a. 포동포동한, 살이 찐(fleshy)

발음 [플럼프] ▶ 살이 찐 미국 대통령 [트럼프]를 연상하세요.

- I noticed my face becoming more **plump** too.
  나는 내 얼굴이 점점 더 포동포동해지는 것을 알아차렸다.
- People believe that **plump** pigs represent wealth and prosperity.
  사람들은 살찐 돼지를 부와 번영으로 여깁니다.

raze [reiz] v. 지우다, 완전히 파괴하다(demolish)

raze는 erase(v.지우다, 삭제하다)에서 파생된 단어입니다. prise와 prize처럼 se와 ze는 같은 철자입니다.

- In fact, it **razed** everything in the village.
  사실, 그것(토네이도)은 마을에 있는 모든 것을 파괴했다.
- It is said that cleansing helps **raze** the aftershock of an earlier experience that causes negative feelings and thoughts.
  씻는 것은 부정적인 감정이나 생각을 유발하는 이전 경험의 영향을 없애는 데 도움이 된다고 말한다.

politic [pálitik] a. 현명한(judicious, sagacious, wise), 사려 깊은

politic(현명한)한 사람이 politics(정치)를 해야 한다는 것을 알려주고 있습니다.

- Scientists found that **politic** people live longer.
  과학자들은 현명한 사람이 오래 산다는 것을 발견했어.
- It is more **politic** to tell him yourself than let him find out from someone else.
  네가 그에게 직접 말하는 것이 그가 다른 사람을 통해서 알도록 하는 것보다 더 현명해.

matriarch [méitrià:rk] n.여자 가장

matr(어머니=mother)+i+arch(집, 건물)의 결합.
'어머니가 집안을 이끌고 나감=여자 가장'입니다.

- After grandfather died, grandmother became the **matriarch** of our family.
  할아버지가 돌아가신 후 할머니는 우리 집안의 여자 가장이 되었다.

matrimony [mǽtrəmòuni] n.결혼, 결혼생활

matr(어머니=mother)+imony의 결합. '정상적인 어머니가 되는 시작=결혼(marriage), 결혼생활'입니다.

- I have no thoughts of **matrimony** at present.
  나는 지금은 결혼에 관한 생각이 전혀 없어.
- With more immigrants flowing into the nation, more interracial **matrimonies** are happening.
  국내로 더 많은 이민자가 들어옴에 따라, 더 많은 국제결혼이 이뤄지고 있다.

patriarch [péitrià:rk] n.가장, 족장

patr(아버지=father)+i+arch(집, 건물)의 결합. '아버지가 집안을 이끌고 나감=가장, 족장'입니다.

- patriarchal a.가장의, 족장의, 가부장적인
- All men have burdensome duties as a **patriarch**.
  모든 남자는 가장으로서 부담스러운 의무를 갖고 있다.
- The traditional **patriarchal** system has now been weakened.
  전통적인 가부장적 제도는 지금 약해져 있다.

ravenous [rǽvənəs] a.굶주린(starved, famished), 탐욕스러운(greedy)

raven은 까마귀입니다. ravenous raven(굶주린 까마귀)을 기억하세요. 사람이 굶주리면 탐욕스러워지기 때문에 '굶주린'에서 '탐욕스러운'이란 뜻이 파생.

- The lions have not eaten for four days and are **ravenous**.
  그 사자들은 사흘 동안 먹지 않아서 몹시 굶주린 상태이다.
- My child is turning into a **ravenous** monster, and I don't know how to handle it.
  제 애는 탐욕스런 괴물로 변해가고 있어 어떻게 다루어야 할지 모르겠습니다.

cataract [kǽtərækt] n.(안과)백내장, 큰 폭포(cascade), 대홍수(deluge)

cata(아래=down)+ract(돌진하다=dash)의 결합.

많은 강물이 절벽에서 아래로 돌진하는 것이 큰 폭포입니다. 백내장은 수정체 혼탁으로 시야가 흐려지는 질환입니다. 홍수의 흐릿한 흙탕물 때문에 대홍수에서 백내장이란 뜻이 생겨난 듯.

- UV rays can cause sunburn, **cataracts**, and skin cancer.
  자외선은 햇볕 화상, 백내장, 그리고 피부암을 일으킬 수 있습니다.

sidestep [sáidstep] vt. 옆으로 비키다, (책임)회피하다

side(n.옆)+step(v.걷다)의 결합.

'부딪히지 않기 위해 옆으로 걷다=비키다'이고, '책임져야 할 일을 피해 옆으로 걷다=(책임을) 회피하다' 입니다.

- My boss always manages to **sidestep** the issue of salary increase.
  나의 사장은 봉급 인상 문제는 항상 어떻게든 회피하려고 한다.

- It is of no use for North Korea to try to deny or **sidestep** responsibility for what has been exposed to broad daylight.
  북한이 이미 백주에 드러난 일에 대한 책임을 부인하거나 회피하려 해봐도 소용없다.

Day 24

gush [gʌʃ] n.분출(spouting, spurt), 내뿜음 v.분출하다, 내뿜다

발음 [거쉬] ▶ [거=그]놈 [쉬] 한 번 힘차게 내뿜네.

- When it happens, a person feels dizzy from the feeling of an empty head, arising from a fissure on the vessel that **gushes** out blood.
  그것(뇌출혈)이 일어나면 머리가 텅 빈 느낌으로부터 현기증을 느끼고, 혈관이 터지면서 피가 뿜어져 나온다.

- They **gush** an unpleasant odor to protect the seeds from enemies.
  그들은 적들로부터 씨앗을 보호하기 위해 불쾌한 냄새를 내뿜습니다.

vouch [vautʃ] v.보증(보장)하다, 단언하다

vo(목소리=voice)+uch의 결합.

'무엇을 책임지겠다고 목소리를 내다=보증하다(warrant, assure, insure, guarantee)'입니다.

- voucher n.보증인(certifier, reference), 보증서

- I **vouch** that the patient-tailored embryonic stem cells are the technology of the Republic of Korea.
  저는 그 환자 맞춤형 줄기세포가 대한민국의 기술임을 보증합니다.

- What would be next to **vouch** human rights for a prisoner?
  죄수들에게 인권을 보장해 주면 다음에 어떤 일이 일어날까?

courier [kúriə] n.배달원, 택배(회사), (관광)안내원

cour(달리다=cur=run)+i+er(사람)의 결합.

'물건을 갖고, 사람을 데리고 달리는 사람=배달원, 안내원(guide), 택배(delivery)'입니다.

- Many of these **couriers** are breaking traffic laws in order to get to their destination faster.
  많은 배달원이 그들의 목적지에 더 빨리 도착하기 위해 교통법규를 위반하고 있다.

- If drones are commercialized, the demand for **couriers** in specific regions will drop.
  드론이 상용화된다면, 특정 지역의 택배기사들에 대한 수요는 감소할 것이다.

dawdle[dɔ́:dl] v.꾸물거리다(wriggle)

발음 [도들] ▶ [다들] 꾸물거리지 말고 빨리 밖으로 나가!

- Stop **dawdling**! We're going to be late! 꾸물거리지 매! 우리 지각할 거야!

decorous[dékərəs] a.단정한, 예의 바른(decent)

deco(꾸미다=decorate)+rous로 결합. 몸을 단정하게 데코(deco)한 신사를 연상.

- **Decorous** clothes count for much in business.
  사업에서 단정한 복장은 대단히 중요하다.
- I had no idea that it was less **decorous** to put my spoon back into the bowl.
  나는 숟가락을 다시 그릇 안에 놓는 것이 예의 바르지 못한 것이라는 것을 전혀 몰랐다.

hibernate[háibərnèit] vi.(동물)동면하다, 겨울잠을 자다

라틴어로 hibern은 겨울(winter)입니다. '곰처럼 겨울잠을 자는 것=동면'입니다.

- Animals, such as bears, badgers, hamsters and bats, **hibernate** in winter.
  곰, 오소리, 햄스터, 박쥐와 같은 동물들은 겨울에 겨울잠을 잡니다.
- Animals eat a lot of food before they **hibernate** to store up fat.
  동물들은 지방을 저장하기 위해 겨울잠을 자기 전에 많은 음식을 먹습니다.

juncture[dʒʌ́ŋktʃər] n.연결(connection), 시점(단계)(stage)

junct(연결하다=조인트=joint)+ure의 결합.
2개를 연결하는 지점(시점)을 나타냅니다. 접속사(conjunction)는 con(함께)+junct(연결하다)+ion의 결합.

- At this **juncture**, "save the economy" is an empty slogan.
  이 시점에서는, "경제를 살리자"는 말은 공허한 구호이다.

relish[réliʃ] n.맛(flavor) vt.음미하다(taste, savor), 즐기다

re(뒤=back)+lish의 결합으로, 음식을 씹은 뒤에 느끼는 것은 음식의 맛입니다.

- While younger singers focus on beats and rhythms, you can **relish** the melody and lyrics with old songs.
  젊은 가수들은 비트와 리듬에 집중하지만 흘러간 가요의 멜로디와 가사도 즐길 만하다.

bonanza[bənǽnza] n.광맥, (뜻밖의)대박, 횡재(windfall, godsend)

발음 [버낸자] ▶ 홈쇼핑에 [버]섯 요리를 [낸자]가 대박을 터뜨렸다.
금, 은, 철 등 광맥을 발견하는 것은 횡재, 대박이기 때문에 '광맥'에서 '횡재, 대박'이란 뜻이 파생.

- The company went from strength to strength with a business **bonanza**.
  그 회사는 뜻밖의 사업상 대박으로 더욱더 강해졌다.

circumnavigate [sə̀ːrkəmnǽvəgèit] vt.배로 일주하다

circum(원=circle)+navigate(v.항해하다=sail)의 결합.

'배로 한 바퀴 항해하다=일주하다(make a round, go round)'입니다.

- He **circumnavigated** the Australian continent in a 16-foot open boat for the first time.
  그는 최초로 16피트 길이의 돛단배로 호주 대륙을 항해했다.

inviolable [inváiələbəl] a.침범할 수 없는, 불가침의

in(부정=not)+viol(violate=침범하다, 어기다)+able의 결합.

- I personally believe that life is **inviolable**. 나는 개인적으로 생명은 침범할 수 없는 것이라고 생각한다.
- As to the President's **inviolable** right on personnel appointment, he said it was the right entrusted by the voters.
  인사에 대한 대통령의 침범할 수 없는 권한에 대해서, 그는 그것이 국민들이 위임한 권리라고 말했다.

vendible [véndəbəl] a.판매 가능한, 팔리는(salable)

vend(판매인=vendor)+ible의 결합.

'판매인이 팔 수 있는=판매 가능한, 팔리는'입니다. 판매인이란 우리말 대신에 벤더(vendor)란 영어를 흔히 사용합니다.

- Barbie is one of the best **vendible** toy brands in the world.
  바비는 세계에서 가장 잘 팔리는 장난감 브랜드 중 하나이다.
- The supply exceeds the demand, so we should produce **vendible** products.
  공급이 수요를 초과하고 있어 우리는 팔리는 제품을 생산해야 합니다.

jitter [dʒítər] v.덜덜 떨다, 불안해하다 n.불안(anxiety), 긴장(tension)

발음 [쥐터] ▶ 숙제를 안 한 학생이 선생님에게 [쥐 터]질까봐 덜덜 떠는 모습 연상.

- He may have committed errors due to **jitters** in his first game but he must come through in the second.
  그가 첫 게임에서 긴장해서 실수를 했겠지만 두 번째는 해내야 한다.
- I'm enjoying my winter break but getting the **jitters** as I'll soon have to go back to school.
  나는 겨울방학을 즐기고 있지만 곧 학교로 돌아가야 하기 때문에 초조함을 느끼고 있어.

dastard [dǽstərd] n.비겁한 사람, 겁쟁이(coward, wimp, chicken)

발음 [대스터~] ▶ 그는 [대 스타]가 아니라 겁쟁이야.

- He antagonized him by accusing him a **dastard**.
  그는 그를 겁쟁이라고 비난함으로써 그와 적대 관계가 되었다.
- They called me a **dastard** because I would not fight.
  그들은 내가 싸우려 하지 않기 때문에 나를 겁쟁이라고 했다.

earmark [íərmɑ̀ːrk] n.귀 표, 표시 vt.(특정 목적)배정하다, 표시하다

ear(n.귀)+mark(n.표시)의 결합.

양이 마구 섞여 있을 때 소유주를 밝히기 위해 양의 귀에 표시하는 것에서 유래. 무엇을 떼어내어 표시를 하는 것은 그것을 특정 목적에 사용하기 위하여 배정하는 것이지요.

- The money had been **earmarked** for spending on new school buildings.
  그 돈은 새로운 학교 건물 건축비로 배정된 것이었다.
- This year, the company **earmarked** 3.4 trillion won for such operations.
  올해 그 회사는 연구개발을 위해 3조 4,000억원을 배정했다.

hoarse [hɔːrs] a.목쉰, 쉰 목소리의

홀스(hoarse)라는 이름의 사탕이 있는데 목이 쉰 hoarse 상태에 먹으라고 홀스(hoarse)라고 이름을 지은 것입니다.

- My throat is not sore, but I'm a little **hoarse** from a cold.
  목이 아프지는 않지만 감기로 목이 조금 쉬었어요.

jocose [dʒoukóus] a.웃기는(우스꽝스런), 익살맞은(facetious)

발음 [죠코우스] ▶ [죠크]와 [우스]개 소리로 사람을 잘 웃기는 친구를 연상해 보세요.

- It occurred to me that he was deadly serious behind his **jocose** facade.
  그의 우스꽝스런 표정 뒤에 그의 상황이 매우 심각하다는 생각이 문득 들었다.
- People usually pose in front of pictures for **jocose** photos.
  사람들은 보통 우스꽝스런 사진을 찍기 위해 그림들 앞에서 포즈를 취합니다.

polemic [pəlémik, pou-] n.논쟁(argument) a.논쟁을 좋아하는

발음 [펄레믹] ▶ [펠래]가 최고인지 마라도나가 최고인지 하는 논쟁을 연상.

- It was really an insignificant political **polemic**.
  그것은 정말 무의미한 정치적인 논쟁이었다.
- We can often see many **polemics** about plagiarism.
  우리는 표절에 대한 많은 논쟁을 자주 볼 수 있다.

sedative [sédətiv] a.가라앉히는, 진정시키는 n.진정제(안정제)

sed(앉다=sid=sit)+ative의 결합.

'흥분하고 격한 감정을 가라앉히는 약=진정제(tranquilizer)'입니다. 어근 sed는 기본편 참조.

- **sedate** a.침착한(calm), 차분한(마음이 가라앉은)

- This herb has a **sedative** and relaxing effect on people.
  이 약초는 사람들을 진정시키고 긴장을 완화시키는 효과를 갖고 있다.
- Many insomniacs rely on sleeping tablets and other **sedatives** to get rest.
  많은 불면증 환자들은 휴식을 취하기 위해 수면제와 다른 진정제에 의존한다.

disavow [dìsəváu] vt. 부인하다, 부정하다

dis(반대=opposite)+a+vo(목소리=voice)+w의 결합.

'자신이 한 말에 정반대의 목소리를 내다=부인하다(deny, disapprove)'입니다. 처음에 찬성한다고 했다가 나중에 반대의 목소리를 내면 처음에 찬성한다고 한 말을 부인하고, 부정하는 것입니다.

- There is no **disavowing** that scientific developments have revolutionized the whole world.
  과학적 발전이 전 세계에 혁명을 가져온 것에 대해서는 부인할 수 없다.
- She **disavowed** her activities as a spy and claimed her innocence.
  그녀는 스파이 활동을 했다는 것을 부인했고 결백을 주장하였다.

Day 25

by-election [báiilèkʃən] n.보궐 선거

by(옆=beside)+election(n.선거)의 결합.

'본 선거가 끝나고 그 옆 시점에 다시 치르는 선거=보궐 선거'입니다. 국회의원 선거 후 불법행위 등으로 인해 당선 무효가 되는 경우 보궐 선거를 합니다.

- It has been confirmed that a mayoral **by-election** will be held on October 26 to elect the successor.
  후임을 선출하기 위한 시장 보궐선거가 10월 26일에 열릴 것이 공식화되었다.

acupuncture [ǽkjupʌ̀ŋktʃər] n.(한방)침술

ac(이동=ad)+u+punch(찌르다, 찍다)+ure의 결합.

'침을 이동시켜 가며 사람 몸에 침을 찌르는 기술=침술'입니다.

- **Acupuncture** is a form of alternative medicine, using thin needles.
  침술은 가는 바늘을 사용하는 대체 의학의 한 종류입니다.

dermatologist [də̀ːrmətáləd ʒit] n.피부과 의사

dermato(피부=skin)+logist(학자)의 결합.

가려운 피부, 아토피 피부에 바르는 '더마톱'이란 상표의 연고가 있는데, 그리스어로 더마토(dermato)는 skin입니다.

- The **dermatologist** said his skin showed signs of an allergic reaction.
  그 피부과 전문의는 그의 피부가 알레르기 반응을 나타내는 것이라고 말했다.

din [din] n.소음(noise) vt.(소음으로)시끄럽게 하다

발음 [딘] ▶ 래퍼 [딘]딘이 **시끄럽게** 노래하는 모습을 연상.

- There was such a **din** that I didn't hear the phone.
  너무 시끄러운 소리가 있어 전화를 받지 못했어.
- I am living far from the **din** of the city.
  나는 도시 소음에서 떠나서 살고 있다.

hermitage [hə́ːrmitidʒ] n.은둔처, 암자, 외딴집

her(붙어 있다=adhere)+mit(보내다=send)+age의 결합.

'자신의 몸을 보내 붙여 놓는 외딴 장소=은둔처(shelter)'입니다.

- A **hermitage** is a place where a religious person lives on their own, apart from the rest of society.
  은신처는 종교인이 사회의 다른 사람들로부터 떨어져 혼자 살아가는 곳이다.

jurisdiction [dʒùərisdíkʃən] n.재판권, 관할권

ju(재판관=judge)+ris+dict(말하다=say)+ion의 결합.

'재판관이 간섭받지 않고 독립적으로 말할 수 있는 권한=재판권, 관할권'입니다.

- The juvenile court has exclusive **jurisdiction** over children under 18 years of age.
  청소년 재판소는 18세 이하의 아이들에 관한 독점적 관할권을 갖고 있어요.

pliant [pláiənt] a.(몸, 마음)유연한, 순종적인

pli(구부리다, 접다=fold)+ant의 결합.

'몸과 마음이 잘 구부러지는=유연한'입니다. 어근 pli는 기본편 참조.

- A newborn **pliant** has flexible cartilage and bones that are interconnected by 300 parts.
  갓 태어난 아기는 유연한 연골과 300개가 서로 연결된 뼈를 가지고 있습니다.
- He was deposed and replaced by a more **pliant** successor.
  그는 해임되고 더 순종적인 후임자로 대체되었다.

rife [raif] a.가득 찬(full, prevalent, infested), 만연한

우리의 life(삶)은 즐거운 일보다 힘겹고 슬픈 일로 rife(가득 차)해 있습니다.

- The city **is rife with** homeless people who sleep on the streets.
  그 도시는 길에서 잠자는 노숙자로 가득하다.
- That history **is rife with** bizarre coincidences and happenings is no surprise.
  역사가 특이한 우연과 사건들로 가득하다는 것은 놀랄 일이 아니다.

vicarious [vaikɛ́əriəs] a.대리(직)의(substitute), 대신하는

발음 [바이케어리어스] ▶ 아내와 [바이]하고 자식 [케어-돌봄]을 아내 대신 하는 남편 연상.

- They prefer to get **vicarious** satisfaction from watching TV dramas or films.
  그들은 TV 드라마나 영화 감상에서 대리 만족하기를 더 좋아한다.
- I got **vicarious** pleasure from hearing about their trip.
  나는 그들의 여행에 관해 듣는 것에서 대리 기쁨(만족)을 느꼈다.

coalesce [kòuəlés] vi.연합(합동, 합작, 합체)하다

co(함께=with)+alesce(자라다=grow)의 결합.

'서로 함께 성장하기 위하여 합치다=연합(combine, unite), 합동, 합작(collaborate), 합체하다'입니다.

- These Christian kingdoms gradually **coalesced into** the Kingdom of England.
  기독교 왕국이었던 이들은 점차 영국 왕국으로 연합하였다.
- The sound they heard on nowhere had **coalesced into** classic music.
  그들이 어디에서도 들어보지 못했던 소리는 합체되어 클래식 음악이 되었다.

germicide [dʒə́ːrməsàid] n.살균제 a.살균력이 있는

germ(n.세균)+i+cide(죽이다=kill)의 결합.

'세균을 죽이는 약=살균제(disinfectant, bactericide)'입니다.

- Teachers wiped student desks with **germicide** before and after class every day.
  교사들은 매일 수업 전후 살균제로 학생들의 책상을 닦았다.

herbicide [hə́ːrbəsàid] n.제초제

herb(n.풀, 약초, 허브)+i+cide(죽이다=kill)의 결합.

'풀을 죽이는 약=제초제(weedicide, a weed killer)'입니다.

- We do not use any pesticides, **herbicides**, or genetically modified seeds.
  우리는 어떠한 살충제나 제초제, 혹은 유전적으로 조작된 씨앗을 사용하지 않아요.

insecticide [inséktəsàid] n.살충제(pesticide)

insect(n.곤충)+i+cide(죽이다=kill)의 결합.

'곤충을 죽이는 약=살충제(pesticide)'입니다. pesticide(살충제)는 pest(곤충)+i+cide(죽이다=kill)의 결합입니다.

- You have to use **insecticide** to exterminate roaches.
  바퀴벌레를 박멸하기 위해서는 살충제를 사용해야 한다.

plummet [plʌ́mit] vi.수직으로 떨어지다, 폭락(급락, 곤두박질)하다

발음 [플러밋] ▶ 안전벨트가 [풀려] [밑]으로 수직으로 떨어지는 건물 외벽 청소원의 모습 연상. 가격이 수직으로 떨어지는 것은 폭락하는 것이죠.

- So you are saying that our stock is going to **plummet** next month?
  그래서 당신의 말은 우리의 주식이 다음 달에 폭락할 거라는 건가요?

chronology [krənálədʒi] n.연대학, 연대기(a chronicle, annals)

chron(시간=time)+o+logy(학문)의 결합.

'흘러온 시간 순서(기록)대로 연구하는 학문=연대학'입니다.

- chronological a.연대순의 • chronologically ad.연대순으로
- **Chronological** records offer a simple and convenient way to study history by putting events in the order as they happened.
  연대기적 기록은 사건이 일어난 순서대로 사건을 놓음으로써 역사를 연구하기 위한 단순하고 편리한 방법을 제공합니다.

anachronism [ənǽkrənìzəm] n.시대착오적인 사람(사고, 것), 날짜의 오기(誤記)

an(부정=not)+a+chron(시간=time)+ism의 결합.

'현대라는 시간에 살고 있지 않는 사람=시대착오적인 사람(사고)'입니다.

- His ideas are nothing but an **anachronism**.
  그의 생각은 시대착오에 지나지 않는다.
- In the world of Internet age, radio looks as an **anachronism**.
  인터넷 시대에 라디오는 시대착오적인 것으로 보인다.

scrutinize [skrú:tənàiz] v.자세하게 조사(검토)하다

scrut(자르다=cut)+in(안으로)+ize(동접)의 결합.

'해부하듯이 안으로 잘라 들어가며 보다=자세하게 조사하다(look into, inspect)'입니다. scrutinize처럼 밑줄 치면 안으로 cut in 해 들어가며 조사하는 모습을 떠올릴 수 있습니다.

- I'll **scrutinize** your suggestion and call you in a few days.
  당신 제안을 자세히 검토하고 며칠 후에 연락드리겠습니다.
- She **scrutinized** the decision again because she had it on her conscience.
  그녀는 양심에 걸려서 그 결정을 다시 자세히 검토했다.

scrupulous [skrú:pjələs] a.양심적인(conscientious), 신중한, 꼼꼼한(meticulous)

scrupul(양심=scruple)+ous(형접)의 결합.

양심적인 사람은 타인에게 피해를 주지 않기 위해 신중하고, 꼼꼼하게 일처리를 하는 경향이 있기 때문에 '양심적인'에서 '신중한, 꼼꼼한'이란 뜻이 파생.

- scruple n.윤리관, 양심 v.(양심의 가책으로)주저하다, 망설이다
- His reputation as a **scrupulous** judge makes people trust him.
  양심적인 재판관이라는 그의 명성은 사람들이 그를 신뢰하게 만든다.
- He's very **scrupulous** about the way he does things.
  그는 일을 하는 방식에 대해 매우 꼼꼼하다.

fracas[fréikəs] n.싸움, 소동

frac(깨다, 깨지다=break)+as의 결합.

'논쟁하다가 물건을 집어 던지고 깨는 것=싸움(fight), 소동(disturbance)'입니다.

- During factional **fracas**, his father lost his life at the age of 40.
  파벌 싸움 중에, 그의 아버지는 40세의 나이에 목숨을 잃었다.
- Parents' **fracas** can form children's cognitive and behavioral responses.
  부모의 싸움은 아동들의 인지적, 행동적 반응을 형성할 수 있다.

denomination[dinὰmənéiʃən] n.명칭, 화폐단위, (종교)종파

de(아래=down)+nomin(이름=name)+ation(명접)의 결합.

'어떤 사물에 이름을 내려 붙인 것=명칭(name, title)'입니다. 돈에 원, 엔, 달러와 같은 이름을 내려 붙이면 화폐 단위가 되고, 종교에 장로교, 침례교, 감리교와 같은 이름을 내려 붙이면 종파가 됩니다.

- The recent cases have shown that the highest **denomination** note has been widely used for criminal purposes.
  최근 일어난 사건은 고액권이 범죄 목적으로 널리 사용되어 온 것을 보여준다.
- Christians of all **denominations** attended the conference.
  모든 종파의 기독교도들이 그 집회에 참석했다.

Day 26

dupe [djuːp] vt. 속이다(trick, cheat, fool, deceive), 사기 치다

발음 [듀프] ▶ [두]유로 만든 스[프]를 진짜라고 **속이다**.

- A crucial part of this case study was that the teachers were **duped** too.
  이 실험에서 중요한 것은 선생님들도 속았다는 점이에요.
- Many have been **duped** by false promises of a good education, a better job.
  많은 사람이 좋은 교육이나 더 나은 일자리에 대한 거짓 약속에 속아왔습니다.

ardor [áːrdər] n. 열정, 열의(passion)

발음 [아더] ▶ 앵글로 색슨족의 침입을 막으려는 킹 [아더]의 열정을 연상.

- ardent a. 열심힌, 열렬한(fiery, fervent, passionate)
- He criticized them for lack of revolutionary **ardor**.
  그는 혁명적인 열정 부족으로 그들을 비난했다.
- Foreigners' **ardor** in learning Hangul is creating quite a new trend.
  한글을 배우는 외국인들의 열정은 아주 새로운 트렌드를 만들고 있다.

prognosticate [prɑgnástikèit] v. 예언하다, 예측하다

pro(앞, 이전=before)+gno(알다=no=know)+sticate의 결합.
'앞으로 일어날 일을 알고 말하다=예언하다(foretell, forecast, predict)'입니다.

- The best way to **prognosticate** the future is to invent it.
  미래를 예측하는 최고의 방법은 미래를 창조하는 것이다.
- A meteorologist is a person who studies the earth's atmosphere to **prognosticate** weather conditions.
  기상학자는 기상 상태를 예측하기 위해 지구의 대기를 연구하는 사람이다.

physiognomy [fiziágnəmi] n. 관상(학), 골상학

physi(육체=physical)+o+gn(알다=no=know)+omy의 결합.
'골격과 얼굴 모습만 보고 사람의 미래에 대해 아는 것=관상'입니다.

- Can you tell fortunes by a person's **physiognomy**?
  사람의 관상으로 운명을 말할 수 있나요?

credence [krí:dəns] n.믿음(belief), 신뢰

cred(신용=credit)+ence(명접)의 결합.

'사람을 신용하는 바탕이 되는 것=믿음, 신뢰(trust, reliance)'입니다.

- Alternative medicine has been gaining **credence** recently.
  최근 들어 대체 의학이 (사람들의) 신뢰를 얻어 가고 있다.

- A little more **credence** and a little more love can make friends feel closer.
  믿음과 사랑을 조금만 더 가지면 친구와 더 가까워질 수 있어.

herbivore [hə́:rbəvɔ̀:r] n.초식 동물

herb(n.풀, 허브=grass)+i+vo(목=voice)+re의 결합.

'풀을 목으로 넘기는 동물=초식동물'입니다.

- They were **herbivores**, so they ate only leaves and plants.
  그들은 초식동물이었기 때문에 나뭇잎과 식물들만 먹었다.

kleptomaniac [klèptəméiniæk] a.도벽이 있는 n.병적 도벽(자)

klep(훔치다=steal)+pto+maniac(미친, 매니아)의 결합.

'물건 훔치는 것에 미쳐 있는=도벽이 있는'입니다.

- He is always stealing things. I think he has **kleptomaniac**.
  그는 항상 무언가를 훔친다. 내 생각에 그는 도벽이 있다.

plenary [plí:nəri] a.전원 출석의(전체의)

ple(fill=가득 채우다)+nary의 결합.

'모두 출석하여 자리가 가득 찬=전원 출석의, 완전한'입니다. 어근 ple는 기본편 참조.

- The exact amount is up in the air and through **plenary** meetings, it will be fixed.
  정확한 총액은 미정이고 전체 회의를 통해서 그것이 결정될 것입니다.

ruminate [rú:mənèit] v.반추하다, 곰곰이 생각하다(contemplate, ponder)

ru(다시=re=again)+min(작은=mini)+ate(동접)로 결합.

소가 풀을 먹고 위에 있는 풀을 다시 꺼내 씹어 잘게 만드는 것은 반추하는 것이고, 사람이 소처럼 반추하는 것은 심사숙고하는 것입니다.

- I **ruminated** a long time before agreeing to marry her.
  나는 그녀와 결혼하는 데 동의하기 전에 오랫동안 심사숙고했다.

- We are not sure how to react to their proposal and need more time to **ruminate** our options.
  그들의 제안에 어떻게 반응해야 할지 확신이 서지 않아 선택 사항들을 숙고할 시간이 더 필요합니다.

commissary [kámɪsèri] n.(군대, 광산 등)매점, (촬영소, 공장)식당

com(함께=with)+miss(보내다=send)+ary의 결합.

'군인이나 광부가 필요한 물건을 사기 위해 자신을 보내는 곳=매점'입니다.

- We don't have a **commissary** in our factory. 우리 공장에는 식당이 없습니다.

compendium [kəmpéndiəm] n.개론, 개요, 요약

com(함께=with)+pend(매달다=hang)+ium의 결합.

'핵심적인 것만 함께 모아 매달아 놓은 것=개요(outline, summary, synopsis), 요약'입니다. 어근 pend는 기본편 참조.

- This can serve as a **compendium** of the tremendous amount of new material being developed in this field.
  이것은 이 분야에서 개발되고 있는 엄청난 양의 새로운 자료들의 개론으로 이용될 수 있다.

contestant [kəntéstənt] n.경쟁자, 경쟁 상대

contest(v.겨루다, 논쟁하다)+ant(사람)의 결합.

'우열을 가르기 위해 자신과 경쟁하는 사람=경쟁자(competitor, rival)'입니다.

- The **contestants** showed off their aptitudes by singing, dancing, and acting on stage.
  경쟁자들은 무대에서 노래, 춤, 연기로 자신의 능력을 뽐냈습니다.
- Buying off a **contestant** candidate is definitely an act that must be punished by law.
  경쟁 후보를 매수하는 것은 분명히 법으로 처벌 받아야 할 행동이다.

unpretending [ʌnpriténdiŋ] a.허세부리지 않는, 겸손한

un(부정=not)+pretend(v.~인 척하다)+ing의 결합.

'~인 척하지 않는=겸손한(modest, humble, unobtrusive, unpresuming, unassuming)'입니다.

- His **unpretending** attitude gained her favor.
  그의 허세부리지 않는 겸손한 태도는 그녀의 호감을 샀다.
- According to their family members, she is **unpretending** and is not seeking excessive media exposure.
  가족의 말에 따르면 그녀는 겸손하고 언론에 과도하게 노출되는 것을 원치 않는다고 합니다.

snob [snɑb] n.속물

발음 [스납] ▶ 아부하기 위한 선물을 [수납]장에 갖고 있는 사람은 속물입니다.
주로 지위나 재산만을 존중하여 윗사람에게 아첨하고 아랫사람에게 교만한 사람을 의미합니다.

- Why are there so many upper class **snobs** in New York?
  뉴욕에는 왜 그렇게 상류층 속물들이 많아요?
- One of the reasons why we might be suffering is that we are surrounded by **snobs**.
  우리가 고통받고 있을지 모르는 이유 중 하나는 우리가 속물들에 둘러싸여 있다는 것입니다.

rue [ruː] v.한탄하다, 후회하다(repent, regret)

발음 [루-] ▶ 투수가 던진 공이 빠졌는데 2[루]로 뛰지 않은 것을 후회하는 야구선수를 연상.

- I really **rue** spending a lazy and unorganized winter break.
  나는 게으르고, 무계획적으로 겨울 방학 보낸 것을 정말 후회해.

- Those who take too many risks may come to **rue** their decisions.
  너무 많은 위험을 무릅쓰는 사람들은 그들의 결정을 후회할 수도 있다.

stupendous [stjuːpéndəs] a.엄청난, 굉장한, 거대한

stup(바보 같은, 어리석은=stupid)+end+ous의 결합.

바보 같은 사람이 엄청난(splendid, magnificent, wonderful, excellent, marvelous) 일을 해낸 것에서 유래.

- There has never been so **stupendous** an advance in so short a time.
  그렇게 짧은 시간 내에 그렇게 엄청난 발전을 한 적은 없었다.

- Having nothing to start with, he has made a **stupendous** fortune.
  그는 맨주먹으로 시작해서 엄청난 재산을 모았다.

postulate [pástʃəlèit] vt.가정하다(suppose, assume, presume) n.가정

post(n.기둥, 말뚝)+ulate의 결합.

'확신이 없을 때 무엇이 무엇이라고 기둥을 세우는 것=가정(supposition, assumption)'입니다.

- Scientists **postulate** several theories if they are not completely sure about something.
  과학자들은 어떤 것에 대해 완전히 확신하지 않는 경우 몇 가지 이론을 가정한다.

- **Postulate** a great earthquake occurred right now. What would you do first?
  지금 당장 대지진이 일어난다고 가정해 보세요. 먼저 무엇을 하겠습니까?

blister [blístər] n.물집, 기포 v.물집이 생기다

발음 [블이스터] ▶ 신년 해돋이 보러 [불]이 나게 [이스트=동쪽]로 달렸더니 발에 [물집]이 잡혔다.

- He is covered with many red spots and **blisters**.
  그는 온몸이 붉은 반점과 물집으로 가득해요.

pedigree [pédəgrìː] n.족보, 혈통, 가문

ped(발=foot)+i+gree의 결합.

'조상들의 발자취를 기록한 것=족보(genealogy), 혈통, 가문'입니다. 어근 ped는 기본편 참조.

- Some dogs also have a **pedigree** like a person.
  몇몇 개들은 역시 인간처럼 족보를 가지고 있다.

- He is always proud of his long **pedigree**.
  그는 항상 자신의 오래된 가문을 자랑스러워한다.

repudiate [ripjúːdièit] vt. 거절(거부)하다, 부인하다

re(뒤=back)+pud(발=ped=foot)+iate의 결합.

'들어온 제안을 발로 뒤로 차 버리다=거절하다(decline, dismiss, refuse, turn down)'입니다.

- repudiation n.거절, 거부, 부인 • repudiate a suggestion 제안을 거절(거부)하다
- The informant **repudiated** to reveal his name for certain reason.
  그 제보자는 어떤 이유로 자신의 이름 밝히기를 거부했다.
- Journalists often **repudiate** to disclose the sources of their information.
  언론인들은 종종 정보의 출처를 밝히기를 거부한다.

Day 27

modulate[mǽdʒəlèit] v.조절(조정)하다(regulate, adjust)

발음 [마즐레이트] ▶ 의견이 [마즐=맞을] 때까지 **조정하다**.

- The elected committee will meet yearly to **modulate** the budget policy.
  선출된 위원들은 예산 정책을 조정하기 위해 매년 모임을 가질 것이다.

audacious[ɔːdéiʃəs] a.대담한, 용감한(bold, brave, daring)

발음 [오데이셔스] ▶ 길거리에서 양아치와 부딪혀 [어]깨가 [데이셨으]니 사과하라고 요구하는 **용감한** 사람을 떠올려 보세요.

- The **audacious** celebrities will travel 110 kilometers above the Earth in a special spaceship.
  이 용감한 유명인들은 특별한 우주선을 타고 지구 위 110km 상공을 여행할 것이다.

- Her **audacious** behavior often attracts attention.
  그녀의 대담한 행동은 종종 사람들의 관심을 끈다.

heinous[héinəs] a.사악한, 흉악한(wicked, heinous, fiendish, atrocious, brutal, crude)

발음 [헤이너스] ▶ '[헤이] [너] 거기 [서]'라고 말하며 길가는 사람에게 무차별 폭행을 가하는 **흉악**범 연상.

- The truth is most **heinous** crimes often occur in the heat of the moment, with no consideration for legal repercussions.
  가장 흉악한 범죄는 법적으로 어떠한 영향을 받을지에 대한 고려 없이 종종 순간적인 감정으로 일어나는 것이 사실이다.

labyrinth[lǽbərinθ] n.미궁, 미로(maze)

라비린토스(labyrinth)는 그리스신화에 나오는 빠져나올 수 없는 미궁(迷宮)입니다. Crete 섬의 Minos 왕이 Minotaur를 감금하기 위하여 Daedalus에게 만들게 한 궁궐입니다.

- Finally through a **labyrinth** of corridors she found his office.
  마침내 미로 같은 복도를 지나 그녀는 그의 사무실을 찾아냈다.

- While walking around the **labyrinth**-like bookshelves, you can read and enjoy many books.
  미로와 같은 책장을 걸어 다니면서, 여러분은 많은 책을 읽고 즐길 수 있습니다.

rapport [ræpɔ́ːr] n.(친밀한)관계

r(계속=re=again)+ap(이동=ad)+port(n.항구)의 결합.

'계속 함께 항구에 가는 사이=(친밀한)관계(relationship)'입니다. 런던, 뉴욕, 인천, 부산은 항구도시입니다. 항구 도시에는 일거리도 많고 볼거리도 많지요. 항구 도시에 계속 함께 오고 가는 사람은 친밀한 관계에 있는 사람이죠.

- How can a human have this intimate **rapport** with wolves?
  어떻게 인간이 늑대와 이러한 친밀한 관계를 가질 수 있을까?
- The top soccer coach has a really strong **rapport** with the players.
  그 축구 감독은 선수들과 정말 강한 친밀한 관계를 갖고 있다.

importune [ìmpərtjúːn] v.성가시게 조르다

im(안으로=in)+port(n.항구)+une의 결합.

'항구 도시로 가자고 계속 말하다=성가시게 조르다'입니다. 항구 도시로 가자고 계속 말하는 것은 촌놈 서울 구경 가자고 조르는 것과 같습니다. '서울 가요 아빠'라고 계속 말하면 '성가시게 졸라대지 마'라고 합니다.

- The daughter **importuned** me for a doll.
  딸은 인형을 달라고 성가시게 졸라댔다.
- He **importuned** me to grant his request.
  그는 자신의 요구를 허락해 달라고 나에게 성가시게 졸라댔다.

covetous [kʌ́vətəs] a.탐욕스런(avaricious, greedy)

발음 [커버터스] ▶ 빵, [커]피, [버터]를 혼자 다 먹으려는 **탐욕스러운** 사람을 떠올려 보세요.

- China is casting **covetous** looks at strategic sites far from its shores.
  중국은 해안에서 멀리 떨어진 전략 기지에 탐욕스런 시선을 던지고 있다.
- He looked at it with **covetous** eyes.
  그는 탐욕스런 눈으로 그것을 쳐다보았다.

dogmatic [dɔgmǽtik] a.독단적인

dogma(n.교리, 신조)+tic의 결합.

'자기 교리, 자기 신조대로 행동하는=독단적인(arbitrary)'입니다. 다른 사람의 의견을 무시하고 자기가 갖고 있는 교리와 신조대로 행동하면 독단적인 행위입니다.

- dogma[dɔ́gmə] n.교리(doctrine), 신조(creed)
- He was criticized by those around him for being **dogmatic**.
  그는 독단적인 행동으로 주위 사람들에게 비난을 받았다.
- Many turned against her because of corruption scandals, high inflation, and her **dogmatic** decisions.
  많은 사람은 비리 의혹, 높은 물가 상승률, 그리고 그녀의 독단적인 결정력 때문에 그녀에게 등을 돌렸다.

plaudit [plɔ́ːdət] n.박수갈채, 찬사(eulogy, praise, compliment)

plaud(박수갈채=applause)+it의 결합.

plaudit와 동의어 applause를 함께 기억하세요.

- applause [əplɔ́ːz] n.박수갈채, 찬사
- The movie has won **plaudits** from the critics.
  그 영화는 평론가들로부터 갈채를 받았다.
- He won **plaudits** for his hard work to raise awareness of climate change.
  그는 기후 변화에 대한 인식을 높이기 위해 열심히 노력한 것으로 찬사를 받았다.

rustic [rʌ́stik] a.시골의(rural), 소박한, 검소한(frugal, thrifty, austere)

rust(녹, 녹슬다)+ic로 결합하여, 녹슨 철제 의자를 사용하는 소박한 사람 연상.

- He just owns a **rustic** farm with two horses, a dog, and his wife.
  그는 말 두 마리, 강아지 한 마리, 그리고 그의 아내와 함께 시골 농장만 갖고 있다.
- The older wines taste more **rustic** than the younger wines.
  숙성된 와인이 숙성되지 않은 와인보다 더 소박한 맛이 난다.

countersign [káuntərsàin] n.암호(password)

counter(반대=opposite)+sign(n.신호)의 결합.

'서로가 같은 편임을 알 수 있도록 반대편에서 보내는 응답 신호=암호'입니다. 암호를 메뚜기와 꼴뚜기로 정하면 '메뚜기'라고 했을 때 반대편에서 '꼴뚜기'라는 암호를 대지 못하면 적군인 것이죠.

- Remember the sign and **countersign** needed to open the door.
  문을 여는데 필요한 암호를 기억하라.
- Make your **countersigns** at least 16 characters long with numbers and symbols.
  숫자와 기호를 넣은 최소 16자 길이의 암호를 만들어라.

debacle [dibáːkl] n.붕괴, 와해, 대실패

de(분리=off)+bacle(막대기=stick)의 결합.

'건물 막대기(기둥)를 분리시키면 일어나는 것=붕괴(collapse, breakdown, crumbling, fall)'입니다.

- The **debacle** of the maintenance of public order can cause anarchy.
  공공질서 유지의 와해는 무정부 상태를 초래할 수 있다.
- Many people are concerned that recent problems in Europe could lead to another economic **debacle**.
  많은 사람은 유럽의 최근 문제가 또 다른 경제 붕괴로 이어질 수도 있음을 걱정한다.

noxious [nɔ́kʃəs] a.유독한, 해로운(harmful, injurious), 불건전한

nox(해=harm)+ious의 결합.

어근 nox는 harm이란 뜻으로 발음이 [녹]입니다. 녹슨 못에 찔리면 파상풍에 걸려서 죽을 수 있기 때문에 [녹]은 해로운 것입니다.

- He inhaled too much **noxious** gas from briquettes and died.
  그는 연탄에서 나오는 유독 가스를 너무 많이 마셔서 사망했다.
- Wear a mask to protect yourself from the **noxious** dust.
  해로운 먼지로부터 여러분을 보호하기 위해 마스크를 쓰세요.

---

unmindful [ʌnmáindfəl] a.부주의한(incautious), 무관심한(regardless)

un(부정=not)+mindful(a.주의 깊은=careful)의 결합.

- When you are a minority, a small **unmindful** comment can leave a scar.
  당신이 소수일 때 작은 부주의한 말 한마디가 (타인에게) 상처를 남길 수 있다.
- He is **unmindful** of other people's feelings.
  그는 남의 기분에는 무관심하다.

---

pernicious [pəːrníʃəs] a.치명적인, 유해한(noxious, poisonous)

발음 [퍼니셔~] ▶ [편히 셔]도 낫지 않는 병은 인체에 치명적인 병입니다.

- pernicious anemia 악성 빈혈
- He has recently been diagnosed with a **pernicious** disease, which has a low survival rate.
  그는 최근에 불치병(치명적인 병) 진단을 받았는데, 그 병은 생존율이 낮다.

---

tenor [ténəːr] n.(음악)테너, 취지(요지), 방침(방향)

- What is the **tenor** of his email? How is it working out?
  그의 메일의 요점(취지) 뭘까? 어떻게 진행되고 있지?

---

liken [láikən] vt.~에 비유하다(compare)

like(~와 같은)+en(동접)의 결합. 무엇을 무엇과 같다고 말하는 것은 비유하는 것입니다.

- Life is often **likened** to a journey on a long road. 인생은 종종 먼 길을 가는 여행에 비유된다.
- Some people have **likened** the Jindo dogs' spirit **to** that of the Koreans'.
  어떤 사람들은 진돗개의 정신을 한국인의 정신에 비유해왔다.

unplug[ʌnplʎg] vt.~의 마개(플러그)를 뽑다

un(부정, 반대=not)+plug(마개, 플러그, 마개를 막다)의 결합.

마개를 막는 행동의 반대는 막은 마개를 뽑는 것입니다.

- **Unplug** televisions and computers when you finish using them.
  텔레비전과 컴퓨터 사용이 끝나면, 플러그를 뽑아주세요.

---

comport[kəmpɔ́ːrt] vt.행동하다 vi.어울리다, 일치하다

com(함께=with)+port(n.항구)의 결합.

'항구에서 동료들과 함께 일하다=행동하다(behave), 어울리다'입니다. 뱃사람이 항구에서 동료들과 함께 어울리고 행동한다는 의미. comport oneself(행동하다) 구조로 사용하며 문어체 단어. port(항구)를 기억하면 철자가 비슷한 comfort(위로하다)와 쉽게 구분할 수 있습니다.

- He always **comports himself** with dignity in any situation.
  그는 매사에 항상 위엄 있게 행동한다. vt.

- Your behavior does not **comport with** your status.
  당신의 행동은 당신의 신분에 어울리지 않습니다. vi.

Day 28

dolorous[dálərəs] a.슬픈(sad), 비통한

발음 [달어러스] ▶ 북한을 탈출하던 [딸]이 [어러스=얼어서] 죽어 슬픈.
문어체 단어이고 한정 용법으로만 사용.

- She is so touched by the **dolorous** film that she is crying.
  그녀는 슬픈 영화에 너무 감동해서 울고 있다.
- It's **dolorous** there are only 800 mountain gorillas in the world now.
  지금 전 세계에 단지 800마리의 산 고릴라가 남아있다는 것은 슬픈 일입니다.

hefty[héfti] a.무거운(heavy, weighty), (신체)건장한, 막대한

발음 [헤프티] ▶ 건장한 사내도 [헬프-help]를 요청하는 무거운 짐을 연상.

- She was quite a **hefty** woman. 그녀는 몸집이 아주 건장한 여자였다.
- Being caught a third time will incur a **hefty** fine of $100.
  세 번째로 걸렸을 때는 100달러라는 막대한 벌금을 물게 됩니다.

tortuous[tɔ́ːrtʃuəs] a.(길)구불구불한, 굴곡진, 뒤틀린

tort(뒤틀다, 휘감다=twist)+uous의 결합.

'똑바른 길을 뒤틀어 놓은=구불구불한, 굴곡진, 뒤틀린'입니다. torturous(고통스러운)와 tortuous(구불구불한)는 철자가 유사합니다. torturous의 철자 r에서 낫이나 갈고리 모양의 고문 도구를 떠올리면 고통의 어감을 떠올릴 수 있습니다.

- The only road access is a **tortuous** mountain route. 유일한 접근 도로는 구불구불한 산길뿐이다.
- Kim lived a **tortuous** life until becoming President.
  김대중 대통령은 대통령이 되기 전까지 아주 굴곡진(순탄치 않은) 삶을 살았다.

torrent[tɔ́ːrənt] n.급류, (질문)연발, (감정)분출

tor(뒤틀다, 휘감다=tort=twist)+ren(달리다=run)+t의 결합.

'나무, 집, 다리 등을 뒤틀고 휘감으며 달리는 물=급류(a swift current)'입니다.

- The bridge has disappeared by the **torrent**. 그 다리는 급류로 사라졌다.
- They asked a **torrent** of questions about the issue.
  그들은 그 문제에 관해 연발의 질문을 했다.

evince [ivíns] vt. 분명히 밝히다, 명시하다

e(밖으로=ex=out)+vinc(승리하다=victory)+e의 결합.

'승리한 감정을 밖으로 표현하다=분명히 밝히다(clarify)'입니다.

- You should **evince** the dubious money deal and other allegations.
  당신은 의심스러운 돈 거래와 다른 의혹에 대해 명백히 밝혀야 합니다.

- The witness's testimony will **evince** your innocence.
  그 목격자의 증언은 당신의 무죄를 분명하게 밝혀줄 것입니다.

corpulent [kɔ́ːrpjələnt] a. 살찐(fat), 비만인(obese)

corpu(신체=corpus)+lent의 결합으로, '뚱뚱한 신체'에서 '살찐, 비만인'이란 의미가 파생.

- corpus [kɔ́ːrpəs] n. 신체(body)

- He was a short and **corpulent** person.
  그는 키 작고 비만인 사람이었다.

- Littering makes streets dirty because there are lots of **corpulent** street animals.
  살찐 많은 길거리 동물이 있기 때문에 쓰레기를 버리는 것은 거리를 더럽게 만든다.

unrelenting [ʌ̀nriléntiŋ] a. 무자비한, 가차 없는, 꾸준한

un(부정=not)+relent(가엾게 여기다, 누그러지다)+ing의 결합.

'조금도 가엾게 여기지 않는=무자비한(merciless, cruel, ruthless, pitiless, heartless)'이고, '조금도 누그러짐이 없는=꾸준한(steady, persistent)'입니다.

- relent [rilént] vi. 가엾게 여기다, 누그러지다

- The army was **unrelenting** in its attacks on the enemy.
  그 군대는 적을 공격함에 있어서 무자비했다.

- One of the biggest challenges facing digital entertainment creators is the **unrelenting** pressure to continually raise the originality.
  디지털 엔터테인먼트 컨텐츠 제작자들이 직면하는 가장 큰 문제 중 하나는 끊임없이 창의성을 높여야 한다는 꾸준한 부담감입니다.

plaintive [pléintiv] a. 구슬픈(mournful, pensive, moanful), 애처로운

발음 [플레인티브] ▶ 요[플레]란 상품을 개발하고 [인(센)티브]를 받지 못한 애처로운 연구원을 연상.

- a plaintive old popsong 흘러간 구슬픈 대중가요

- The dove has a **plaintive** and melancholy cry.
  비둘기는 구슬프고 우울한 울음소리를 갖고 있다.

- I feel **plaintive** for her when she cries out in despair.
  그녀가 절망감에 절규할 때 나는 애처로움을 느낀다.

sacrilegious [sækrəlídʒəs] a.(신성)모독의

sacri(신성한=sacred)+leg(옮기다=carry)+ious의 결합.

'신이 갖고 있는 신성함을 가져가 버리는=신성모독의(blasphemous)'입니다.

- Harming these animals is considering **sacrilegious**.
  이러한 동물들을 해치는 것은 신성모독으로 간주하고 있다.
- The book, titled "The Satanic Verses," was considered **sacrilegious** by Muslims.
  "악마의 시"라는 제목의 이 책은 이슬람교도들에 의해 신성 모독으로 간주되었다.

counterbalance [kàuntərbǽləns] vt.균형을 맞추다, (효과)상쇄하다 n.평형추

counter(반대=opposite)+balance(n.균형)의 결합.

'균형을 맞추기 위해 반대편에 매다는 것=평형추'입니다. 놀이터에는 시소가 있습니다. 시소의 반대편에 앉는 것은 나와 균형을 맞추는 것입니다.

- This was soon **counterbalanced** by the United States' entry into the war in 1917.
  1917년에 미국이 전쟁에 참여함으로써 곧 균형이 맞춰지게 되었다.
- The accused's right to silence was a vital **counterbalance** to the powers of the police.
  피의자의 묵비권은 경찰 권력에 맞서 균형을 잡아 주는 대단히 중요한 것이다.

dichotomy [daikátəmi] n.양분, 이분(법)

di(둘=two)+cho+tom(자르다=cut)+y의 결합.

'하나를 둘로 자르는 것=양분(이분)(bisection)'입니다. 어근 tom은 기본편 참조.

- A false **dichotomy** occurs when someone believes that there are only two possible choices when there are, in fact, others available.
  잘못된 이분법은 누군가가 다른 가능한 선택권이 있음에도 두 가지 선택권만이 존재한다고 믿을 때 나타난다.

eligible [élidʒəbəl] a.적격의(qualified), 적임의, 자격 있는

발음 [엘리져블] ▶ 네 실력은 '[엘리제]를 위하여'라는 피아노곡을 치기에 적격이야.

- Of the three candidates **eligible** for the promotion, she was considered the most promising.
  승진에 적격인(자격 있는) 세 후보자 중에서, 그녀가 가장 가능성이 높다고 여겨졌다.
- Schools should hire teachers that are best **eligible** for the job regardless of their gender.
  학교는 성별과 관계없이 그 일에 가장 적격인(적임의, 자격 있는) 선생님을 고용해야 한다.

sordid [sɔ́ːrdid] a.몹시 더러운(dirty), 비도적적인(immoral, unmoral)

발음 [소디드] ▶ [소]개팅에서 만난 사람을 [디]스 하는 [더]러운 사람 연상.

- A **sordid** smell billowed when the meat were roasted.
  고기가 구워졌을 때 지저분한 냄새가 피어올랐다.
- Some say repatriating illegal immigrants is **sordid** and unethical.
  일부는 불법 입국자들을 본국으로 송환하는 것은 비도덕적이고 비윤리적이라고 말한다.

oracle [ɔ́rəkəl] n.신탁(神託), 신의 말씀, 현자

오라클(oracle)은 고대 그리스에서 신의 말씀을 받는 신탁입니다. 신의 말씀은 현자의 말과 같지요.

- Myth says that he had an **oracle**, and it foretold his destiny of greatness.
  신화에 따르면 그는 신탁을 받았고 그것은 그의 위대한 운명을 예언했다고 한다.

gaudy [gɔ́ːdi] a.(옷, 장식 등이)화려한(ornate), 야한(showy)

발음 [고디] ▶ 나는 화려한 [고디=꽃이] 좋아.

- The young man was dressed in **gaudy** shirts and jeans.
  그 젊은이는 화려한 셔츠와 청바지를 입고 있었다.
- The interior was too **gaudy**[tawdry] for my taste.
  그 실내 장식은 너무 화려하여 내 취향에 맞지 않았다.

avarice [ǽvəris] n.탐욕(greed, rapacity, covetousness, cupidity)

발음 [애버리스] ▶ 지나친 탐욕으로 [애 버렸어.]

자녀의 적성이나 능력을 고려하지 않고 명문대를 보내기 위한 탐욕으로 새벽까지 학원을 보내다 애를 버리는 부모가 너무나 많습니다.

- The **avarice** of man has caused the destruction of habitats and extinction of many animal species.
  인간의 탐욕은 수많은 종의 동물들 멸종과 서식지 파괴의 원인이 되어왔다.
- It may cause **avarice** and cause people to dream of things they can't have in real life.
  그것(광고)은 탐욕을 초래하고 사람들로 하여금 일상생활에서 가질 수 없는 것들에 대해 꿈꾸게 할 수도 있다.

integral [íntigrəl] a.완전한, 필수적인

in(부정=not)+teg(접촉하다, 손대다, 만지다=tac=touch)+ral의 결합.

'절대 손대거나 만지지 않는=완전한(entire), 필수적인(essential, indispensable)'입니다. 완전하게 완성한 그림은 절대 손대거나 만지지 않습니다. 완전한 것에 손대면 엉뚱한 문제만 일으키게 되지요. 가라앉고 있는 배에서 물건을 버릴 때 생존을 위해 필수적인 물에는 절대로 손대지 않습니다.

- Water is probably the most **integral** thing human bodies need.
  물은 아마 인간의 몸이 필요로 하는 가장 필수적인 것일 것입니다.
- Checking the weather forecast is an **integral** part of our daily lives.
  일기예보를 확인하는 것은 우리의 일상에서 필수적인 부분입니다.

evenhanded [íːvənhǽndid] a.공평한, 공정한

even(vt.평등하게 하다)+hand(건네주다)+ed의 결합.

'모든 사람에게 평등하게 건네준=공정한(fair, just, equitable, impartial)'입니다.

- even ad.~조차, ~까지, 더욱 a.평평한, 짝수의 vt.평등하게 하다
- I don't think it is **evenhanded** of the teacher to flunk my English test.
  나는 선생님이 영어 시험에 낙제점을 준 것은 공평한 처사라고 생각하지 않는다.
- The show is seen as an **evenhanded** playing field for all of the world's automakers.
  그 쇼는 세계의 자동차 생산자 모두에게 공정한 경기장으로 여겨진다.

coma [kóumə] n.혼수상태, 의식불명 상태(unconsciousness, delirium)

코마(coma)는 의학 용어로 혼수상태, 의식불명 상태를 말합니다. 의사들끼리 의학 용어로 말하면 환자들이 알아들을 수 없지요.

- She was taken to the hospital last night in a **coma**.
  그녀는 어젯밤에 혼수상태로 병원에 실려 갔어요.
- Do **coma** patients have the right to die?
  혼수상태의 환자들은 죽을 권리가 있나?

sentinel [séntənəl] n.보초(병), 경비원, 파수꾼

sen(감각, 느낌=sense)+tinel의 결합.

'적군이 쳐들어오는지 감각적으로 알아차려야 하는 사람=보초(sentry, guard)'입니다.

- He was furious that the **sentinels** may have leaked some details about his private life.
  그는 경비가 자신의 사생활에 관한 일부 세부사항을 유출했을지도 모른다는 것에 격노했다.
- It often stands like a lone **sentinel**.
  그는 종종 고독한 보초병처럼 서 있다.

Day 29

lewd [lu:d] a.음탕한(lascivious, salacious)

발음 [루드] ▶ 발가벗은 [누드(nude)] 사진만 밝히는 음탕한 사람을 연상.

- He is being accused of making **lewd** comments to a female employee.
  그는 여직원에게 음탕한 말을 해서 비난받고 있다.
- They thought of nothing but eating and drinking and **lewd** things.
  그들은 먹는 것, 마시는 것, 음탕한 것 이외에는 아무것도 생각하지 않았다.

pious [páiəs] a.독실한(devout, devotional), 경건한

발음 [파이어스] ▶ 아버지를 따라 장로[파]를 [이어서] 믿은 독실한 기독교인 연상.

- He was born in Anseong, Gyeonggi Province in 1943 to a **pious** Catholic family.
  그는 1943년, 경기도 안성에 있는 한 독실한 가톨릭 집안에서 태어났다.

insoluble [insáljubəl] a.용해되지 않는, 해결할 수 없는

in(부정=not)+sol(풀다, 녹이다, 해결하다=solve)+uble(가능)의 결합.

'녹일 수 없는, 문제를 풀거나 해결할 수 없는=해결할 수 없는(insolvable, irresolvable, unsolvable, irresoluble)'입니다.

- You ignore it. This is an **insoluble** problem.
  우리는 그것을 무시합니다. 그것은 해결할 수 없는 문제니까요.
- That is a complex issue, but it is not **insoluble**.
  그것은 복잡한 문제지만 해결할 수 없는 것은 아니다.

construe [kənstrú:] vt.(주로 수동태)해석하다

con(강조=completely)+stru(세우다=struct=build)+e의 결합.

'말을 듣고, 글을 읽고 핵심 내용을 세우다=해석하다(interpret, decipher)'입니다.

- His slump was **construed** as being part of the process for adapting himself to games.
  그의 슬럼프는 경기에 적응하는 과정의 일부분으로 해석될 수 있었다.
- Her words could hardly be **construed** as an apology.
  그녀의 말은 사과로 해석되기 힘든 것이었다.

earthy [ɔ́ːrθi] a.흙의, 세련되지 않은(저속한)

earth(n.흙)+y의 결합.

'흙으로만 빚어 구워낸=세련되지 않은'입니다. 말이 세련되지 않았다는 것은 저속하다는 것이죠. 지구는 the earth, Earth입니다.

- I am attracted to warm, **earthy** colors. 나는 따스한 흙색에 마음이 끌린다.
- The comedian uses **earthy** jokes in his act. 그 희극인은 공연에서 저속한 농담을 한다.

heedless [híːdlis] a.부주의한, 경솔한

heed(v.주의하다=pay attention to)+less(부정)의 결합.

'주의력이 없는=부주의한(inattentive), 경솔한(unthinking, thoughtless)'입니다.

- **Heedless** destruction of the rain forests is contributing to global warming.
  열대우림의 부주의한 파괴는 지구 온난화에 일조하고 있다.
- **Heedless** diagnosis could lead to bigger problems for students and their families later on.
  부주의한 진단은 후에 학생과 가족들에게 계속 큰 문제를 일으킬 수 있다.

sadistic [sədístik] a.사디즘의, 잔혹한(truculent, ruthless)

잔혹한 행위로 악명 높았던 프랑스 귀족 Sade에서 유래한 단어입니다.

- He was the **sadistic** head who sent hundreds of suicide bombers to attack Iraqis.
  그는 이라크에 수백 차례의 자살 폭탄 테러를 감행한 잔혹한 지도자였다.
- Was Genghis Khan a **sadistic** invader or a misunderstood conqueror?
  칭기스칸은 잔혹한 침략자였는가 아니면 오해를 받는 정복자였는가?

diabolic [dàiəbálik] a.악마의, 사악한, 잔인한, 극악무도한

dia(관통=through)+bol(던지다=throw)+ic의 결합.

'창을 던져 심장을 꿰뚫는=잔인한(cruel, brutal, vicious, savage, cold-blooded)'입니다.

- He is likely to be executed for the **diabolic** crimes that he committed in masterminding the killing of 3,000 Americans.
  그는 3천명의 미국 시민을 죽음으로 몰아넣은 잔인한 테러를 주도한 혐의로 처형될 것이다.

diametric [dàiəmétric] a.직경의, 정반대의(opposite)

dia(관통=through)+met(재다=mete)+ric의 결합.

'원을 관통하여 잰=직경의'입니다. 건너편에 있으면 정반대에 있는 것이기 때문에 '직경의'에서 '정반대의'라는 뜻이 파생.

- The two groups are standing in the exact **diametric** positions 11 years later.
  이 두 단체는 11년 뒤에 정확하게 서로 정반대의 입장에 서게 된다.

diaphanous [daiǽfənəs] a.(천 따위가)내비치는, (물체)투명한

dia(관통=through)+phan(보이다)+ous의 결합.

'관통하여 속이 훤히 보이는=투명한(transparent)'입니다.

- Each window had its own **diaphanous** blind.
  창마다 투명한 블라인드가 드리워져 있었다.
- The artificial skin is made with **diaphanous** silicon rubber that can stretch.
  그 인공 피부는 잡아당길 수 있는 투명한 실리콘 고무로 만들어진다.

diarrhea [dàiərí:ə] n.설사

dia(관통=through)+rrhea(달리다=run)의 결합.

'위장에 있는 것이 항문을 관통하여 달려 나가는 증상=설사(loose bowels)'입니다.

- The symptoms of food poisoning include stomachache, vomiting, and **diarrhea**.
  식중독의 증상은 복통, 구토, 그리고 설사를 포함합니다.

underlie [ʌndərlái] vt.~의 밑에 있다, ~의 기초(밑바탕)가 되다

under(아래=below)+lie(vi.누워 있다, 놓여 있다)의 결합.

'건물을 떠받치는 기둥 아래에 놓여 있다=~의 기초가 되다'입니다.

- Human beings are naturally inclined towards violence and conflict. Alcohol may exaggerate these tendencies, but that doesn't make it the **underlying** cause of violent crimes.
  인간은 자연적으로 폭력과 갈등 쪽으로 기우는 경향이 있다. 알코올은 이러한 경향을 과장하지만, 이것이 폭력적인 범죄의 근본적인 원인은 아니다.

condolence [kəndóuləns] n.애도(lamentation, grief)

발음 [컨돌런스] ▶ 산사태로 [큰 돌]의 [런=run]에 깔려 죽은 사람에게 애도를 표함.

- He expressed his **condolence** to the earthquake victims by donating 1 billion Won.
  그는 10억 원을 기부함으로 지진 희생자들에게 애도를 표했다.
- During the **condolence** period, the national flag was raised at half-staff.
  애도 기간 국기가 반기로 올려졌다.

doleful [dóulfəl] a.슬픈(lamentable, tearful), 우울한(gloomy, somber)

발음 [도우펄] ▶ 공부 [도우]미인 친구가 [팔]을 다쳐 슬픈 모습 연상.

- It must be very **doleful** to be separated with your family members.
  가족과 떨어진다는 것은 정말 슬픈 일일 거예요.
- When I showed my father my report card he made a **doleful** face.
  내가 아버지에게 성적표를 보여주었을 때 그는 우울한 얼굴을 하셨다.

squander[skwάndəːr] vt.(시간, 돈 따위를)낭비하다(waste) n.낭비

발음 [스콴~] ▶ 낭비하는 [스콴=습관]을 버리세요.

- Many students **squander** their money and time for four or more precious years in their life.
  많은 학생들은 일생에 있어서 돈과 귀중한 4년 이상의 시간을 낭비합니다.

- We are **squandering** the most valuable resource we have on this continent: the valuable resource of the imagination.
  우리는 이 세상에서 가장 값진 자원을 낭비하며 살아갑니다. 그것은 상상이라는 소중한 자원 말입니다.

craven[kréivən] a.비겁한(cowardly, sneaking, dastardly)

발음 [크레이번] ▶ 자신만 살겠다고 [크레이지=crazy]한 척하며 [번]개처럼 도망치는 비겁한 사람을 연상해 보세요.

- We have a narcissist Government, a **craven** media and an absent opposition.
  우리는 자기도취적인 정부. 비겁한 언론, 출석하지 않는 야당이 있습니다.

- Kicking a person who is down is a **craven** action.
  넘어진 사람을 걷어차는 것은 비겁한 행동이야.

evanescent[èvənésənt] a.덧없는, (김처럼)사라지는

e(밖으로=ex=out)+van(텅 비어있는=vac=empty)+esc+ent의 결합.

'밥솥의 김이 밖으로 사라지듯 텅 비어 있는=덧없는(transient, fleeting)'입니다. 밥솥에서 김이 빠져나가듯 재산이 순식간에 빠져나가거나, 쥐고 있던 권력이 순식간에 빠져나가면 인생을 사는 것이 덧없음을 느끼게 됩니다.

- He will gets to know someday that popularity of any kind is **evanescent**.
  모든 종류의 인기가 덧없는 것임을 그는 언젠가 알게 될 것이다.

- Many political reforms became **evanescent** eventually.
  많은 정치 개혁들은 결국 덧없는 것이 되었다.

furrow[fə́ːrou] n.골 같이 패인 곳(도랑, 밭고랑, 얼굴 주름, 수레바퀴 자국)

burrow는 토끼나 여우가 숨는 굴이고, furrow는 도랑입니다. furrow(도랑) 옆에 만들어 놓은 burrow(토끼 굴)을 떠올려 보세요.

- In irrigated orchards the water travels in shallow **furrow**.
  관개한 과수원에서 물은 얕은 도랑을 따라 흐른다.

- Worries caused her face to **furrow**.
  걱정 때문에 그녀의 얼굴에 주름이 생겼다.

requisition [rèkwəzíʃən] n.(공식)요청, 징발 vt.요청하다, 징발하다

re(강조=completely)+qui(요구하다=ask)+sition의 결합.

'공식적으로 요구하다=요청하다(require, demand)'입니다. require(요구하다)는 일반적인 의미이고, demand(요구하다)는 정당한 권리를 갖고 요구하는 것입니다. requisition(요청하다)은 주로 문서를 통해 공식적으로 요구하는 것. 공식적 요구는 요청이고, 위급한 상황에서 국가에서 공식적으로 요청하는 것은 징발입니다.

- The staff made a **requisition** for new chairs and desks.
  직원들은 새 의자와 책상을 요청했다.
- The ship was **requisitioned** as a transport in the war.
  그 배는 전쟁 중에 운송선으로 징발되었다.

Day 30

maneuver [mənúːvər] n.술책(trick), (군대)기동 작전

발음 [먼우버] ▶ 개인의 승용차로 운송 서비스를 할 수 있도록 한 [먼] 나라 미국에서 온 [우버] 택시의 교묘한 술책을 연상. 우리나라에서 우버 택시는 택시업계의 반발로 무산됨.

- He used a mean **maneuver** to win the game.
  그는 경기에서 이기기 위해 비열한 술책을 썼다.
- Every year the army and navy hold **maneuver** for practice.
  해마다 육군과 해군은 기동 작전 훈련을 한다.

unmistakable [ʌ̀nmistéikəbəl] a.확실한, 틀림없는, 의심의 여지가 없는

un(부정=not)+mistakable(a.틀리기 쉬운, 실수할 수 있는)의 결합.
'실수할 여지가 없는=확실한(sure, certain, unfailing, infallible, trustworthy)'입니다.

- He didn't give his name, but the voice was **unmistakable**.
  그는 이름을 대지 않았지만, 그 목소리는 틀림없었다.
- Taiwan faces arguably the most **unmistakable** security environment in the world.
  대만은 거의 틀림없이 세계에서 가장 위태로운 안보환경에 직면하고 있다.

arrogate [ǽrəgèit] vt.사칭하다, 가로채다

ar(이동=ad)+rog(요구하다=ask)+ate의 결합.
'가짜 명함을 사용하여 무엇을 요구하며 다니다=사칭하다'입니다. '내가 기자인데 100만 원을 안 주면 고발하겠습니다'라고 하면서 돈을 요구(rog)하는 사람은 기자를 사칭하는 사람입니다. 의사, 변호사, 청와대 비서관을 사칭하는 사람 많지요.

- arrogation n.권리침해, 사칭
- He was arrested for **arrogating** a police officer. 그는 경찰관을 사칭해 체포되었다.

derogatory [dirάgətɔ̀ːri] a.모욕적인, 멸시하는, 경멸적인

de(아래=down)+rog(요구하다=ask)+atory의 결합.
'아래로 내려올 것을 요구하는=모욕적인(scornful, contemptuous, disdainful)'입니다. 단상 위에서 발표하고 있는데 '그것을 발표라고 하나? 그냥 내려와'라고 하면서 내려올 것을 요구(rog)하면 그것은 사람을 업신여기고 모욕하는 것입니다.

- He refused to withdraw **derogatory** remarks made about his boss.
  그는 자신의 상사에 대해 했던 모욕적인 언사를 철회하기를 거부했다.
- Even the term "dwarf" is **derogatory** to some. '난쟁이'라는 용어조차도 어떤 사람들에게는 모욕적이다.

eavesdrop [íːvzdràp] v.엿듣다, 도청하다 n.낙숫물

eaves(n.처마)+drop(v.떨어지다)의 결합.

'창밖의 처마에 낙숫물이 떨어지는 곳에서 몰래 듣다=엿듣다(overhear)'입니다.

- I didn't intend to **eavesdrop**, but I overheard what you said accidently.
  당신의 말을 엿들으려 해서 들은 것이 아니라 우연히 듣게 되었습니다.
- She **eavesdropped** a loud argument prior to his departure.
  그녀는 그가 떠나기 전에 큰 소리의 말다툼을 엿들었다.

edify [édəfài] vt.교화(계도)하다

ed(교육=educate)+ify(동접)의 결합.

'교육시키다=교화하다(educate, enlighten, civilize, domesticate), 계도하다'입니다.

- The city mayor is considering a team that would **edify** prisoners.
  시장은 죄수들을 계도할 팀의 결성을 고려하고 있다.

hedonism [híːdənìzəm] n.쾌락주의

철학에서 쾌락을 인생 최고의 가치 있는 목적이자 최고의 선(善)으로 보는 주의를 헤도니즘(hedonism)이라고 합니다.

- She has inherited from her mother a propensity for **hedonism**.
  그녀는 어머니로부터 쾌락주의적인 기질을 물려받았다.

lexicon [léksəkən] n.사전(dictionary), 특정 분야의 어휘집

사전 중에서도 특정 분야의 어휘집을 우리는 렉시콘(lexicon)이라고 합니다.

- My work is so personal and strange that I have to invent my own **lexicon** for it.
  제 작업은 굉장히 개인적이고 또 특이해서 저만의 사전을 만들어야 합니다.

pinnacle [pínəkəl] n.작은 뾰족탑, 정상, 정점(頂點), 절정

어근 pin(핀, 못바늘)에서 뾰족한 끝이란 의미의 정상, 정점, 절정이란 뜻임을 알 수 있습니다.

- The chairman had reached the **pinnacle** of his career after many years of hard work and sacrifice.
  그 회장은 수년간의 노력과 희생 끝에 성공의 정점(정상)에 도달했다.
- Today, space science is the **pinnacle** of modern technology.
  오늘날 우주 과학은 현대 과학기술의 정점이다.

sag [sæg] vi. 휘다, 처지다, 축 늘어지다

발음 [쌔그] ▶ 무거운 [쌕=sack=가방]을 메고 다녀 어깨가 처지다.

- A decreased amount of collagen causes skin to deteriorate into **sagging** wrinkles and suffuses a grayish tinge to the complexion.
  콜라겐이 감소하게 되면 피부가 처지게 되어 주름살이 생기고 안색을 회색빛으로 만든다.
- Koreans' shoulders are **sagging** more and more due to the economic slump.
  경기침체로 인해 한국인의 어깨가 점점 더 처져간다.

covert [kʌ́vərt] a. 덮인, 은밀한, 비밀의 n. 덮개, 위장, 은신처

cover(v.덮다, 덮어 가리다)+t의 결합.

'타인이 볼 수 없도록 덮어서 가린=은밀한(secret, confidential, furtive, stealthy)'입니다.

- His **covert** dedication was revealed after his death through survivors.
  그의 은밀한 헌신은 생존자들을 통해 그의 사후에 드러났다.
- The union leaders were found to have **covert** ties with management.
  그 노조 지도자들은 경영진과 은밀한 관계를 맺고 있음이 밝혀졌다.

demise [dimáiz] n. 사망, 멸망, (법)양도 vt. 양도하다

de(분리=off)+mis(보내다=send)+e의 결합.

'이 세상에서 분리됨=사망(death, decease)'입니다. '소유권을 자신에게서 분리시켜 보내는 것=양도(transfer, conveyance, alienation)'입니다.

- Even after the **demise** of the Roman Empire, Vulgar Latin survived as a spoken language and later diverged into different Romance languages such as French and Spanish.
  로마제국이 멸망한 이후에도 통속 라틴어는 구어로 존속해서 이후 프랑스어와 스페인어와 같은 다양한 로망스어로 나뉘었다.

methodology [mèθədálədʒi] n. 방법론, 절차

method(n.방법, 순서, 절차)+o+logy(학문)의 결합.

- Both sides expressed the wanted time, **methodology** and procedure of a general-level meeting.
  양측은 장관급 회담의 시간과, 방법 그리고 절차를 명시했다.

ambient [ǽmbiənt] a. 주위의, 주변의

ambi(둘=two, both)+ent의 결합.

'자기의 앞과 뒤, 자기의 좌측과 우측=주위의(surrounding)'입니다. 접두어 ambi는 기본편 참조.

- A mammal or bird is able to keep its body temperature fairly constant, whatever fluctuations there may be in the **ambient** temperature.
  포유류나 조류는 주위 온도가 변하더라도 체온을 꽤 일정하게 유지할 수 있다.

ambidextrous [æ̀mbidékstrəs] a.양손잡이의

ambi(둘=two, both)+dextr(오른쪽)+ous의 결합.

'연장을 사용할 때 오른쪽과 왼쪽, 두 손을 다 사용하는=양손잡이의'입니다.

- My father was **ambidextrous**, so he could write with both his left and right hands.
  아버지는 양손잡이셨다. 그래서 그는 왼손과 오른손 모두를 사용하여 필기할 수 있었다.

ambisextrous [æ̀mbisékstrəs] a.(복장 등이)남여 공용의

ambi(둘=two, both)+sex(성)+trous의 결합.

'남성과 여성 양쪽 다 사용하는=남녀 공용의(unisex)'입니다.

- She likes to wear **ambisextrous** clothes.
  그녀는 남여 공용의 옷을 즐겨 입는다.

incompatible [inkəmpǽtəbəl] a.(성격, 생각)맞지 않는, 양립(공존)할 수 없는

in(부정=not)+com(함께=with)+pat(느낌=path=feel)+ible(가능)의 결합.

'생각이 근본적으로 달라서 함께 느낄 수 없는=맞지 않는(inconsistent)'입니다.

- compatible a.조화되는(consistent), 양립(공존)할 수 있는
- They are utterly **incompatible** with each other.
  그들은 서로서로 (성격이나 생각이) 전혀 맞지 않다.
- Capitalism is basically **incompatible** with socialism.
  자본주의와 사회주의는 근본적으로 양립(공존)할 수 없습니다.

viable [váiəbəl] a.성장할 수 있는, 실행 가능한(practicable)

vi(살아 있는, 생기 있는=viv=alive)+able(가능)의 결합.

'죽지 않고 계속 살아갈 수 있는=성장할 수 있는'입니다. 신생아, 신생 조직, 신생 기업이 살아남을 수 있도록(성장할 수 있도록) 하기 위해서는 실행 가능한 여러 방법이 필요하기 때문에 '성장할 수 있는'에서 '실행 가능한'이란 뜻이 파생.

- We want a **viable** program of economic assistance.
  우리는 실행 가능한 경제 원조 프로그램을 원합니다.
- Let's look for **viable** alternatives through this debate.
  이런 논쟁을 통해 실행 가능한 대안들을 찾아봅시다.

Day 31

eschew [istʃúː] vt. 피하다(avoid, shun), 삼가다(refrain, abstain)

발음 [이추-] ▶ [이 추]한 여자(남자)를 피하다. 문어체 단어.

- Organic products should **eschew** pesticides and other chemicals.
  유기농 농산물은 살충제와 다른 화학물질들을 피해야(삼가야) 한다.
- We should **eschew** outdoor activities when the yellow sand storm occurs.
  우리는 황사가 발생할 때 야외 활동을 피해야(삼가야) 해.

facetious [fəsíːʃəs] a. 익살맞은, 경박한(imprudent, lightsome)

발음 [퍼시셔스] ▶ 흙탕물을 [퍼] 그릇을 [씻었어.] 그건 경박한 행동이야.
익살은 남을 웃기려고 일부러 하는 말이나 몸짓이고, 경박은 언행이 신중하지 못하고 가벼운 것입니다. 좋게 보면 익살맞은 것이고, 나쁘게 보면 경박한 것이죠.

- Many people at the party were offended by his **facetious** comments.
  파티에 있던 많은 사람은 그의 경박한 말 때문에 화가 났다.

hazy [héizi] a. (날씨, 기억)흐릿한, 안개 낀(misty)

발음 [헤이지] ▶ 내년은 아버지가 기억이 흐릿해지는 70이 되는 [해이지.]

- Milky Way was named after its **hazy** appearance.
  은하수는 흐릿한 모습에서 이름이 붙여졌다.
- There remained only the **haziest** memories of that childhood birthday party.
  어린 그 시절 생일 파티에 대한 가장 희미한 기억만이 남아 있었다.

libel [láibəl] n. 비방(slander, abuse), 명예훼손(defamation)

발음 [라이벌] ▶ 국회의원 선거에서 두 [라이벌(rival)]은 서로 명예훼손으로 맞고소했다.

- He charged the newspaper with **libel**.
  그는 그 신문사를 명예훼손으로 고소했다.
- The Internet real-name system could be an effective way to end cyber violence and **libel**.
  인터넷 실명제는 사이버 범죄와 명예훼손을 끝낼 수 있는 효과적인 방법이 될 수 있다.

countenance [káuntənəns] n.얼굴, 표정 vt.지지하다(support), 묵인하다

coun(함께=con=with)+ten(잡다, 갖고 있다=tain=hold)+ance의 결합.

'한 사람의 모든 것을 함께 갖고 있는 것=얼굴(face), 표정(expression)'입니다. 한 사람을 알 수 있는 모든 것을 갖고 있는 것은 사람의 얼굴입니다. 얼굴, 표정만 보면 말하지 않아도 지지하는지 안 하는지 알 수 있기 때문에 '얼굴, 표정'에서 '지지하다, 묵인하다'는 뜻이 파생. 문어체 단어. 묵인은 해도 좋다고 암묵적으로 지지하는 것입니다.

- We talk with other people by using words, body language, and facial **countenances**.
  우리는 단어, 몸짓 그리고 얼굴 표정을 사용하여 사람들과 대화합니다.
- I will never **countenance** sexual harassments in the office.
  나는 직장 내 성희롱을 절대로 묵인하지 않을 것입니다.

dote [dout] vi.애지중지하다, 노망나다

dot(주다=don=give)+e의 결합.

온전한 정신을 모두 다 내어주면 노망(치매)나는 것이고, 자식에게 무작정 사랑을 다 주면 애지중지하는 것입니다. 애지중지는 늘 끌어안고(접촉) 있는 것이기 때문에 접촉의 on을 붙여 사용.

- All the family **dote on** him and really spoil him.
  모든 가족이 그를 애지중지 하고 정말로 그를 버릇없이 키운다.

approbate [ǽprəbèit] vt.인가(허가, 승인, 면허)하다

ap(이동=ad=go)+prob(증명하다, 입증하다=prove)+ate의 결합.

'관청에 필요한 증빙 서류를 갖고 가다=인가하다(approve, permit)'입니다. 교육청에서 요구하는 각종 증빙 서류를 갖고 교육청에 가면 학원 개원을 인가(허가, 승인)해 줍니다. approbate는 공식적으로 인허가 하는데 사용.

- approbation n.인가(approval, permission), 승인, 허가
- The international community **approbated** Korea's plan to build its second research station in the Antarctic.
  국제사회는 한국의 두 번째 남극 기지 건설 계획을 승인했습니다.
- The Korean cabinet has **approbated** a proposal to shorten the period of mandatory military service by three months.
  한국의 내각은 의무 군복무 기간을 3개월 단축하는 제안을 승인했다.

probity [próubəti] n.정직, 성실

prob(증명하다, 입증하다=prove)+ity(명접)의 결합.

'신의 말씀대로 살고 있음을 증명하는 것=정직(honesty, uprightness, integrity, sincerity, faithfulness)'입니다. 정직하고 성실하게 사는 것이 신의 말씀대로 살고 있음을 입증하고 증명하는 것입니다.

- **Probity** sometimes seems to be a disadvantage in certain situations.
  정직함은 때때로 특정한 상황에서 불리한 것처럼 보인다.
- His most valuable strength of all is his **probity**.
  그의 가장 귀중한 장점은 성실성이다.

pillage [pílidʒ] v.약탈(강탈)하다(plunder) n.약탈, 강탈

발음 [필리쥐] ▶ 너는 왜 돈을 [빌리지] 않고 왜 강탈하려는 거야?

- Their villages were **pillaged** and their crops destroyed.
  그들의 마을은 약탈당했고 그들의 작물들은 파괴되었다.
- The paintings are part of a large number of Korean treasures that are widely believed to have been **pillaged** by the Japanese.
  그 그림들(고려 불화)은 일본이 약탈한 것으로 보이는 수많은 한국의 보물 중 일부이다.

salient [séiliənt] a.눈에 띄는, 두드러진

sal(뛰다=jump)+ient의 결합.

'무엇이 뛰어오르는=눈에 띄는(prominent, outstanding)'입니다. 학생들이 모여 있는데 한 사람이 뛰어오르면 눈에 띄게 되지요. 잔잔한 연못에서 물고기가 뛰어오르면 바로 눈에 띄게 됩니다. 어근 sal은 기본편 참조.

- I don't need to know everything that he talked about, just give me the **salient** points.
  그가 말한 모든 것을 내가 알 필요는 없으니 그냥 눈에 띄는 점만 얘기 해줘.
- One of the most **salient** changes is getting acne on your face.
  가장 눈에 띄는 변화 중 하나는 얼굴에 여드름이 나는 것입니다.

physiologist [fìziálədʒist] n.생리학자

physio(육체의, 신체의=physical)+log(학문=logy)+ist(사람)의 결합.

'살아있는 생체(신체, 육체) 내에 존재하는 개체, 기관, 세포 등의 기능을 연구하는 사람=생리학자'입니다.

- A **physiologist** found in a study using MRI scans that men use the left side of their brains only.
  한 생리학자는 MRI 촬영으로 남자는 언어 처리를 할 때 좌뇌만 사용한다는 것을 발견했다.

saline [séilain] a.짠, 염분이 있는

sal(소금=salt)+ine의 결합.

'소금 성분이 있는=짠(salty), 염분이 있는'입니다.

- Keep the contacts in **saline** solution and place them where it's cool and dry for long-term use.
  콘택트렌즈를 장기간 보관할 때는 염분이 있는 용액에 담가 서늘한 곳에 두세요.

intertwine [intərtwáin] v.뒤얽히게 하다, 관련시키다(implicate, relate)

inter(사이=between)+twin(쌍둥이)+e의 결합.

'쌍둥이 사이로 들어가다=뒤얽히다'입니다. 생김새가 같은 쌍둥이 사이로 들어가면 누가 누군지 몰라 뒤얽히게 됩니다.

- Korea's economy is more closely **intertwined** with the global economy than it has ever been.
  한국 경제는 지금까지 보다 더 세계 경제와 밀접하게 뒤얽혀(관련되어) 있다.

interweave [intərwíːv] v.섞어 짜(이)다, 뒤섞(이)다

inter(사이=between)+weave(vt.짜다, 엮다)의 결합.

실과 실 사이에 실을 넣어 섞어 짜는 것입니다.

- The author **interweaves** actual historical events into her novels.
  그 작가는 실제로 있었던 역사적 사건들을 자기 소설 속에 섞어 짜 넣는다.

gale [geil] n.폭풍(windstorm, storm), 강풍

발음 [게일] ▶ 폭풍이 사라지고 날씨가 [개일] 것이다.

- Hundreds of mature trees were uprooted in the **gale**.
  수백 그루의 다 자란 나무들이 폭풍 속에서 뿌리째 뽑혔다.
- Many animals can predict natural disasters such as **gales**, earthquakes, and tsunamis.
  많은 동물들은 폭풍, 지진, 그리고 쓰나미 같은 자연 재해도 예측할 수 있습니다.

ostracize [ástrəsàiz] vt.추방하다, 배척하다, 따돌리다

o(밖에=out)+st(세우다=stand)+rac+ize의 결합.

'어떤 사람을 나라 밖에 세워두다=추방하다(banish, purge)', '누군가를 무리 밖에 세워두다=배척하다, 따돌리다'입니다.

- I was **ostracized**, I was stigmatized, I was isolated, because I was a victim.
  저는 피해자라는 이유로 따돌림을 받고, 비난받으며 고립되었습니다.
- He is **ostracized** by everyone because of his selfishness.
  그는 이기주의 때문에 모두로부터 배척(따돌림)당한다.

lenient [líːniənt] a.관대한(generous, liberal, lenient, tolerant), 자비로운

라틴어 lenier(부드러운=soft)가 영어에 유입된 단어. 죄지은 사람, 노비, 하층민에게 부드럽게 대하는 것은 관대하고 자비로운 것이죠.

- Civic groups criticized the decision as being too **lenient** to the chaebol.
  시민단체들은 (검찰의) 결정이 재벌에게 지나치게 관대하다고 비판했다.
- Be **lenient** to others, and severe with yourself. 타인에게 관대하고, 너 자신에겐 엄해야 한다.

dismal [dízməl] a.음침한, 우울한(gloomy), 암울한

dis(날=day)+mal(나쁜=bad)의 결합.

'왠지 모르게 나쁜 생각만 나는 날=우울한'입니다. dis는 라틴어 dies(날=day)에서 e가 생략된 것으로 분리, 반대의 접두어가 아닙니다.

- The **dismal** winter weather made me feel depressed.
  음침한 겨울 날씨가 내 기분을 가라앉게 만들었다.
- A real good joke can blow up the most **dismal** person.
  진짜 좋은 농담은 가장 우울한 사람도 날려버릴 수 있다.

diurnal [daiə́:rnəl] a.매일의(daily), 낮의(주행성의, 주간의)

발음 [다이어-ㄴ얼] ▶ 매일 쓰는 [다이어리=일기]를 연상해 보세요.

- The sun makes its **diurnal** round, but the milkman and the paper boy make their daily round.
  태양은 매일 돌지만 우유 배달부와 신문 배달부는 매일 순회한다.
- Are any owls **diurnal**, or are they all nocturnal?
  주행성인 부엉이도 있나요, 아니면 부엉이는 모두 야행성인가요?

reticent [rétəsənt] a.과묵한(taciturn), 말이 없는

발음 [레터선트] ▶ 누구에게 [레터-편지]를 [선트-sent]했는지 말이 없는.

- He has been **reticent** regarding the details of his own financial affairs.
  그는 원래 자신의 자세한 경제 사정에 대해 계속 말이 없다.
- It is not hard to see what has driven this normally **reticent** businessman into such an act of directly challenging the government.
  무엇이 평소 과묵한 이 기업인을 이렇듯 정부에 직접 도전하는 행위로 내몰았는지를 알기는 어렵지 않다.

Day 32

discursive [diskə́ːrsiv] a.(말, 글)두서 없는, 산만한

dis(분리=off)+cur(달리다=off)+sive의 결합.

'말과 글이 핵심에서 분리되어 달리는=두서없는, 산만한(diffuse, loose)'입니다. 어근 cur는 기본편 참조.

- This professor's lecture is too **discursive** to understand.
  이 교수의 강의는 너무 두서없어서 이해할 수 없다.
- For the next few minutes we're going to talk about energy, and it's going to be a bit of a **discursive** talk.
  앞으로 몇 분 간 에너지에 대해 이야기하겠습니다. 좀 산만한 이야기가 될 것입니다.

dislocate [dísloukeit] vt.(관절)탈구시키다

dis(분리=off)+locate(vt.위치하다)의 결합.

'어깨 관절에서 어깨를 분리시키다=탈구시키다'입니다.

- dislocation n.탈구, 혼란
- Her hips were often **dislocated** and her right knee was unstable.
  그녀의 엉덩이는 종종 탈구되었고 오른쪽 무릎은 불안정했습니다.

dislodge [dislάdʒ] vt.쫓아내다(expel)

dis(분리=off)+lodge(n.오두막집)의 결합.

'사람을 집에서 분리시키다=쫓아내다(drive out, kick out, repel, expel, evict)'입니다. 투숙한 후 돈을 내지 않으면 dislodge 해야 합니다.

- I would be ever so grateful if someone would **dislodge** these women and their screaming offspring for just one day.
  누군가가 하루만이라도 그런 여자들과 고함을 질러대는 애들을 쫓아버린다면 너무너무 감사할 거예요.
- He **dislodged** the Japanese pirates and submitted the Lord of Daemado to pay annual tribute to him.
  그는 일본 해적들을 쫓아냈고 대마도 군주를 항복시켜 매년 조공을 바치게 했습니다.

dismantle [dismǽntl] vt.(건물, 장치 등)해체하다, 철거하다

dis(분리=off)+mantle(n.덮개, 망토, 맨틀)의 결합.

'건물의 외부 덮개를 하나씩 분리시키다=해체하다, 철거하다(knock down)'입니다.

- It was found while they're **dismantling** a stone pagoda, National Treasure No. 11.
  그들(발굴자)이 국보 11호인 석탑을 해체하는 과정에서 그것이 발견되었다.

- Assembling the ger takes only about an hour and 30 minutes to **dismantle** it.
  게르를 조립하는 것은 단 한 시간 정도 걸리고 그것을 해체하는 것은 30분이 걸립니다.

dispassionate [dispǽʃənit] a.감정에 치우지지 않는, 냉철한, 공정한

dis(분리=off)+passionate(a.열렬한, 정열적인)의 결합.

'마음에서 어떤 대상에 대한 열렬한 감정을 분리시킨=감정에 치우치지 않은, 공정한(fair, impartial)'입니다.

- When you learn how to view your situations in a **dispassionate** way, you will be able to come up with more effective ways of solving your problems.
  상황을 냉철하게 보는 법을 배우면, 보다 효과적인 문제 해결 방법을 생각해낼 수 있다.

- A rational and **dispassionate** approach is the right way to bring your point of view home to them.
  이성적이며 냉철한 접근이 여러분의 주장을 전달하는 옳은 방법입니다.

dispirited [dispíritid] a.의기소침한, 기가 죽은

dis(분리=off)+spirit(n.정신, 기운)+ed의 결합.

'몸에서 기운과 활력이 분리되어 있는=의기소침한(depressed, dejected, inconsolable)'입니다.

- He was always **dispirited** on Sunday night because of the thought of school the next day.
  그는 일요일 밤이면 언제나 다음날 학교에 가야한다는 생각 때문에 의기소침해 했다.

- He gets **dispirited** because many people tease him about his weight.
  많은 사람이 그의 몸무게에 대해 놀리기 때문에 그는 의기소침해 진다.

dispossess [dispəzés] vt.(재산)빼앗다, 쫓아내다(repel, expel, evict)

dis(분리=off)+possess(vt.소유하다=own)의 결합.

'소유한 재산을 사람으로부터 분리시키다=빼앗다(deprive)'입니다.

- He became **dispossessed** of his home overnight.
  그는 하룻밤 사이에 철거민(집을 빼앗긴 상태) 신세가 되었다.

- They feel **dispossessed** of their future by a powerful economic globalization.
  그들은 강력한 경제세계화로 인해 자신의 미래를 빼앗겼다고 느낀다.

dissociate[disóuʃièit] vt.분리하다

dis(분리=off)+soci(교제, 사교, 사회=society)+ate의 결합.

'교제하지 못하도록 분리하다=분리하다(separate, disjoin, disconnect, segregate)'입니다.

- The first lesson we learn is how to **dissociate** emotion from reason.
  우리가 배우는 첫 번째 수업은 이성과 감정을 분리하는 방법이다.
- Do students learn better when they are **dissociated** by gender?
  학생들은 성별에 따라 그들이 분리되었을 때 더 잘 학습할까요?

dissonance[dísənəns] n.불협화음, 부조화

dis(분리=off)+son(소리=sound)+ance의 결합.

'소리가 따로따로 분리됨=불협화음, 부조화(disharmony, incongruity, discord, inharmony)'입니다. 피아노, 첼로, 바이올린 소리가 따로따로 분리되어 들리면 불협화음이죠. 일본 유명 가전업체 SONY는 라디오에서 시작한 회사로 어근 son은 소리를 나타냅니다.

- cognitive dissonance 인지부조화
- The refrigerators, the freezers, and other gadgets hummed loud in **dissonance**.
  냉장고들, 냉동고들, 그리고 다른 기기들이 불협화음 속에서 큰 소리로 윙윙거렸다.
- Baroque music is that in which the harmony is confused, and loaded with modulations and **dissonances**.
  바로크 음악은 조화가 혼란스럽고 변조와 불협화음으로 가득차 있다.

discount[dískaunt] n.할인(reduction) vt.할인하다, 무시하다(disregard, ignore)

dis(분리=off)+count(v.계산하다, 셈에 넣다)의 결합.

'계산한 총액에서 일정 금액을 분리시키는 것=할인'이고, '처음부터 셈에 넣지 않고 분리시켜서 버리다=무시하다'입니다.

- Can you give me **discounts** if I buy in bulk?
  벌크(비포장)로 사면 깎아주나요?
- I don't **discount** the possibility that I may be wrong.
  나는 내가 틀릴 수도 있다는 가능성을 무시하지 않는다.

dissolute[dísəlù:t] a.방탕한, 타락한, 부도덕한

dis(분리=off)+sol(풀다, 녹이다, 해결하다=solve)+ute의 결합.

'사람에게서 도덕 관념이 풀려 분리되어 사라진=타락한(degraded), 부도덕한(immoral)'입니다.

- Lord Yeonsan, who was notorious for his **dissolute** conduct, was often presented with insects and snakes for virility.
  방탕한 행동으로 잘 알려진 연산군은 정력을 위해 자주 벌레와 뱀을 진상 받았다.
- Keeping bad company caused him to go **dissolute**.
  나쁜 친구들과 사귄 것은 그가 타락한 원인이 되었다.

divest [divést] vt.(옷)벗기다, (지위, 권리)박탈하다

di(분리=dis=off)+vest(n.조끼)의 결합.

'몸에서 조끼를 분리시키다=벗기다'입니다. 장군, 장관처럼 지위를 상징하는 옷을 벗기면 지위나 권리를 박탈하는 것이기 때문에 '벗기다'에서 '박탈하다'는 뜻이 파생.

- vest n.조끼, (영국)속옷 vt.(권리를)주다
- He was **divested** of his teacher's license.
  그는 교원 자격을 박탈당했다.
- Real-estate agents who are engaged in illegal transaction will be **divested** of their licenses dealing with property.
  불법 거래에 참여한 부동산 중개사는 중개사 자격을 박탈당하게 될 것입니다.

disconsolate [diskánsəlit] a.절망적인, 위안이 없는, 슬픈

dis(반대=not)+console(vt.위로하다)+ate의 결합.

'어떠한 것도 위로가 되지 않는=절망적인(hopeless, desperate), 슬픈'입니다.

- The memory of her lost child made her **disconsolate**.
  죽은 자식에 대한 기억이 그녀를 슬프게 만들었다.
- It may be difficult for anyone to stay positive in **disconsolate** situations, even if one knows that doing so is important.
  절망적인 상황에서 긍정적인 태도를 유지하는 것이 중요한 걸 안다고 해도 그렇게 하기 힘들 수 있다.

disprove [disprúːv] vt.~이 틀렸음을 증명하다, ~에 반대 증거를 대다

dis(반대=opposite)+prove(vt.증명하다)의 결합.

'어떤 이론이나 주장이 잘못되었다고 반대 증거를 대다=반대 증거를 대다'입니다.

- New evidence discovered by him **disproved** the previous allegations.
  그가 발견한 새로운 증거는 이전의 주장들이 틀렸음을 증명했다.
- The theory has now been **disproved**.
  그 이론은 이제 틀렸음이 입증되어 있습니다.

disintegrate [disíntigrèit] v.분해하다(되다), 붕괴하다(되다)

dis(반대=opposite)+integrate(v.통합하다=unify)의 결합.

'합친(통합) 것을 반대로 하다=분해하다(disassemble, disintegrate)'입니다.

- Ice sheets would continue to **disintegrate** for centuries.
  빙하는 수 세기 동안 분해(붕괴)될 것입니다.
- Once the social ties and mutual obligations of the family **disintegrate**, communities fall apart.
  일단 가족의 사회적인 유대와 상호 간의 의무가 붕괴하면, 공동체 사회도 무너진다.

disarrange [dìsəréindʒ] vt. 어지럽히다, 혼란시키다

dis(부정=not)+arrange(vt.배열하다, 가지런히 하다)의 결합.

'배열하지 않은 상태, 가지런하지 않은 상태로 만들다=어지럽히다(disarrange, scatter)'입니다.

- People have **disarranged** the street with ticker tapes and cans.
  사람들이 색종이와 깡통으로 길거리를 어지럽혀놓았다.
- The sudden death of the premier **disarranged** the situation.
  수상의 급작스러운 죽음은 상황을 혼란시켰다.

embedded [imbédid] a. 내장된, 장착된

em(안으로=im=in)+bed(n.침대)+ed의 결합.

'침대 안에 들어가 있는=내장된(built-in), 장착된' 입니다.

- Many consumers seldom know whether their cards have magnetic stripes or are chip-**embedded**.
  많은 소비자는 자신이 마그네틱 카드를 사용하는지 IC칩 장착 카드를 쓰는지 좀처럼 알지 못한다.
- The micro-chip **embedded** mobile phones will soon replace all systems of banking.
  마이크로칩이 장착된 핸드폰은 은행의 모든 시스템을 대체할 것입니다.

embroil [embrɔ́il] vt. 휘말리게 만들다

em(안으로=im=in)+broil(싸움=fight)의 결합.

'사람들 싸움 안으로 밀어 넣다=휘말리게 만들다'입니다. 주위 사람을 싸움으로 이끌어 들여 사태를 더 혼란하게 하는 행위에서 유래.

- After being **embroiled** in a controversy over his academic background, the rapper stayed away from the music scene for some time.
  학력 논란에 휘말린 이후, 그 래퍼는 한동안 음악계에서 멀어졌었다.
- While awaiting trial, he has been **embroiled** in another court battle.
  재판을 기다리는 동안, 그는 또 다른 법정 다툼에 휘말려 있다.

entrap [entrǽp] vt. 함정에 빠뜨리다

en(안으로=in)+trap(n.올가미, 함정)의 결합.

'함정 안으로 끌어들이다=함정에 빠뜨리다(snare)'입니다.

- I feel like she is trying to **entrap** me.
  그녀가 나를 함정에 빠뜨리려고 하는 것 같다.
- The policeman resorted to **entrapment** to make a case.
  그 경찰관은 사건을 만들기 위해 함정수사에 의존했다.

empirical [empírikəl] a. 경험의, 경험적인

em(안에=im=in)+piric(경험=experience)+al의 결합.

'경험 속에서 나온=경험적인(experiential)'입니다.

- **Empirical** knowledge through direct experience is as important as ideas gained through books.
  직접적인 경험을 통한 실증적인 지식은 책을 통해 얻은 지식만큼이나 중요하다.

envision [invíʒən] vt. 상상하다, 마음속에 그리다

en(안에=in)+vision(v.시력, 상상력, 환상)의 결합.

'상상력 속에서 보다=상상하다(imagine, envisage)'입니다.

- She never **envisioned** her college career ending like this.
  그녀는 자신의 대학 경력이 이런 식으로 끝나리라고는 결코 상상하지 못했다.

- Usually, an architect can **envision** the end state of what he is designing.
  보통 건축가는 그가 디자인하고 있는 것의 마지막 상태를 마음속에 그릴 수 있습니다.

Day 33

tariff [tǽrif] n.관세(customs)

발음 [태리~] ▶ 국가에서 수입 물품에 [때리]는 세금이 관세.

- South Korea and the EU member nations are going to gradually remove **tariffs** on various products.
  한국과 유럽연합 국가는 점진적으로 여러 품목에 대해 관세를 철폐할 계획입니다.

hypnosis [hipnóusis] n.최면(상태), 최면술

발음 [힙노우~] ▶ 자, 몸에 [힘 노우]시고 최면에 빠져듭니다.
hypno(수면, 잠=sleep)+sis의 결합. 암시에 의하여 인위적으로 이끌어 낸, 잠에 가까운 상태가 수면입니다.

- If you are easily engrossed in a book or movie or easily fall in love, then you are likely to respond to **hypnosis**.
  책이나 영화 내용에 쉽게 몰입하고 연애에 잘 빠지는 사람일수록 최면에 반응하기 쉽다.

licentious [laisénʃəs] a.성적으로 방탕한(lascivious, salacious), 음탕한

발음 [라이센~스] ▶ 성(性)을 매수할 수 있는 [라이센스(license-면허)]를 취득하여 방탕하게 사는 사람을 연상. 우리나라는 불가능하지만 가능한 나라도 있습니다.

- In his twenties, he was addicted to **licentious** pleasures.
  20대 때 그는 성적으로 방탕한 쾌락에 중독되어 있었다.

phony [fóuni] n.가짜, 위조품(forgery, counterfeit)

phony는 놋쇠 반지에 금을 도금한 가짜 반지란 뜻입니다.

- The high rate of divorce stems from language barriers, spousal violence, cultural misunderstandings and **phony** marriages for obtaining citizenship here.
  높은 이혼율은 언어 장벽, 배우자 폭력, 문화적 오해와 한국 국적 취득을 위한 위장 결혼에서 비롯된다.
- If you go online right now, you'll get so much **phony** information.
  지금 온라인에 접속하면 여러분은 너무 많은 가짜 정보를 얻을 것입니다.

salubrious [səlúːbriəs] a.(기후, 음식)건강에 좋은(healthful)

발음 [설루~] ▶ [설루-서울로] 가서 **건강에 좋은** 음식을 먹자.

- **salubrious** living conditions 건강에 좋은 생활환경
- The region enjoys on the whole a mild and **salubrious** climate.
  그 지방은 대체로 온난하고 건강에 좋은 기후를 갖고 있다.

---

analogous [ənǽləgəs] a.유사한, 비슷한

ana(계속=again)+log(말=speech)+ous의 결합.

'계속 누군가의 말을 따라 하는=비슷한(similar, akin)'입니다. 요즘 개인기로 유명인의 목소리를 따라하는 성대모사가 유행입니다. 누군가의 말을 계속 따라 연습하면 비슷한 목소리를 낼 수 있지요.

- **Analogous** to Korean barbecue culture, Brazilians enjoy eating grilled meat.
  한국의 바비큐 문화와 유사하게, 브라질 국민들은 구운 고기 먹는 것을 즐긴다.
- Ssireum is a Korean traditional sport, **analogous** to wrestling.
  씨름은 레슬링과 유사한 한국의 전통적인 운동입니다.

---

colloquial [kəlóukwiəl] a.구어체의, 격식을 차리지 않는(informal)

col(함께=com=with)+loq(말=log=speech)+uial의 결합.

'일상생활에서 사람들이 함께 사용하는 말투인=구어체의(conversational)'입니다.

- I like books written in a **colloquial** style.
  나는 구어체로 쓰인 책을 좋아한다.

---

interlocutor [intərlákjətər] n.대화 상대, 교섭 상대

inter(사이=between)+loc(말=log=speech)+ut+or(사람)의 결합.

'사람들 사이에서 나와 말을 주고받는 사람=대화 상대'입니다.

- When its **interlocutor** tilts his or her head during the conversation, I explain it again to make sure.
  대화 도중 상대편이 고개를 갸우뚱할 때, 나는 확실히 하기 위해 그것을 다시 설명합니다.
- You were nearly dead, said my **interlocutor**.
  내가 거의 죽을 뻔했다고 대화 상대자가 말했다.

---

enunciate [inʌ́nsièit] v.(생각)분명히 밝히다, 발음하다

e(밖으로=ex=out)+nunci(말하다=say)+ate의 결합.

'마음속의 생각을 밖으로 꺼내 말하다=(생각)분명히 밝히다, 발음하다(pronounce)'입니다. 마음속에 있는 생각을 밖으로 꺼내 상대방에게 말하는 것은 생각을 분명히 밝히는 것이고 목소리를 꺼내 말하는 것은 발음하는 것입니다.

- enunciation n.명확히 밝힘, 발음(pronunciation)
- The buyer **enunciated** her conditions for buying the house.
  그 구매자는 집을 사기 위해 자신의 조건들을 분명하게 말했다.
- Am I **enunciating** my words clearly?
  제가 명확하게 발음하고 있나요?

enfeeble [infíːbəl] vt.약하게 하다(make feeble, weaken)

en(만들다=make)+feeble(a.연약한=weak)의 결합. 접두어 en은 make입니다.

- Always remember. A feeble body **enfeebles** the mind.
  항상 기억해. 허약한 육체는 마음을 허약하게 만들어.
- Salt can also **enfeeble** your bones because it eliminates calcium from bones.
  소금은 뼈에서 칼슘을 제거하기 때문에 뼈도 약하게 만들 수 있습니다.

gainsay [gèinséi] vt.부인하다, 반박하다

gain(반대=against)+say(vi.말하다=speak, talk)의 결합.

'상대방의 말을 듣고 반대로 말하다=부인하다(deny, negate), 반박하다(refute, confute)'입니다.

- This was such an evident truth that there was no **gainsaying** it.
  이것은 너무나 명백한 사실이어서 그것을 부인할 수 없었다.
- There is no **gainsaying** that scientific developments have revolutionized the whole world.
  과학적 발전이 전 세계에 혁명을 가져온 것에 대해서는 부인할 수 없습니다.

cloister [klɔ́istər] n.수도원 vt.은둔(고립)시키다(seclude)

clois(닫다=close)+ter의 결합.

'문을 닫아두고 도를 닦는 곳=수도원(monastery, abbey)'입니다. 수도원은 은둔자들이 있는 곳이기 때문에 '수도원'에서 '은둔시키다'는 뜻이 파생.

- The **cloister** of the classical architecture is a nice place to take a picture.
  고전 건축의 수도원은 사진 찍기 좋은 장소이다.
- We should not **cloister** our children to keep them safe.
  우리는 자녀들을 안전하게 지키기 위해 은둔시켜서는 안 됩니다.

limber [límbər] a.(몸, 사고)유연한(flexible)

발음 [림버] ▶ [림버]를 거꾸로 읽으면 [버림]. 고정관념을 [버림=유연한] 사고입니다.

- She stretched her legs and other parts of her body until she felt **limber**.
  그녀는 다리와 몸의 다른 부분이 유연함을 느낄 때까지 스트레칭 했다.
- One of the reasons for our success is having the ability to be **limber**.
  우리가 성공한 이유 중 하나는 유연할 수 있는 능력을 가졌다는 것이다.

sway[swei] vi.흔들리다(shake, wave), 동요하다(vacillate) vt.흔들다

sway(흔들다)는 swing(흔들다)에서 파생된 단어입니다.

- The roseate buds of the apple blossom **swayed** in the breeze.
  사과 꽃의 분홍빛 꽃망울들이 산들바람에 흔들렸다.

- He will not be **swayed** by inappropriate offers of money.
  그는 부당한 돈의 제공에 흔들리지 않을 것이다.

tacit[tǽsit] a.무언의, 암묵적인

발음 [태싯] ▶ 출산 후 [태]아를 [싯]기는 것은 남편이 하기로 **암묵적인** 합의를 봤다.

- tacit approval 암묵적인 승인   • tacit support 암묵적인 지지

- The management and the unions have reached a **tacit** agreement on the matter.
  경영진과 노동조합은 그 문제에 대해 암묵적인 합의에 도달했다.

covenant[kʌ́vənənt] n.계약, 서약 vi.계약(서약)하다

co(함께=with)+ven(오다=come)+ant의 결합.

'관련자들이 함께 와서 맺는 것=계약(contract, compact)'입니다.

- Athletes' salaries come from the fans, sponsors, and large television broadcasting **covenants**.
  운동선수들의 연봉은 팬들과 후원자, 그리고 거대한 텔레비전 방송 계약에서 나옵니다.

- The new deal is a 30-percent increase on his previous **covenant**.
  이 새로운 계약은 그의 이전 계약에서 30% 인상된 것이다.

epicenter[épisèntər] n.(지진)진앙, 진원지, (미국)권력의 중심, 중핵

epi(밖으로=out)+center(n.중심)의 결합.

'지진에서 중심이 되는 지점=진원지(the seismic center)'입니다.

- The **epicenter** is the point on the earth's surface directly above the earthquake's origin.
  진앙은 지진의 진원지 바로 위 지구의 표면 지점이다.

- Chatting programs have been served as the **epicenter** of rumors, gossip and bullying.
  채팅프로그램은 소문과 험담, 따돌림의 진원지가 되어왔습니다.

epidermal[èpədə́ːrməl] a.표피의, 외피의

epi(밖에=out)+dermal(피부의)의 결합.

'피부 밖의=표피의, 외피의'입니다.

- The study found 46.9 percent of patients discovered cancer in the early stages, where cancer cells are found on **epidermal** cells or in extremely limited parts of organs.
  연구 결과 환자의 46.9%는 초기에 발견되었고, 암세포는 표피세포나 극히 제한된 기관의 일부분에서 발견된다.

exacting [igzǽktiŋ] a.(일)힘든, 잔혹한(severe, harsh, relentless, brutal)

exact(a.정확한)+ing(진행)의 결합.

'항상 어떤 실수 없이 정확하게 일해야 하는=힘든(hard, painstaking, laborious)'입니다.

- Your robot maid would do all the **exacting** work for you, so you could have more leisure time.
  로봇 가정부가 모든 힘든 일을 할 것이기 때문에 여러분은 더 많은 여가를 보낼 수 있을 것입니다.

amnesia [æmníːʒə] n.건망증, 기억 상실(증)

a(부정=not)+mnesia(기억=memory)의 결합.

'기억이 없는 상태=기억 상실(forgetfulness)'입니다. 일시적으로 기억이 없으면 건망증이고, 완전히 기억이 없으면 기억 상실이죠.

- He has probably the worst **amnesia** in the world.
  그는 아마 세상에서 가장 최악의 건망증을 갖고 있어.
- Certain studies claim that noise can cause insomnia and **amnesia** as well.
  어떤 연구는 소음이 불면증과 기억상실증을 일으킬 수 있다고 주장한다.

Day 34

corrode[kəróud] v.부식하다(erode), (마음)좀먹다, 나빠지게 하다

발음 [커로우드] ▶ 수술한 코뼈가 **부식**되어 [**코로도**] 숨 쉴 수 없는 사람을 연상.

- corrosion[kəróuʒən] n.부식 • corrosive[kəróusiv] a.부식성의
- Salt water is really bad for a lot of electrical devices and it will **corrode** and destroy circuit boards easily.
  소금물은 많은 전기 장치에 좋지 않고 회로판을 쉽게 부식시키고 파괴한다.

perspicuous[pəːrspíkjuəs] a.(말, 글)명료한

per(완전한=perfect)+spic(보다=spec=look)+uous의 결합.

'말과 글의 핵심이 완전하게, 정확하게 보이는=명료한(lucid)'입니다.

- His column is **perspicuous** and get good reviews from readers.
  그의 사설은 명료해서 독자들로부터 좋은 평을 듣는다.

perspicacious[pə̀ːrspəkéiʃəs] a.총명한, 이해가 빠른, 선견지명 있는

per(완전히=perfectly)+spic(보다=look)+acious의 결합.

'어떤 일을 완벽하게 꿰뚫어 보는=총명한(clever, sharp, keen, intelligent)'입니다.

6.25전쟁이 끝나고 태어난 세대를 베이비부머 세대(1954~1974)라고 하는데 우리나라 인구의 1/3인 1600만 명입니다. 이 세대들이 노인 인구에 편입되었을 때 우리 사회에 어떤 격변이 일어나는지 완전하게 꿰뚫어 보는 사람은 총명하고 선견지명이 있는 사람입니다.

- Since celebrities are constantly in the public eye, they must display **perspicacious** judgment at all times.
  연예인들이 지속적으로 대중의 주목을 받는 만큼 그들은 항상 현명한 판단을 보여야 한다.
- She was the most **perspicacious** woman in the company.
  그녀는 회사에서 가장 선견지명이 있는 사람이었다.

verbatim [vəːrbéitim] a.ad. 말 그대로, 글자 그대로

verb(말=word)+atim의 결합.

'누군가가 한 말, 적은 글 그대로=말 그대로, 글자 그대로'입니다.

- Space does not permit me to quote him **verbatim**.
  지면 관계로 그가 한 말 그대로 인용할 수가 없군요.

- **Verbatim** is when you copy language word for word from another source and use that language in your paper.
  Verbatim은 다른 문헌의 표현을 글자 그대로 베껴서 자신의 글에 사용하는 것을 말한다.

conspicuous [kənspíkjuəs] a. 눈에 띄는(두드러진, 현저한, 탁월한)

con(함께=with)+spic(보다=look, see)+uous의 결합.

'함께 섞여 있어도 바로 보이는=눈에 띄는(distinguished, prominent, outstanding)'입니다.
많은 사람과 함께 섞여 있어도 바로 보이면 눈에 띄는 사람이고, 업적에서 눈에 띄면 두드러지고, 현저하고, 탁월한 것입니다.

- Korea will show its **conspicuous** information technology to Asian countries.
  대한민국은 아시아 국가들에게 뛰어난 정보기술을 보여줄 것입니다.

- She catches the public eye wherever she goes with her **conspicuous** fashion style.
  그녀는 자신의 눈에 띄는 패션 감각으로 가는 곳마다 대중의 이목을 사로잡습니다.

fulsome [fúlsəm] a. 지나친(excessive), (칭찬 등이 지나쳐)불쾌한

ful(가득 찬=full)+some의 결합.

'지나친 칭찬으로 가득 채워=불쾌한(unpleasant, disagreeable, uncomfortable)'입니다. 지나치면 모자라는 것보다 못하지요.

- They tried to please him with **fulsome** compliments and extravagant gifts.
  그들은 지나친 아첨과 엄청난 선물로 그를 즐겁게 하려고 노력했다.

- **Fulsome** power by the president has long been a problem in Korean politics.
  대통령에 의한 지나친 권력은, 오랫동안 한국 정치의 문제였다.

galvanize [gǽlvənàiz] vt. ~에 전기를 통하다, ~을 활성화시키다

Galvan(전기 물리학자 이름)+ize(동접)의 결합.

물체에 전기를 통하게 하면 움직임을 활성화시키기 때문에 '전기를 통하다'에서 '활성화시키다'는 뜻이 파생.

- The project aims to lure more tourists to Korea and **galvanize** tourism there.
  그 프로젝트는 한국에 더 많은 관광객을 유치하고 관광을 활성화시키는데 그 목적이 있다.

- Other researches show that running **galvanizes** brain function since it improves blood circulation.
  다른 연구들에 따르면 달리기는 혈액 순환을 향상시키기 때문에 뇌의 기능을 활성화시킨다.

clog [klɑg] vt.막다(block), 방해하다 n.방해물(obstacle, impediment)

c+log(통나무)의 결합. 적이 쳐들어오는 것을 막고 방해하기 위해 통나무를 길목에 놓아두는 것에서 유래한 단어입니다.

- Heartworms can **clog** up your pet dog's heart, causing heart problems and even death.
  심장사상충은 애완견의 심장을 막아 심장 문제를 일으키고 심지어 사망에 이르게 한다.
- Light pollution, like bright street lamps, **clogs** animals from mating.
  밝은 가로등들과 같은 빛 공해는 동물들이 짝짓기 하는 것을 막습니다.

limp [limp] vi.(다리)절뚝거리다 a.흐느적거리는

발음 [림프] ▶ 다리가 퉁퉁 붓는 [림프(lymph)] 부종으로 다리를 절뚝거리는 사람을 연상.

- He **limps** permanently after his terrible car crash.
  그는 끔찍한 교통사고 후에 계속 절뚝거린다.

sundry [sʌ́ndri] a.갖가지의(various), 잡다한

sun(태양)+dry(말리다)로 결합. 태양빛에 고추, 들깨, 약초 등 갖가지 잡다한 농산물을 말리는 농부를 연상.

- He made his debut in the movie world eight years ago in his mid-thirties after **sundry** jobs and has since made 12 films, mostly quick, low-budget works.
  그는 잡다한 직업을 전전한 후 8년 전 30대 중반의 나이로 영화계에 입문했고 그 이래로 대부분 신속하게 촬영된 저예산 영화 12편을 제작했다.

tactful [tǽktfəl] a.재치 있는, 꾀바른

tact(n.재치, 촉감)+ful(가득 찬=full)의 결합.

'재치로 가득 찬=재치 있는(quick-witted, witty)'입니다.

- Your mentioning her potbelly and her husband's baldness wasn't very **tactful**.
  네가 그녀의 똥배와 그녀 남편의 대머리를 언급한 것은 그다지 재치 있는 행동이 아니었어.
- Proverbs are short and simple statements but are **tactful** at the same time.
  속담은 짧고 단순한 표현이지만 동시에 재치 있습니다.

eugenics [juːdʒéniks] n.우생학

eu(좋은=good)+gen(출생=birth)+ics(학문)의 결합.

'좋은 유전자를 탄생시키기 위한 학문=우생학'입니다. 우생학이란 유전적 요소가 후대의 형질에 미치는 영향을 연구하고 특정한 종(種)의 소질을 개선하는 것을 목적으로 하는 응용 유전학의 한 분야.

- Hitler readily embraced **eugenics** as a means of creating a German superrace.
  히틀러는 게르만족의 우수성을 만들어내는 수단으로 우생학을 선뜻 받아들였다.

euphemism [júːfəmìzəm] n.(말)완곡어법, 돌려 말하기

eu(good=좋은)+phem(말하다=say)+ism의 결합.

'듣기 좋게 돌려서 말하는 방법=완곡어법'입니다. 접두어 eu는 기본편 색인에서 eulogy, euthanasia를 찾아보세요.

- The Japanese are masters of **euphemisms**.
  일본인들은 완곡어법의 대가다.
- Complications is a medical **euphemism** for pneumonia and death.
  합병증은 폐렴과 사망에 해당하는 의학적 완곡어법입니다.

repercussion [rìːpəːrkʌ́ʃən] n.되튀기, 반향(echo), 영향(influence)

접두어 re는 again(다시)입니다. 어떤 사건으로 인해 다시 튀어 나오는 결과가 그 사건으로 인한 반향, 영향입니다. 쿠션(cushion-방석)의 탄성으로 쿠션에 떨어진 물체가 되튀는 모습을 연상하세요.

- Myong poom joks promote materialism, creating negative **repercussions** on the nation as a whole.
  명품족은 물질주의를 부추기고 우리나라 전체에 부정적인 반향(영향)을 불러일으킨다.
- The commercials caused a great **repercussion** in the United States.
  그 광고는 미국에서 커다란 반향을 일으켰다.

specification [spèsəfikéiʃən] n.설명서, 명세서, 사양

specify(vt.자세히 쓰다)+ca+tion(명접)의 결합.

'어떤 상품에 대해 자세히 쓴 것은 설명서(manual), 명세서, 사양'입니다.

- Before you operate any electrical appliance for the first time, please familiarize yourself with the **specifications**.
  전자제품을 처음 작동시키기 전에 취급 설명서를 먼저 숙지하시기 바랍니다.
- Some even give available instruction **specifications** on how to make a bomb.
  일부 사이트는 폭탄 제조법 설명서까지 제공하고 있다.

diminutive [dimínjətiv] a.(아주)작은, 소형의

di(분리=off)+min(작은=mini)+utive의 결합.

'분리에 분리를 거듭하여 작게 만든=작은(tiny)'입니다. 어근 미니(mini)에 밑줄 치세요.

- She has **diminutive** hands for an adult.
  그녀는 어른치고는 아주 작은 손을 가졌다.
- In sports where **diminutive** stature is an advantage, the small athletes got smaller.
  작은 체구가 유리한 운동에서, 작은 선수들이 더 작아졌다.

metabolism [mətǽbəlìzəm] n.신진대사, 물질대사

meta(넘어=over)+bol(던지다=throw)+ism의 결합.

신진대사는 생물체가 몸 밖으로부터 섭취한 영양물질을 몸 안에서 분해하고, 합성하여 생체 성분이나 생명 활동에 쓰는 물질이나 에너지를 생성하고 필요하지 않은 물질을 몸 밖으로(meta) 내보내는(bol) 작용입니다.

- Carbon dioxide is a natural waste of your body's **metabolism**.
  이산화탄소는 여러분 몸의 신진대사에서 나오는 자연스러운 찌꺼기입니다.

heresy [hérəsi] n.이단(paganism), 이교

발음 [헤러시] ▶ 과거에 [해]가 지구 주위를 [러시=rush=달리다]한다는 천동설을 믿지 않으면 이단으로 몰려 처형(화형)당했습니다.

- The Vatican decided that Galileo's beliefs were dangerous to society and the church, and had him tried for **heresy**.
  바티칸은 갈릴레오의 신념이 사회와 교회에 위험하다고 판결하고 이단 혐의로 그를 재판하기로 결정했다.

kindle [kíndl] vt.(불)붙이다(light, set on fire) vi.불이 붙다

kindle(불붙이다)는 candle(촛불을 켜다)에서 파생된 단어입니다.

- He used paper to **kindle** a fire in the stove.
  그는 종이를 써서 난로에 불을 붙였다.

plethora [pléθərə] n.매우 많음(과다), 과도, 과잉

ple(fill=가득 채우다)+thora의 결합.

'가득 채우고 넘쳐흐르는 상태=과다(excess)'입니다. 어근 ple은 기본편 참조.

- The Internet provides a **plethora** of information, news, opportunities and activities for old and young alike.
  인터넷은 나이 드신 분들과 젊은이들에게 똑같이 과도한 정보, 뉴스, 기회, 그리고 활동들을 제공합니다.
- They have a **plethora** of people they can seek advice from.
  그들은 조언을 구할 수 있는 매우 많은 사람을 갖고 있다.

Day 35

convent [kánvənt] n.수녀원

con(함께=with)+ven(오다=come)+t의 결합.

'수녀가 되고자 하는 사람들이 함께 와서 머무르는 곳=수녀원(nunnery)'입니다. 어근 ven은 기본편 참조. 남자가 머무는 수도원은 monastery[mánəstèri], abbey입니다.

- With bandages on his head, he enters the **convent** where she waits for him.
  머리에 붕대를 감은 채, 그는 그녀가 기다리는 수녀원에 도착한다.

connote [kənóut] vt.암시하다, 의미하다(mean)

con(함께=with)+note(n.기록, 기호)의 결합.

'직설적으로 표현하지 않고 기호로 기록하다=암시하다(hint, suggest), 의미하다'입니다.

- note[nout] n.각서, 기록, 주석, 주목, (영국)지폐, 기호(부호)
- The word home usually **connotes** comfort and security.
  가정이라는 말에는 보통 편안함과 안전함을 의미한다.
- Blue, cited by most Americans as their favorite color, **connotes** respectability and tranquility.
  대부분의 미국인이 좋아하는 것으로 언급되는 푸른색은 존경과 평온을 의미한다.

conjugal [kándʒəgəl] a.부부의(nuptial, connubial), 결혼의

con(함께=with)+jug(판단하다=judge)+al의 결합.

'매사에 함께 상의해서 판단하며 살아가는 관계인=부부의'입니다.

- conjugal affection 부부애(愛)   • conjugal family 부부 가족, 핵가족
- She could read the **conjugal** bliss on his face.
  그녀는 그의 얼굴에서 결혼생활의 행복감을 읽을 수 있었다.

concomitant [kɑnkámətənt] a.동반하는, 부수적인 n.부수물

con(함께)+co(함께)+mit(보내다=sent)+ant의 결합.

'함께 딸려 보내는=동반하는(concurrent), 부수적인'입니다.

- Diets may seem harmless, but they actually do a lot of **concomitant** damage.
  다이어트는 해가 없을 거라고 보이지만, 그것들은 실제로 많은 부수적인 손상을 줘요.
- Loss of memory is a natural **concomitant** of the sear and yellow leaf.
  기억의 상실은 노년에 자연스럽게 따라오는 부수물이다.

condiment[kάndəmənt] n.양념, 조미료

con(함께=with)+di(주다=give)+ment의 결합.

'맛을 내기 위해 식자재에 함께 넣어 주는 것=양념(seasoning, spice)'입니다. 문어체 단어.

- An indispensable part of the Korean diet, kimchi is made by putting an assortment of **condiments** into salted cabbage or radish.
  한국 식단에서 빠질 수 없는 반찬인 김치는 절인 배추나 무에 갖은 양념을 넣어 만든다.

confabulate[kənfǽbjəlèit] vi.(허물없이)이야기하다, 담소하다

con(함께=with)+fabul(우화, 지어낸 이야기=fable)+ate의 결합.

'함께 모여 우화 같은 재미있는 이야기를 하다=허물없이 이야기하다'입니다.

- I **confabulated** with him about my future career plans.
  나는 그와 나의 미래 직업 계획에 대해서 허물없이 이야기를 나누었다.

- It's always nice to **confabulate** with a hometown friends.
  고향 친구들과 허물없이 이야기하는 것은 항상 좋아.

concave[kɑnkéiv] a.옴폭한, 오목한

con(강조=completely)+cave(v.굴을 파다)로 결합.

'땅에 굴을 파 놓은=오목한(dished), 옴폭한'입니다.

- Any dinner plate must be **concave** in order to contain the food.
  모든 식사용 접시는 음식을 담을 수 있도록 오목해야 한다.

- **Concave** lenses are used to correct nearsightedness.
  근시 교정에는 오목렌즈가 사용된다.

conclave[kάnkleiv] n.콘클라베(교황선출 비밀회의), 비밀회의

con(강조=completely)+clave(열쇠=key)의 결합.

'열쇠로 완전히 걸어 잠그고 하는 회의=비밀회의'입니다. 가톨릭의 비밀회의에서 유래.

- His election came on the second day of a secret **conclave** in the Sistine Chapel.
  새 교황의 선출은 시스티나 성당에서 열린 콘클라베 이틀째 회의에서 결정되었다.

- He met the consultant in **conclave** to discuss the new business.
  그는 새로운 사업에 대해 의논하기 위해 고문을 비밀리에 만났다.

confute[kənfjúːt] vt.반박하다, 찍소리 못 하게 만들다

con(강조=completely)+fute(때리다=beat)의 결합.

'상대방의 말을 듣고 강하게 되받아치다=반박하다(refute)'입니다.

- Silly to **confute** politics and faith.
  신념과 정치이념을 반박하는 것은 어리석은 일이다.
- He **confuted** his opponent's arguments, which seemed to center more on logic than examples.
  그는 상대방의 주장을 반박하였고 예시보다 논리에 더 중점을 둔 것으로 보인다.

conjoin[kəndʒɔ́in] v.결합(연합, 합동)하다(combine, unite)

con(강조=completely)+join(v.결합하다)의 결합.

join과 conjoin은 동의어로, conjoin은 격식이 필요한 문어체 표현에 사용.

- A few hundred pairs of **conjoined** twins are born each year throughout the world.
  세계적으로 수백 쌍의 결합된 쌍둥이들이 해마다 태어난다.
- The past and the present are **conjoined** in this author's imagination.
  과거와 현재가 그 작가의 상상 속에 결합되어 있다.

connate[káneit] a.타고난, 선천적인(inborn, innate)

con(강조=completely)+nat(타고난, 선천적인=innate)+e의 결합.

- The need to stand out from the crowd is **connate**[innate].
  남들보다 뛰어나고 싶은 욕구는 선천적인 것이다.
- Down's syndrome is a **connate** illness related to genetic structure.
  다운증후군은 유전자 구조와 관련된 선천적인 질병이다.

connoisseur[kὰnəsə́:r] n.(미술, 보석, 술 등)감식가, (어떤 방면의)전문가적 안목

con(강조=completely)+no(알다=know)+isseur의 결합.

'미술품, 보석 등이 진품인지 아닌지 확실하게 구별하는 사람=감식가, 전문가'입니다. 어근 no는 기본편 참조.

- He has a **connoisseur**[eye] for curios.
  그는 골동품에 전문가적 안목이 있다.
- Wine **connoisseurs** praise Romanee-Conti as the best wine in the world.
  와인 전문가들은 세계 최고 와인으로 로마네콩티를 칭송한다.

consternation[kὰnstərnéiʃən] n.섬뜩 놀람, 경악

con(강조=completely)+stern(a.엄격한, 단호한)+ation의 결합.

'사소한 것에 너무 엄격하고 단호한 조취를 취할 때 느끼는 것=놀람(surprise)'입니다.

- We watched the news of president's death in **consternation**.
  우리는 경악 속에 대통령의 서거 보도를 지켜보았다.
- To his **consternation**, as he arrived at the airport he realized his passport was at home.
  너무나 놀랍게도 공항에 도착했을 때 그는 여권이 집에 있다는 것을 깨달았다.

continence [kántənəns] n.(감정, 성욕)절제, 금욕, 극기(self-restraint)

con(강조=completely)+tin(갖고 있다=hold)+ence의 결합.

'감정, 성욕 등을 표출하지 않고 마음속에 담아 두는 것=절제(moderation, temperance, abstinence, self-restraint, continence)'입니다. 어근 tin은 기본편 참조.

- What do you think about the Minister's **continence**?
  너는 성직자들의 금욕에 대해 어떻게 생각해?
- Schools should teach **continence**, which is the best option to avoid pregnancy.
  학교는 금욕을 가르쳐야 하며, 이것은 임신을 막을 수 있는 최고의 선택이다.

conversant [kənvə́:rsənt] a.정통한(familiar, versed), 잘 알고 있는

con(강조=completely)+vers(정통한=versed)+ant의 결합.

conversant의 어근에 밑줄 치고 동의어 versed(정통한)와 함께 기억하세요.

- versed [vəːrst] a.정통한, 조예가 깊은(acquainted)
- You need to become fully **conversant** with the company's procedures.
  너는 회사의 업무 절차에 완전히 정통할 필요가 있어.
- People always look for something they understand and are **conversant** with.
  사람들은 항상 자신이 이해하고 잘 알고 있는 무엇인가를 찾습니다.

convolution [kɑ̀nvəlúːʃən] n.나선 모양, 소용돌이, 복잡하게 얽힌 것(일)

con(강조=completely)+vol(회전하다=roll)+ution의 결합.

'나사처럼 회전하는 모양=나선 모양, 소용돌이'입니다. 소용돌이에 빠지면 이것저것이 섞여 복잡하게 얽히게 되지요.

- It's a good film but the plot has so many **convolutions** that you really have to concentrate.
  그것은 좋은 영화이긴 하지만 줄거리가 너무 복잡하게 얽혀 있어서 정말 집중해야 한다.
- Despite all these theological **convolutions**, they succeeded in developing a new product.
  이 모든 기술적인 복잡한 일에도 불구하고, 그들은 신제품 개발에 성공했다.

convulsion [kənvʌ́lʃən] n.경련, 발작

con(강조=completely)+vul(잡아당기다=draw)+sion의 결합.

'신경이나 근육을 마구 잡아 당겨 일으키는 것=경련(spasm, twitch, cramp)'입니다.

- convulse [kənvʌ́ls] v.경련(발작)을 일으키다 • convulsive a.경련성의, 발작적인
- When you breathe carbon monoxide, it can cause **convulsions**, seizures and death.
  일산화탄소를 마시면 경련, 발작 그리고 사망을 초래할 수 있다.
- The most dangerous form of heat injury is heat **convulsion**.
  더위에 의한 상해의 가장 위험한 형태는 열로 인한 발작이다.

convex [kɑnvéks] a.볼록한, 볼록면의

- concave [kɑnkéiv] a.오목한, 옴폭한
- A **convex** lens can focus light traveling through it into a single point.
  볼록 렌즈는 한 지점으로 통과하는 빛에 초점을 맞출 수 있다.
- What does that **concave** lens do?
  오목렌즈는 어떤 역할을 할까요?

convalesce [kɑ̀nvəlés] vi.요양하다, (병후 천천히)건강을 회복하다

발음 [칸벌레스] ▶ 그는 [간버려서] 집에서 요양합니다.

- He has decided to **convalesce** in a warm country.
  그는 따뜻한 나라에서 요양하기로 결정해 놓았다.
- I **convalesced** for three months because of aftereffects from the traffic accident.
  나는 교통사고 후유증 때문에 집에서 석 달 동안 요양했다.

connive [kənáiv] vi.묵인하다(acquiesce), 공모하다(conspire)

발음 [커나이브] ▶ 친구가 강도질 하려고 [큰 나이프] 준비하는 것을 묵인했다.

범죄 행위를 신고하지 않고 묵인하는 것도 범인과 공모하는 것이기 때문에 '묵인하다'에서 '공모하다'는 뜻이 파생.

- The jailer **connived** at the escape from prison.
  간수가 탈옥을 묵인했다.
- Mr. Smith **connived** with his boss to trap me.
  스미스 씨는 나를 함정에 빠뜨리려고 자신의 상사와 공모했다.

Day 36

propitious[prəpíʃəs] a.시기적절한, (상황이)우호적인

pro(앞, 이전=before)+p+it(가다=go)+ious의 결합.

'배를 띄워 저절로 앞으로 가는 시기인=시기적절한(providential), 우호적인(favorable)'입니다. 배를 띄웠는데 배가 순풍을 타고 저절로 앞으로 갈 때 우호적인 상황이고 시기적절한 출발 시점입니다. 역풍이 불 때 배를 띄우면 힘이 두 배로 들어가게 됩니다.

- It is not a **propitious** time to start a new business now.
  지금은 새로운 사업을 시작하기에 시기적절한 때가 아닙니다.

- North Korean leader promised to make a return visit to South Korea at a **propitious** time.
  북한 지도자는 시기적절한 때에 남한을 답방하겠다고 약속했다.

transient[trǽnʃənt] a.일시적인, 덧없는 n.뜨내기

trans(이동=go)+i(가다=it=go)+ent의 결합.

'잠시 머물다가 다른 곳으로 가는=일시적인(temporary), 뜨내기(wanderer, vagabond)'입니다.

- By the **transient** impulse, she gave him a large sum of money.
  일시적인 충동에, 그녀는 그에게 많은 돈을 주었다.

- Nicotine gives you a **transient** boost in energy by increasing blood sugar.
  니코틴은 혈당을 증가시킴으로써 당신에게 일시적인 에너지 증가를 준다.

frigid[frídʒid] a.매우 추운, 혹한의

refrigerator(냉장고)를 줄여서 fri(d)ge로 사용하는데, 어근 frig는 very cold란 뜻입니다. frigid(매우 추운)와 frige(냉장고)를 함께 기억하세요.

- The recent **frigid** weather will continue till tomorrow.
  최근의 추운 날씨는 내일까지 계속될 것입니다.

- A number of people even lost their lives due to the **frigid** cold.
  많은 사람들이 혹한으로 목숨을 잃기도 했습니다.

고급편

DAY 36

gape [geip] n.하품(yawning), 벌어진 틈 vi.하품하다(yawn)

발음 [게입] ▶ 입을 쩍 벌리고 하품하는 [개 입]을 연상해 보세요.

- Contagious **gape** is more common among family and friends.
  전염되는 하품은 가족과 친구들 사이에서 더 흔합니다.

- If you see a person **gape**, you tend to yawn, too.
  여러분이 하품하는 사람을 보면 하품하는 경향이 있습니다.

cliche [kliʃéi] n.진부한 표현, (틀에 박힌)상투적 어구

프랑스어에서 유입된 단어. '정직하고 성실해야 해'와 같은 말은 틀에 박힌 cliche입니다.

- You should always try to avoid the use of **cliche**.
  여러분은 상투적 어구의 사용을 피하도록 항상 노력해야 합니다.

- This may sound like a **cliche**, but celebrities are people, too.
  이것은 상투적인 표현처럼 들릴지 모르지만, 유명인들도 사람이야.

lithe [laɪð] a.유연한(soft, pliable, supple, flexible, pliant)

발음 [라이더] ▶ [라이더(rider-오토바이 타는 사람)]가 입은 유연한 가죽 재킷 연상.

- A newborn baby has **lithe** cartilage and bones that are interconnected by 300 parts.
  갓 태어난 아기는 유연한 연골과 300개가 서로 연결된 뼈를 가지고 있습니다.

- **Lithe** people are less likely to get injured.
  유연한 사람들은 부상을 당할 가능성이 적습니다.

sturdy [stə́ːrdi] a.견고한, (사람)건장한(healthy)

sturdy(견고한) 제품을 만들기 위해 열심히 study(연구) 하는 사람을 연상해 보세요.

- The skill will help build computers **sturdier** against error or malfunction.
  그 기술은 에러나 고장에 대응하여 훨씬 더 견고한 컴퓨터를 만들도록 도울 것이다.

- About two years military service is mandatory in South Korea for all **sturdy** men who are 20 years old or older.
  한국에서는 20세 이상의 건장한 남성은 약 2년간 군 복무를 할 의무가 있다.

itinerant [aitínərənt] a.순회하는, 돌아다니는 n.떠돌이

it(가다=go)+iner(안으로=inter)+ant(사람)의 결합.

'수시로 다른 지역, 다른 나라 안으로 들어가는 사람=떠돌이(wanderer, transient)'입니다.

- an itinerant life 떠돌이 인생 • an itinerant library 순회도서관

- He is back here from his long **itinerant** journey around the world.
  그는 세계를 순회하는 긴 여행을 마치고 여기에 돌아왔다.

sedition [sidíʃən] n.선동, 난동, 치안 방해

se(분리=off)+d+it(가다=go)+ion의 결합.

'사람들을 질서에서 분리되어 가도록 부추기는 행위=선동(agitation, instigation)'입니다.

- Do any South Koreans believe their country was overturned or democratized at Pyongyang's **sedition**?
  북한의 선동 때문에 남한이 전복되었거나 민주화되었다고 믿는 남한 사람들이 있는가?

taint [téint] n.얼룩, 오점, 오염 vt.더럽히다 (soil, stain, taint, befoul)

발음 [테인트] ▶ 옷에 묻은 [페인트] 얼룩 연상.

- 얼룩 - stain, spot, blot, smear, smudge, blotch
- His career was never free of the **taint** of corruption.
  그의 생애는 한 번도 부패의 오명에서 자유롭지 못했다.
- Onions will **taint** cheese if they are stored next to each other.
  서로 옆에 저장되면 양파는 치즈 맛을 더럽힌다.

tactile [tǽktil, -tail] a.촉각의

tact(n.촉감, 재치)+ile의 결합. '촉감을 갖고 있는=촉각의'입니다.

- We are not passive exhibitors of visual or auditory or **tactile** images.
  우리는 시각, 청각, 촉각 이미지를 수동적으로 받아들이는 그런 존재는 아닙니다.

homosexual [hòumǝsékʃuǝl] a.동성애의 n.동성연애자

home(같은=same)+sex(n.성)+ual의 결합.

'같은 성을 좋아하는 사람=동성연애자'입니다. 동성애자를 줄여 흔히 호모(homo)라고 하지요.

- As **homosexuals** all over the world assert their basic rights, there are many serious debates going on about their marriage.
  전 세계의 동성연애자가 그들의 기본권을 주장함에 따라, 동성 결혼에 대한 많은 심각한 논쟁이 이루어지고 있다.

homonym [hámǝnìm] n.동음이의어, 동명이인

homo(같은=same)+nyn(이름=name)의 결합.

'발음이 똑같지만 다른 뜻을 가진 이름=동음이의어'입니다. meet와 meat은 발음이 같지만 뜻이 다른 동음이의어(同音異議語)입니다.

- A **homonym** is a word that sounds like another word.
  동음이의어란 한 단어가 다른 단어와 소리가 같은 것이다.

receptacle [riséptəkəl] n.그릇, 저장소, 피난처(shelter)

re(계속=again)+cept(잡다=hold, take)+acle의 결합.

'어떤 물건을 쏟아지지 않게 잡아서 계속 담아 두는 것=그릇(container, vessel), 저장소'입니다. 어근 cept는 기본편 참조.

- trash receptacles 쓰레기통
- Radioactive waste **receptacles** must be handled with extra care.
  방사능 쓰레기 저장소는 특별히 주의해서 취급해야 한다.

pitfall [pítfɔ̀:l] n.함정, 위험(danger, peril, hazard, jeopardy)

pit(n.구덩이, 구멍)+fall(vi.떨어지다)의 결합.

'지나가는 사람이나 동물이 떨어져 빠지도록 파놓은 구덩이=함정(pit, trap)'입니다.

- This is a highly sophisticated **pitfall**.
  이것은 고도로 정교한 함정이다.
- Immature and irresponsible actions may sometimes seem funny before marriage, but they can be serious **pitfalls** within marriage.
  미성숙함과 무책임한 행동은 결혼 전에 때때로 재미있게 보일 수도 있지만, 결혼 생활에서는 심각한 함정(위험)이 될 수 있다.

locale [loukǽl] n.장소(place, spot, point), 현장(the spot, the scene)

locale(장소)은 local(a.장소의, 지방의)의 명사형으로 기억하세요.

- There are many well known **locales** for filming in Los Angeles.
  로스앤젤레스에는 영화로 잘 알려진 많은 장소가 있다.
- Along with areas in Gangnam, a total of 37 **locales** have been designated as speculation zones.
  강남지역과 더불어 총 37개 지역이 투기지역으로 지정되었다.

deface [diféis] vt.외관을 손상하다, 흉하게 하다

de(분리=off)+face(n.외관, 표면, 얼굴)의 결합.

'외관, 표면에 붙어 있는 무엇을 분리시키다=외관을 손상시키다, 흉하게 만들다(disfigure)'입니다.

- She's been given days in prison for **defacing** a poster of the President.
  그녀는 대통령의 포스터를 훼손한 혐의로 며칠 구류형을 받았다.
- The protesters **defaced** the government building with spray paint.
  시위대가 분사 페인트로 정부 건물의 외관을 훼손시켰다.

deforest [diːfɔ́ːrist] v.나무를 베어내다(벌목하다)

de(분리=off)+forest(n.숲, 숲속의 수목)의 결합.

'숲에서 나무를 분리시키다=벌목(벌채)하다(cut down)'입니다.

- Stopping climate change in a **deforesting** world is virtually impossible.
  나무를 베어내고 있는 세상에서 기후변화를 막는 것은 실질적으로 불가능하다.

defuse [difjúːz] vt.신관(뇌관)을 제거하다, (긴장)완화시키다

de(분리=off)+fuse(n.퓨즈, 신관)의 결합.

'폭탄에서 신관을 분리시키다=완화시키다(alleviate, relieve, relax, ease, soften)'입니다. 폭탄이나 지뢰의 신관(기폭장치)을 분리시키면 안전하기 때문에 긴장을 완화(진정)시키는 것입니다.

- These problems are time bombs that should be **defused** as soon as possible.
  이 문제들은 가능한 빨리 뇌관이 제거되어야 할 시한폭탄이다.

- Use humor to **defuse** tense situations and reduce stress.
  긴장된 상황을 완화시키고 스트레스를 줄이기 위해 유머를 사용하세요.

Day 37

obscene [əbsíːn] a. 음란한, 외설적인, (구어)역겨운

발음 [업신] ▶ 남녀가 침대에 [엎]어져 뒹구는 [신(scene)]이 많은 음란한 영화.

- Nowadays **obscene** photos are spreading on various Internet portals.
  요즈음 음란한 사진들이 다양한 인터넷 포털 사이트에 유포되고 있다.
- The book was banned by the authorities, because it was **obscene**.
  그 책은 외설적이기 때문에 당국에 의해서 금지되었다.

capitulate [kəpítʃəlèit] vi. 항복하다, 굴복하다

cap(머리=head)+it(가다=go)+ulate의 결합.

'우두머리가 백기를 들고 적에게 가다 ▶ 항복하다(surrender, give in, give up)'입니다. 어근 cap(머리), it(가다)는 기본편 참조.

- On May 4, 1945, German forces in Holland and north-west Germany **capitulated** to Montgomery.
  1945년 5월 4일, 네덜란드의 독일군과 북서 독일은 몽고메리에게 항복했습니다.
- Instead of **capitulating** to adversity, so many people prevail and live happy lives.
  역경에 굴복하지 않고, 너무 많은 사람이 승리하여 행복한 삶들을 산다.

capsize [kǽpsaiz] v. (배, 보트)뒤집히다, 전복시키다(되다)

cap(머리=head)+size(잡다=seize)의 결합.

'물속에서 뱃머리를 잡아 아래로 당기다=뒤집히다, 전복시키다(turn over)'입니다. 물에는 물귀신이 있는데, 물귀신이 뱃머리를 잡아 물속으로 당기면 배가 뒤집히고 전복됩니다.

- The ferry **capsized** on the morning of April 16, 2014, killing 304 passengers aboard.
  2014년 4월16일 오전에 전복된 여객선 세월호에서 304명의 탑승객이 사망했다.

garner [gáːrnər] n. 곡물창고(granary), 축적 vt. 모으다(collect)

발음 [간어] ▶ 보리나 벼를 [간] 후에는 곡물창고에 저장합니다.
곡물 저장소는 곡물을 모아서 쌓아두는 곳이기 때문에 '곡물창고'에서 '모으다'는 뜻이 파생.

- Many had expected the game to **garner** immense interest in China.
  많은 사람은 그 게임이 중국에서 엄청난 관심을 모을 것으로 기대했다.
- The film has **garnered** a lot of attention recently because of the hurricane.
  그 영화는 그 허리케인 때문에 최근에 많은 관심을 모았다.

luster [lʌ́stər] n.광택, 윤기

발음 [러스터] ▶ 광택 낸 것처럼 선명한 붉은색의 [랍스터]를 고르세요.

- Restore the lost **luster** to your car with this product.
  이 제품으로 당신의 차에 잃어버린 광택을 되찾아 주십시오.

maelstrom [méilstrəm] n.소용돌이, 대혼란(confusion, disorder, commotion)

mael(갈다=grind)+strom(개울=stream)의 결합.

'맷돌처럼 돌아가는 개울물의 모습=소용돌이(whirlpool, swirl, eddy)'입니다.

- The boat flipped and hurled its passengers into the **maelstrom**.
  보트는 뒤집혔고 승객들을 소용돌이 속으로 던져 넣었다.
- She experienced a **maelstrom** of conflicting emotions.
  그녀는 충돌하는 감정의 대혼란을 겪었다.

strident [stráidənt] a.(소리)귀에 거슬리는

발음 [스트라이던트] ▶ [스트라이(크) 던]지라고 소리치는 관중의 소리가 귀에 거슬렸다.

- Her voice was **strident** and shrill.
  그녀의 목소리는 귀에 거슬리고 날카로웠다.

tamper [tǽmpər] vi.참견(간섭)하다(meddle, interfere)

발음 [탬퍼] ▶ [템포-속도]를 조절하라고 간섭하는 사람은 주위에 항상 있지요.

- The U.S. has **tampered with** other countries, but not purely on the basis of self-interest.
  미국은 다른 나라들에 간섭해왔으나 순수하게 자신의 이익만을 근거로 한 것은 아니다.
- Don't **tamper with** other people's business. Always remember.
  다른 사람들의 일에 간섭하지 마. 항상 기억해.

loophole [lúːphòul] n.구멍, 허점

loop(n.고리, 링, 후프)+hole(n.구멍)의 결합.

loophole은 성벽에 적군을 향해 총을 쏠 수 있도록 만든 구멍입니다. 그 총구멍은 적이 몰래 침입할 수 있는 허점(a blind point)이 되기도 하지요.

- The phishers skillfully exploit the **loophole** in the micropayment system in smartphones.
  피싱 범죄자들은 스마트폰의 소액 결제 시스템의 허점을 교묘히 이용한다.
- Many people were taking advantage of the system due to a **loop** hole.
  이런 허점 탓에 많은 사람이 이 제도를 악용하고 있었다.

optician [ɑptíʃən] n.안경사, 안경점

optic(a.눈의=eye)+i+an(사람)의 결합.

'사람의 눈을 관리하는 사람=안경사'입니다.

- My **optician** said I have the beginnings of a cataract in each eye.
  나의 안경사는 내 양 눈에 각각 백내장이 시작되었다고 했다.

afoot [əfút] a.진행 중인

a(계속=on)+foot(n.발)의 결합.

'무엇을 시작해서 계속 발을 붙여 놓고 있는=진행 중인(ongoing)'입니다.

- Due to the **afoot** heat wave, it is hard to sleep tight at night.
  계속되는 무더위 때문에 밤에 잠을 푹 자기가 어렵습니다.
- It is true that sexual molestation has been an **afoot** problem on the subways.
  성추행이 지하철에서 계속 진행 중인 문제인 것은 사실이다.

treasurer [tréʒərəːr] n.보물 관리자, 회계 담당자

treasure(n.보물, 귀중품)+er(사람)의 결합.

'귀족이나 자산가의 집에서 귀중품(재산)을 관리하는 사람=보물 관리자, 회계 담당자'입니다.

- Although he is the nominal head of the group, the power is all in the hands of Sue, the **treasurer**.
  그는 그 그룹의 명목상 수장이지만 힘(권력)은 모두 회계 담당자인 수의 손에 있다.

profuse [prəfjúːs] a.아낌없는, 호화로운(사치스런)

pro(앞, 이전=before)+fuse(붓다=pour)의 결합.

'앞에 있는 모든 술을 사람들에게 부어 주는=아낌없는(lavish), 호화로운'입니다. 앞에 있는 모든 술을 사람들에게 부어 주는 것은 아낌없이 주는 것이고, 호화로운 파티를 여는 것입니다. 어근 fuse는 기본편 참조.

- **profusely** ad.많이, 과다하게 • **profusion** n.남발, 다량
- She held **profuse** parties, gave expensive gifts to her friends.
  그녀는 호화스러운 파티를 열고 친구들에게 비싼 선물을 했다.

germinate [dʒə́ːrmənèit] vi.(씨앗, 감정, 사상)싹트다

germ(n.새싹=sprout)+inate의 결합.

'씨앗에서 새싹이 나오다=싹트다(sprout)'입니다.

- Water and oxygen are required for seeds to **germinate**.
  씨앗이 싹트기 위해서는 물과 산소가 필요합니다.

longevity[lɑndʒévəti] n.장수, 수명

long(a.긴, 오랜)+ev+ity의 결합.

'오래 사는 것=장수(long life), 수명(the span of life)'입니다.

- the secret of longevity 장수의 비결   • enjoy longevity 장수를 누리다
- We can say with certainty that regular jogging increases **longevity**.
  우리는 규칙적인 조깅이 수명을 연장시킨다는 것을 확신을 가지고 말할 수 있습니다.

spurious[spjúəriəs] a.가짜의, 거짓의(false)

spur(v.박차를 가하다)+ious로 결합.

'속이기 위해 어떤 일에 박차를 가하고 있는 것처럼 하는=가짜의, 거짓의'입니다.

- spurious conception 거짓임신
- He made a **spurious** confession to avoid severe torture.
  그는 가혹한 고문을 피하기 위하여 허위(가짜, 거짓) 자백을 했다.

ennui[á:nwí:] n.권태, 지루함(boredom), 따분함

발음 [안위] ▶ 부부생활에서 **지루함**을 느끼면 가정의 [**안위**-안정과 위태]를 걱정해야 한다.

- They are getting into the state of **ennui** in married life.
  그들은 결혼 생활에서 권태기로 접어들고 있다.
- The monotonous his life induced a feeling of **ennui**, which made him moody.
  단조로운 그의 삶은 권태감(지루함)을 야기했고, 그것은 그를 우울하게 만들었다.

facilitate[fəsílətèit] vt.(일을)용이하게 하다

facilit(쉬움, 용이함=facility)+ate(동접)의 결합.

- facility n.쉬움(용이함), 재주(dexterity), 능숙(skill), 편의시설(pl.)
- They instantly arranged for a team to **facilitate** his escape.
  그들은 즉각 그의 탈출을 용이하게 하기 위하여 팀을 꾸렸다.
- While writing first developed to **facilitate** trade, literature soon developed to record folklore and stories.
  쓰기가 처음에는 무역을 용이하게 하기 위해 발달한 반면, 문학은 곧 전통문화와 이야기를 기록하기 위해 발달했다.

coax[kouks] vt.달래다, (감언으로)설득하다

발음 [코욱스] ▶ 화난 연인을 **달랠** 때는 [**코엑스**(coex)]가 좋습니다.

공연, 전시회가 많아 볼거리도 많고, 쇼핑도 하고, 데이트하기에 좋은 곳입니다.

- I managed to **coax** my son to go to school.
  나는 아들을 달래서 겨우 학교에 보냈다.

- What in the world are you trying to **coax** me to do?
  도대체 너는 내가 무엇을 하라고 설득하고 있는 거야?

riveting[rívitiŋ] a.매혹적인(charming, bewitching, captivating, fascinating)

rivet(n.대갈못, v.대갈못을 박다)+ing의 결합.

'대갈못(두 눈의 시선)을 고정시킬 정도로 매혹적인'이란 뜻에서 유래. 대갈못은 대가리가 두툼한 굵은 못으로 철판을 고정할 때 사용하며 리벳(rivet)이란 영어를 흔히 사용.

- Maldives is made up of several **riveting** islands that dot the Indian Ocean.
  몰디브는 인도양에 흩어져 있는 여러 개의 매력적인 섬들로 이루어져있습니다.

- If your favorite color is blue, you are loyal and **riveting**.
  여러분이 가장 좋아하는 색깔이 파란색이라면, 여러분은 충실하고 매력적인 사람입니다.

Day 38

lubricant[lúːbrikənt] n.미끄럽게 하는 것(윤활유, 윤활제) a.미끄럽게 하는

발음 [루버~] ▶ 마[루]에 [버]터를 바르면 미끄럽지요.

- **Lubricants** are used to reduce friction in moving parts of engines.
  엔진이 움직이는 부분에 마찰을 줄이기 위해 윤활유가 사용된다.

maim[meim] vt.불구로 만들다(cripple, disable)

발음 [메임] ▶ 손발이 밧줄에 [메임] 상태에서 추락하여 불구가 된 사람을 연상.

- The war left Vietnam devastated, with millions **maimed** or killed.
  그 전쟁은 베트남을 황폐화시켰고, 수백만 명이 불구자가 되거나 살해되었다.

incipient[insípiənt] a.시작의, 초기의

in(안으로)+cip(잡다=take, catch)+ient의 결합.

'첫발을 잡아 안으로 집어넣는=시작의(initial, beginning), 초기의'입니다. 자신의 첫발을 잡아 어떤 영역 안으로 들이는 시기는 일을 시작하는 시기이고 초기 단계입니다. 동의어 initial은 in(안으로)+it(가다=go)+ial의 결합.

- Do you know that the **incipient** form of basketball was different from now?
  너는 농구의 초기 형태가 지금과 달랐다는 것을 알고 있어?
- Breast cancer can be treatable if caught in **incipient** stage.
  유방암은 초기 상태에 발견되면 치료될 수 있습니다.

precipitate[prisípətèit] a.성급한, 경솔한 vt.(나쁜 일)촉발시키다

pre(앞=before)+cip(잡다=take)+it(가다=go)+ate의 결합.

'훈련이 안된 말을 잡아타고 앞으로 가는=경솔한(rash, hasty, thoughtless, careless)'입니다. 훈련이 안된 말을 잡아타고 앞으로 가는 것은 성급하고 경솔한 행동이고, 낙마 사고와 같은 나쁜 일을 촉발시키기 때문에 '경솔한'에서 '촉발시키다'는 뜻이 파생.

- A **precipitate** decision might put the national medical system in an uncontrollable crisis.
  성급한 결정은 국가의 의료 제도를 통제 불가능한 위기에 빠뜨릴 수도 있습니다.

- When the not-guilty verdict was read, it **precipitated** outrage and disbelief across the country.
  무죄 평결이 낭독되었을 때, 그것은 전국적으로 격노와 불신을 촉발시켰다.

disciple [disáipəl] n.제자, 예수의 제자, 신봉자

dis(분리=off)+cip(잡다=take)+le의 결합.

'많은 추종자들 중에서 특별히 분리시켜 잡고 있는 사람=제자(adherent, follower)'입니다.

- Claudel, who was Rodin's **disciple** and lover, created many sculptures jointly with him.
  로댕의 제자이자 연인이었던 클로델은 로댕과 함께 많은 작품들을 만들었다.

recuperate [rikjú:pərèit] v.(건강)회복하다, (손실)만회하다

re(다시=again)+cup(잡다=take, catch)+erate의 결합.

'잃어버린 것을 다시 잡다=회복하다(recover, regain, retrieve, restore)'입니다. 잃어버린 건강을 다시 잡는 것은 건강을 회복하는 것이고, 잃어버린 돈을 다시 잡는 것은 손실을 만회하는 것입니다.

- We hope he will **recuperate** soon and make a comeback.
  우리는 그가 곧 건강을 회복해서 다시 돌아오기를 바랍니다.

- He wished to **recuperate** his losses in the stock investment.
  그는 주식 투자에서의 손실을 만회하기를 원했다.

surreptitious [sə̀:rəptíʃəs] a.몰래 하는, 은밀한

sur(아래=sub=under)+rep(잡다=rap=take)+pitious의 결합.

'사람이 보지 않도록 아래에서 물건을 잡는=몰래 하는, 은밀한(sneaky, furtive)'입니다. 뇌물을 받을 때는 옷 아래에, 서류 아래에 감춰 다른 사람이 보지 않도록 은밀하게 잡지요. 또 테이블 아래로 건네거나 다리 아래에 가서 만나기도 합니다.

- In desire, we want to see what goes on in their **surreptitious** space.
  욕망에 있어서, 우리는 그들의 은밀한 공간에서 무슨 일이 일어나는지 보고 싶어 합니다.

- I had **surreptitious** words with him about emigration to the United States.
  나는 미국 이민에 관하여 그와 은밀한 이야기를 나누었다.

fray [frei] vt.(천)헤어지게 하다 vi.(천)닳다(wear out)

운동을 열심히 플레이(play)하면 운동복이 프레이(fray-닳다)하게 됩니다.

- It was fashionable to **fray** the bottoms of our jeans.
  청바지 끝부분을 헤어지게 해서 입는 것이 유행이었다.

excerpt [éksəːrt] n.발췌, 인용 vt.발췌(인용)하다

ex(밖으로=out)+cerpt(잡다=take, catch)의 결합.

'필요한 문구를 잡아서 밖으로 뽑아내다=발췌하다(quote, extract, cite)'입니다. 책 등에서 필요한 문구만 잡아서 밖으로 꺼내는 것은 발췌하고 인용하는 것입니다.

- When Korean media **excerpt** the Global Times, they habitually describe it as "a sister tabloid of the Chinese Communist Party's official newspaper People's Daily".
  환구시보를 인용하는 한국 언론은 습관적으로 "공산당 기관지 인민일보의 자매지"란 수식어를 붙인다.
- I **excerpted** the words of all kinds of people who'd had a variety of these experiences.
  나는 이러한 다양한 경험을 했던 여러 종류 사람들의 말들을 인용했습니다.

susceptible [səséptəbəl] a.(병)걸리기 쉬운, 민감한, 취약한

sus(아래=sub=under)+cept(잡다=take, catch)+ible의 결합.

'몸 아래에 병원균을 잡아두고 있는=(병)걸리기 쉬운, 민감한(sensitive)'입니다. 몸에 병원균을 잡아 두고 있으면 몸이 허약해졌을 때 병에 걸리기 쉽고, 병에 걸리면 민감하고 취약해지기 때문에 '병에 걸리기 쉬운'에서 '민감한, 취약한'이란 뜻이 파생.

- Everyone is **susceptible** to colds, when the weather changes.
  날씨가 변할 때, 사람은 감기 걸리기 쉽다.
- Many homeless people have faced difficult life circumstances that have led to their **susceptible** states.
  많은 노숙자는 그들을 취약한 상태로 이끄는 어려운 삶의 환경에 직면해 왔다.

genial [dʒíːnjəl] a.(날씨, 성격)온화한, 상냥한, 다정한

gen(출생, 태어나다=birth)+ial의 결합.

'식물이 태어나 자라기에 적합한 날씨=온화한(mild, clement, genial)'입니다. 어근 gen은 기본편 참조.

- a **genial** smile 상냥한 미소
- We took a trip to Hawaii where we enjoyed **genial** weather.
  우리는 온화한 날씨를 즐길 수 있는 하와이 여행을 갔다.

stereotype [stériətàip] n.인쇄용 연판, 고정관념, 틀에 박힌 문구 vt.정형화하다

stereo(n.인쇄용 연판)+type(n.형식)의 결합.

과거 인쇄는 인쇄용 연판 위에 잉크를 묻히고 그 위에 종이를 얹어 눌러 인쇄했습니다. 인쇄용 연판에 새겨진 글은 틀에 박힌 문구이고, 연판에 새겨진 문구처럼 사람의 사고에 박혀 있는 것은 고정관념입니다.

- I expect that you will keep breaking **stereotypes** and overcoming obstacles and move onward and upward.
  나는 네가 고정관념을 깨고 장애를 극복하여 향상과 진보의 길을 계속 가기를 기대한다.

tedium [tíːdiəm] n.싫증, 지루함

tedium은 tedious(지루한, 싫증나는=dull, tiresome, wearisome)의 명사형입니다.

- She longed for something to relieve the **tedium** of everyday life.
  그녀는 일상생활의 지루함을 덜어 줄 뭔가를 갈망했다.
- Pressure, competition, **tedium**, and bullies are all part of a typical school day.
  압박감, 경쟁, 지루함, 괴롭힘은 모두 전형적인 학교생활의 일부이다.

invoice [ínvɔis] n.송장(送狀), 청구서 vt.송장을 보내다, 송장을 작성하다

인보이스(invoice-송장)는 판매자가 매매계약 조건을 올바르게 이행했다는 의미로 구매자에게 보내는 거래내역서로 판매대금을 청구하는 청구서입니다.

- We have attached a copy of the **invoice** for your reference.
  참고하시도록 송장 사본을 첨부합니다.
- Please confirm the receipt of the **invoice** which was included in the mail.
  우편물에 포함된 청구서를 확인하세요.

entrepreneur [àːntrəprənə́ːr] n.기업가

entre(사이=inter)+pren(잡다=prehend=take)+eur의 결합.

'여러 기회들 사이에서 이익이 큰 사업을 잡으려는 사람=기업가(enterpriser)'입니다.

- The **entrepreneur** always searches for change, responds to it, and exploits it as an opportunity.
  기업가는 항상 변화를 모색하고, 변화에 대응하며, 변화를 기회로 삼는다.

intercontinental [ìntərkɑ̀ntənéntl] a.대륙 간의, 대륙을 잇는

inter(사이=inter)+continental(a.대륙의)의 결합.

'대륙과 대륙 사이의=대륙 간의'입니다. 호텔 이름에 인터콘티넨탈(intercontinental)이 많은데 모든 대륙의 외국 손님을 받는다는 의미입니다. 북한의 대륙 간 탄도 미사일로 인해 자주 등장하는 단어.

- Everyone knows the space satellite is just another name for an **intercontinental** ballistic missile.
  모든 사람은 이 우주 위성이 대륙 간 탄도 미사일의 또 다른 이름일 뿐이라는 것을 안다.

interlock [ìntərlák] v.(기계)맞물리다, 연결하다(되다)

inter(사이=inter)+lock(vt.잠그다)의 결합.

'사이사이 톱니를 물려 잠그다=맞물리다, 연결하다(connect, interconnect, join, interlink)'입니다.

- We are now **interlocked**, as nations, as individuals. It has never been the case before.
  우리는 지금 국가로, 개인으로 맞물려 있습니다. 전에는 결코 존재하지 않았던 경우입니다.

intermingle [ìntərmíŋgəl] vt.섞다(mingle, mix), 혼합하다 vi.섞이다, 혼합되다

inter(사이=inter)+mingle(v.섞다=mix)의 결합.

mingle과 intermingle은 동의어입니다.

- People of various backgrounds **intermingled** at the party.
  파티에는 갖가지 경력의 사람들이 섞여 있었다.
- Languages evolve over time by either **intermingling** with another language or being expanded on.
  언어들은 다른 언어와 섞이거나 계속 확장되면서 시간에 걸쳐 진화합니다.

intersperse [ìntərspə́:rs] v.흩뿌리다(scatter, strew), 배치하다

inter(사이=inter)+sperse(흩뿌리다=scatter)의 결합.

골 사이사이에 씨앗이 골고루 들어가도록 흩뿌리는 것에서 유래한 단어.

- Thousands of stars **interspersed** in the splendid night sky.
  수천 개의 별이 아름다운 밤하늘에 흩뿌려져 있었다.

interpose [ìntərpóuz] vt.~의 사이에 집어넣다 vi.중재하다, 간섭하다

inter(사이=between)+pose(놓다=put)의 결합.

'두 개 사이에 가져다 놓다=집어넣다(insert), 중재하다(mediate, intervene)'입니다. 사람과 사람 사이에 자신의 몸을 놓으면 몸을 끼워 넣는 것이고, 두 사람의 대화에 자신의 말을 놓으면 중재하거나, 간섭하는 것입니다.

- She **interposed** herself between us abruptly.
  그녀가 우리 사이에 불쑥 끼어들었다(자신을 집어넣었다).
- They have constant internal debates, but there is no one to **interpose**.
  그들은 끊임없는 내적인 갈등이 있는데, 중재할 사람이 없습니다.

Day 39

microbe[máikroub] n.미생물, 세균

micro(작은=small)+be(생물=bio)의 결합.

'아주 작은 생물=미생물, 세균(bacterium, germ)'입니다.

- **Microbes** can produce toxins to make us feel bad if we do not eat the food they want.
  미생물들은 자기들이 원하는 음식을 우리가 먹지 않을 경우에 우리 기분을 나쁘게 만드는 독소를 만들어낼 수 있다.

microorganism[màikrouɔ́:rgənìzəm] n.미생물(박테리아 따위)

micro(작은=small)+organism(n.생물, 유기체)의 결합.

'아주 작은 생물=미생물(microbe, germ)'입니다.

- The cave was closed to tourists since 2002, after **microorganisms** were found living on the paintings.
  그림에 미생물이 살고 있는 것이 발견된 후, 2002년부터 그 동굴은 관광객들에게 폐쇄되었습니다.

microwave[máikrouwèiv] n.극초단파, 전자레인지

micro(작은=small)+wave(n.파도)의 결합.

'아주 작은 파도처럼 움직이는 것=극초단파'입니다.

- The energy is beamed down to Earth as lasers or **microwaves**.
  그 에너지는 레이저 또는 극초단파로 지구에 빛을 내려보낸다.
- All you have to do is heat it up in the **microwave**.
  그것을 전자레인지에 넣고 데우기만 하면 돼요.

macroscopic[mæ̀krəskápik] a.육안으로 보이는, 거시적인

macro(큰=large)+scop(보다=look)+ic의 결합.

telescope(망원경)은 tele(먼=far)+scop(보다=look)의 결합으로, 어근 scop는 이미 알고 있습니다.

- microscopic a.현미경의, 현미경적인, 극히 작은
- We're going to move from the biological and the **macroscopic** world, down into the atomic world.
  이제 생물학적이고 육안으로 볼 수 있는 세계를 떠나, 원자의 세계로 들어갈 것입니다.

gesticulate [dʒestíkjəlèit] v.손짓(몸짓)으로 이야기(표시)하다

gesticu(손짓, 몸짓=gesture)+late(옮기다=carry)의 결합.

'손짓이나 몸짓으로 생각을 옮기다=손짓(몸짓)으로 이야기하다'입니다.

- gesture n.제스처, 손짓, 몸짓
- The speaker **gesticulated** to stress the importance of the point.
  강연자는 핵심의 중요성을 강조하기 위해 손짓(몸짓)을 사용했다.

ablation [æbléiʃən] n.제거, 절제수술

ab(분리=off)+lat(옮기다=late=carry)+ion의 결합.

'몸에서 종양과 같은 것을 분리시켜 옮기는 것=제거(exclusion, removal, elimination), 절제수술'입니다.

- The abnormal cells are burned away by laser **ablation**.
  비정상적인 세포들은 레이저 제거술에 의해 태워 없어진다.

latent [léitənt] a.숨어 있는, 잠재적인, 잠복성의

lat(옮기다=late=carry)+ent의 결합.

'안에 있다가 때가 되면 밖으로 옮기는=숨어 있는, 잠재적인(potential)'입니다. 어근 late는 기본편 참조.

- I am always trying to draw out my pupils' **latent** abilities.
  나는 항상 학생들의 잠재 능력을 끌어내기 위해 힘쓰고 있다.
- The disease has a long **latent** period.
  그 병은 잠복기가 길다.

repose [ripóuz] n.수면, 휴식, 평온 vt.눕히다, 쉬게 하다

re(뒤=back)+pose(놓다=put)의 결합.

'몸을 뒤로 물려 몸을 침대위에 놓다=눕히다(lay), 쉬게 하다(rest)'입니다. 몸을 뒤로 물려 침대에 눕히는 것은 수면을 취하는 것입니다. 수면을 취하면 마음이 평온해지기 때문에 '수면'에서 '휴식, 평온'이란 뜻이 파생.

- volcano in repose 휴화산
- a patient in repose 휴양 중인 환자
- Absolute **repose** does not exist in New York city.
  뉴욕시에서 완전한 휴식이란 없다.
- It's all over now, **repose** yourself at home.
  다 끝났으니 집에서 편히 쉬어.

apposite [ǽpəzit] a.적절한, 적합한

ap(이동=ad)+pos(놓다=put)+ite의 결합.

'필요한 것을 가까이 이동시켜 놓는=적절한(suitable, proper, appropriate, adequate)'입니다. 작업에 필요한 도구를 자기 가까이 이동시켜 놓으면 사용하기에 적절하고 적합하지요.

- Eating with your hands is only **apposite** for designated foods, like pizza or sandwiches.
  손으로 먹는 것은 피자나 샌드위치 같은 지정된 음식에만 적절합니다.
- Our bodies monitor the cells and give out **apposite** commands to preserve the best condition.
  우리 몸은 세포들을 관찰하다가 최상의 상태를 지키기 위한 적절한 명령을 내린다.

expostulate [ikspástʃulèit] v.충고하다, 훈계하다, 타이르다

ex(밖으로=out)+pos(놓다=put)+tulate의 결합.

'친구나 자식에게 필요한 말을 입 밖으로 내놓다=충고하다(advise)'입니다. 친구를 위해서, 자식을 위해서 입 밖으로 내놓는 말은 대부분 충고나 훈계입니다.

- If you know anyone who smokes, **expostulate** them to stop smoking.
  만약 여러분이 흡연하는 사람을 안다면, 담배를 끊으라고 충고하세요.
- I tried to **expostulate** again, but he wouldn't listen to me.
  나는 다시 충고해(훈계해, 타일러) 봤지만, 그는 내 말을 들으려고 하지 않았다.

suppository [səpázətɔ̀:ri] n.좌약

sup(아래=sub=under)+pos(놓다=put)+it(가다=go)+ory의 결합.

'어린이 해열제처럼 아래쪽(항문)에 가져가서 몸 안에 놓는 약=좌약'입니다.

- If the baby has a fever, put a **suppository** into the rectum.
  아기가 열이 있으면, 항문 안으로 좌약을 넣으세요.

fraught [frɔ:t] a.~로 가득 찬(replete, full, filled)

발음 [프로~] ▶ 이것저것 잡동사니로 100 프로(%) 가득 찬 냉장고를 떠올려 보세요.

- The process was tedious and **fraught with** challenges.
  그 과정은 지루했고 도전으로 가득 차 있었다.
- Interestingly, the library will **be fraught with** e-books instead of paper books.
  흥미롭게도, 그 도서관은 종이로 된 책 대신에 전자책으로 가득 찰 것입니다.

introvert[íntrəvə̀ːrt] a.내성적인(사람)

intro(안으로=in)+vert(돌다=turn)의 결합.

'자기 생각을 밖으로 돌리지 않고 안으로 돌리는 사람=내성적인 사람'입니다. 외향적인 사람은 extrovert.

- Having these traits of both an **introvert** and an extrovert helps them remain flexible and emotionally stable.
  내성적이며 외향적인 특성을 모두 갖고 있는 것은 그들이 유연하며 감정적으로 안정된 상태를 유지하도록 도와준다.

genteel[dʒentíːl] a.가문이 좋은, 품위 있는(elegant), 고상한

gen(출생, 태어나다=birth)+teel의 결합.

'태어날 때 좋은 가문에서 태어나 교육을 잘 받은=가문이 좋은, 품위 있는, 고상한'입니다.

발음 [젠틸] ▶ 품위 있고 고상한 신사 젠틀맨(gentleman-신사, 점잖은 사람)을 연상.

- Don't do the **genteel**! 점잔 빼지마!
- It was a place to which **genteel** families came in search of health and quiet.
  그곳은 상류층 사람들이 조용함과 건강을 위해 찾아오는 장소였다.

temerity[təmérəti] n.무모(한 행위), 객기(bravado), 허세

발음 [터메러티] ▶ 위험한 전쟁[터]에 논 [메러] 가는 농부의 무모한 행위를 연상하세요.

- Nobody had the **temerity** to scream at his boss.
  사장에게 소리를 지를 만큼 무모한 사람은 아무도 없었다.
- The basic cause of the bankruptcy was his **temerity**.
  파산의 근본 원인 원인은 그의 무모함 이었다.

walkout[wɔ́ːkàut] n.파업, 장기 결석, 항의 퇴장

walk(vi.걷다)+out(밖으로)의 결합.

'근로자가 일을 하지 않고 공장 밖으로 나가는 것=파업(strike)', '학생이 오랫동안 학교 밖으로 나가 있는 행위=장기 결석'입니다.

- The local labor unions want more hirings and higher wages and have threatened **walkouts**.
  지역별 노조는 채용을 늘릴 것과 임금인상을 요구하며 파업을 경고하고 있다.

gallant[gǽlənt] a.씩씩한, 용감한

발음 [갤언트] ▶ 석유 1[갤런(gallon)]을 넣은 화염병을 들고 적진으로 돌진하는 용감한 시민을 연상.

- The **gallant** soldiers lost their lives so that peace might reign again.
  용감한 군인들이 평화를 되찾기 위해 목숨을 잃었다.
- I am a **gallant** brave adventurer and activist who loves trying new things.
  나는 새로운 일에 도전하는 것을 사랑하는 용감한 모험가이자 행동주의자입니다.

covet [kʌ́vit] vt. 열망하다(lust, desire), 갈망하다

발음 [커빗] ▶ [카(드)빚]을 내서 명품 갖기를 **열망**하는 사람 연상.

- Many high school students **covet** the chance to attend a prominent university.
  많은 고등학생이 일류 대학에 다닐 수 있는 기회를 열망한다.
- In the 19th century, Napoleon **coveted** his empire to emulate ancient Rome and developed Neoclassical art.
  19세기에, 나폴레옹은 그의 제국이 고대 로마를 모방하기를 열망했고 신고전주의 예술을 발전시켰다.

circumference [sərkʌ́mfərəns] n. 원주(원둘레)

circum(원=circle)+fer(옮기다=carry)+ence(명접)의 결합.

'펜에 줄을 묶고 줄 끝을 고정시킨 후 펜을 한 바퀴 옮겼을 때 생기는 둘레=원주'입니다.

- The **circumference** of the sun is about 95 times of the earth.
  태양의 둘레는 지구의 약 95배이다.

choleric [kάlərik] a. 화를 잘 내는

발음 [칼러리크] ▶ 음식마다 [칼로리]가 높다고 **화를 잘 내는** 뚱뚱한 남편 연상.

- She looks **choleric** but people think she is lovable.
  그녀는 화를 잘 내는 것처럼 보이지만 사람들은 그녀가 사랑스럽다고 생각한다.

Day 40

nonchalant [nànʃəlá:nt] a.관심 없는(indifferent), 태연한

발음 [난셜란트] ▶ [난 달란트]에 관심 없어.

달란트(talent)는 유대인의 화폐 단위이고, 교회에서 아이들에게 달란트(돈 가치가 있는 무료 티켓)를 많이 나누어 줍니다. 교회에 꾸준히 다니던 아이가 교회에 나가지 않아서 달란트 받으러 안 가느냐고 물었더니 '난 달란트에 관심 없어'라고 하더군요.

- It seems that school teachers seem to be **nonchalant** about students these days.
  요즘 학교 교사들은 학생들에게 무관심한 것처럼 보입니다.
- More and more people are becoming **nonchalant** about politics, and fewer people are interested in it.
  점점 더 많은 사람이 정치에 무관심해지고 소수의 사람이 정치에 관심이 있습니다.

foliage [fóuliidʒ] n.(집합적)나뭇잎

발음 [포울리~] ▶ 늦가을 청소부 아저씨가 길거리에 떨어진 나뭇잎을 청소차에 [퍼 올리]는 모습을 연상.

- Many people visit mountains to enjoy colorful **foliage**, a wonder of nature.
  많은 사람이 자연의 경이로움인 다채로운 나뭇잎(단풍)을 감상하기 위해 산을 찾는다.

glib [glib] a.입심 좋은, (말, 변병)그럴듯한

발음 [글입] ▶ 멋있는 [글]이 [입]에서 술술 나오는 입심 좋은 사람.

- I was completely deceived by his **glib** tongue.
  나는 그의 입심 좋은(그럴듯한) 혀에 완전히 속이 넘어갔다.
- Former political rivals started issuing **glib** tributes as soon as her death was announced.
  그녀의 사망 소식이 발표되자 예전의 정적들은 입심 좋은(그럴듯한) 찬사를 하기 시작했다.

maladroit [mæ̀lədrɔ́it] a.서투른, 솜씨 없는

mal(나쁜=bad)+adroit(a.솜씨 좋은=dexterous)의 결합.

'솜씨가 좋지 않은=서투른(awkward, inapt, unskillful, clumsy)'입니다.

- Her diffidence does make her rather **maladroit** in social situation.
  그녀의 자신감 부족은 사교적인 상황에서 그녀를 다소 서툴게 만든다.

malcontent [mǽlkəntént] a.불평(불만)인 n.불평분자

mal(나쁜=bad)+con(함께=with)+ten(잡다, 갖고 있다=tain=hold)+t의 결합.

'마음속에 나쁜 것들을 갖고 있는 사람=불평분자'입니다. mal(나쁜=bad)+content(내용, 만족)로 결합해도 마음속에 나쁜 내용으로 가득 차 있는, 만족하지 못하는 불평분자라는 뜻을 기억할 수 있습니다.

- Don't be a **malcontent** in your company if you want to succeed.
  네가 성공하고자 한다면 회사에서 불평분자가 되지 마.
- The **malcontents** turned up to the meeting and made trouble.
  불평분자들이 회의에 나타나 말썽을 일으켰다.

maladjustment [mæ̀lədʒʌ́stmənt] n.조정(조절) 불량, 부적응

mal(나쁜=bad)+adjustment(n.조정, 조절)의 결합.

'환경에 맞게 조정하여 살지 못하는 것=부적응'입니다. 접두어 mal은 기본편 참조.

- About 70-80 percent of the students return home within two years because of their **maladjustment** in the unfamiliar place.
  낯선 환경에 적응하지 못해 70-80% 유학생들이 2년 내에 귀국하고 있다.

maleficent [məléfəsnt] a.해로운, 유해한

male(나쁜=bad)+fic(만들다=make)+ent의 결합.

'좋은 것을 나쁘게 만드는=해로운(harmful, injurious, detrimental, noxious)'입니다. 어근 fic은 기본편 참조.

- Animal waste releases **maleficent** greenhouse gases, such as methane and nitrous oxide.
  가축 배설물은 메탄, 아산화질소와 같은 해로운 온실가스를 배출한다.
- The Aztecs believed the black sun was carried by the god of the underworld, and was the **maleficent** absolute of death.
  아즈텍인들은 검은 태양이 악의 세계의 신으로부터 왔고 죽음을 의미하는 절대적인 해로움이라고 믿었다.

malfeasance [mælfíːzəns] n.위법행위, (공무원)부정행위

mal(나쁜=bad)+feasance(n.이행)의 결합.

'의무를 이행하지 않고 나쁜 짓을 함=위법행위(misconduct), 부정행위'입니다.

- malfeasant[mælfíːzənt] n.위법 행위자 a.부정을 저지르는
- The penalties for **malfeasance** should not just apply to public officials but should extend to the people who manage our great business institutions as well.
  위법 행위에 대한 형벌이 공무원들에게만 적용될 것이 아니라 대기업을 경영하는 사람들에게도 확대되어야 한다.

malformation[mæ̀lfɔːrméiʃən] n.불구, 기형

mal(나쁜=bad)+formation(n.모양)의 결합.

'눈으로 봐서 나쁜 모양=기형(deformity, abnormality), 불구'입니다.

- Babies born with mutations or other **malformation** are killed after birth in North Korea.
  돌연변이 혹은 다른 기형을 가지고 태어난 아기들은 북한에서는 태어나면 죽임을 당한다.

malodor[mælóudəːr] n.악취

mal(나쁜=bad)+odor(n.냄새, 악취)의 결합. '나쁜 냄새=악취(stink, stench)'입니다.

- When I opened the door, an awful **malodor** emerged.
  내가 그 문을 열었을 때 심한 악취가 나왔다.

enthrall[enθrɔ́ːl] vt.노예로 만들다, 매혹시키다(charm, fascinate, captivate, enchant)

en(만들다=make)+thrall(노예=slave)의 결합.

자발적으로 문학이나 음악의 노예가 되는 것은 문학과 음악에 매혹(매료)된 것이기 때문에 '노예로 만들다'에서 '매혹시키다'는 뜻이 파생.

- thrall[θrɔːl] n.노예(slave), 속박된 몸
- I was **enthralled** by its simple melody with a long-lasting message.
  나는 오래 지속되는 메시지를 담은 단순한 멜로디에 매료되었다.
- She was **enthralled** with space and wanted to be an astronaut.
  그녀는 우주에 매료되었고, 우주 비행사가 되기를 원했습니다.

frail[freil] a.부서지기 쉬운(fragile), (체질이)약한(weak)

fra(깨지다=break)+il의 결합. 어근 fra(=break)는 기본편 참조.

- He is so **frail** that he can't walk without a cane.
  그는 몸이 너무 약해서 지팡이 없이 걸을 수 없다.
- Some of the works may take longer to move because they are very **frail**.
  작품 중 일부는 너무 부서지기 쉽기 때문에 옮기는 데 더 시간이 걸릴 수도 있다.

temporal[témpərəl] a.일시적인(temporary), 시간의

temporal(일시적인, 시간의)은 temporary(일시적인)에서 파생된 형용사.

- Your wealth, fame and **temporal** power will shrivel to irrelevance.
  여러분의 부, 명성, 일시적 권력은 무의미하게 시들어 버릴 것입니다.
- They say the measure is nothing but a **temporal** solution.
  그들은 그 조치가 단지 임시방편(일시적인 해결책)일 뿐이라고 합니다.

stoic [stóuik] n.스토아학파, 금욕주의자 a.금욕적인

스토아학파는 기원전 3세기 초에 제논(Zenon)이 창시한 그리스 철학의 한 학파. 금욕과 극기를 통하여 자연에 순종하는 현인(賢人)의 생활을 이상으로 내세움.

- British people are no longer **stoic** or reticent.
  영국인들은 더 이상 금욕적이거나 과묵하지 않다.
- The latest figures show that teenage **stoic** is still increasing in the USA.
  최근의 통계는 미국에서 십대 금욕주의자가 여전히 증가하고 있음을 보여준다.

skyrocket [skairákit] v.급등시키다(하다), 치솟다(soar) n.로켓 불꽃, 봉화

sky(n.하늘)+rocket(n.로켓)의 결합.

'물가 상승이 하늘을 올라가는 로켓과 같다=급등하다'입니다.

- Housing costs will **skyrocket** because everyone will want to live in the same places.
  모든 사람이 같은 지역에서 살기를 원하기 때문에 주택비용은 치솟을(급등할) 것입니다.
- We have already become an aging society and the number of single households has **skyrocketed**.
  우리는 이미 고령화 사회가 되었고 1인 가구가 급등했습니다.

pandemonium [pændəmóuniəm] n.지옥, 대혼란, 아수라장

pan(전체, 모든=all, whole)+demon(n.귀신)+ium의 결합.

'모든 귀신과 악마가 있는 곳=지옥(hell), 대혼란, 아수라장'입니다.

- demon[díːmən] n.귀신, 악마   • pandemic n.대 유행병(전 세계 유행)
- **Pandemonium** broke out when the news was announced.
  그 소식이 발표되자 대혼란이 발생했다.
- Hysterical teenagers, crying, screaming, **pandemonium**.
  극도로 흥분한 십 대들. 울고, 소리 지르고, 아수라장.

omnivorous [ɑmnívərəs] a.무엇이나 다 먹는, 잡식성의

omni(전체, 모든=all, whole)+vo(목=voice)+rous의 결합.

'가리지 않고 무엇이든, 전체 다 목구멍으로 넘기는=잡식성의'입니다.

- Human beings are **omnivorous**, which means we can survive without meat.
  인간은 잡식성인데, 이것은 우리가 고기 없이 생존할 수 있다는 것을 의미한다.
- I am an **omnivorous** reader.
  나는 잡식성(무엇이든 다 읽는) 독자이다.

untimely [ʌntáimli] a.때가 아닌, 시기상조의

un(부정=not)+timely(a.때에 알맞은, 적시의)의 결합.

'때가 알맞지 않은=시기상조의(premature, unripe)'입니다.

- **Untimely** applause or any other noise diminishes the performance effect.
  때에 알맞지 않은 박수나 다른 소음은 공연 효과를 감소시킨다.

- The **untimely** frost spoiled the crops.
  때아닌 서리가 농작물을 망쳤다.

unwitting [ʌnwítiŋ] a.모르는, 무의식적인

un(부정=not)+witting(a.알고 있는, 의식하고 있는)의 결합.

'알고 있지 않는=모르는(ignorant, unaware)'입니다.

- Teachers say they are often **unwitting** victims of a parent's neurotic drive to seek favoritism for their child.
  교사들은 자기 자식만을 편애해주기를 바라는 부모들의 신경과민적 집착의 무의식적인 희생자가 되는 경우가 많다고 말한다.

Day 41

loiter[lɔ́itər] v.어슬렁거리다, 빈둥거리다(idle, lounge, loaf)

발음 [로이터] ▶ 영국의 **로이터** 통신 기자가 기자실에서 **어슬렁거리는** 모습을 연상.

- A suspicious fellow is **loitering** around our house.
  괴한이 우리 집 주위를 어슬렁거리고 있어요.
- He **loitered** there for the purpose of being noticed.
  그는 눈에 띄려는 의도로 거기에서 어슬렁거렸다.

maudlin[mɔ́ːdlin] a.눈물 잘 흘리는, 감상적인(sentimental, messy)

발음 [모들린] ▶ [모(두)들 (울)린] 감상적인 이야기를 연상하세요.
성서에 나오는 잘 우는 여자 Maudelen에서 파생된 단어.

- Do not debase yourself by being **maudlin**.
  눈물을 잘 흘림으로 너의 품위를 떨어뜨리지 마.
- I become very **maudlin** in December.
  나는 12월에 아주 감상적이 되어 버려.

ghastly[gǽstli] a.끔찍한(horrible), 무시무시한, (구어)형편없는 ad.끔찍하게

발음 [개슬리] ▶ 홍수에 [개]가 [슬리]어 내려가는 **끔찍한** 장면을 연상해 보세요.

- They never suspected him of being capable of committing such **ghastly** crimes.
  그들은 그가 그렇게 무시무시한 범죄를 저지를 수 있다는 것을 의심을 하지 않았다.
- People can hide behind the veil of internet anonymity and do **ghastly** things.
  사람들은 인터넷의 익명성 뒤에 숨어서 끔찍한 일들을 할 수 있습니다.

perennial[pəréniəl] a.여러 해 계속되는, 다년생의, 영원한 n.다년생 식물

per(완전히, 끝까지=perfectly)+enn(년=a year)+ial의 결합.
'매년 죽지 않고 끝까지 살아 있는=여러 해 계속되는(constant, persistent, perpetual)'입니다.

- annual a.1년의(ann=enn), 1년마다의 • biennial a.2년마다의(bi=two)
- a perennial plant 다년생 식물 • a perennial issue 여러 해 계속되는(반복되는) 문제
- The division between South and North Korea remains a **perennial** task of both North and South Korea.
  남북 분단은 남북 모두에게 영원한 숙제로 남아있다.

perfunctory [pəːrfʌ́ŋktəri] a.형식적인, 마지못한(reluctant)

per(완전히, 끝까지=perfectly)+funct(기능, 임무=function)+ory의 결합.

'끝까지 자신에게 주어진 임무만 다하는=형식적인(formal)'입니다. 직장생활을 하다보면 오직 자신에게 주어진 일만 하는 사람들을 만나게 됩니다. 그런 사람들에게 어떤 다른 일을 맡기면 마지못해 형식적으로 일을 하게 되지요.

- function n.기능, 임무(mission) vi.작동하다(work), 임무를 다하다
- We demanded that the prosecution investigate the case immediately, but their investigation was **perfunctory**.
  우리는 검찰이 즉각 그 사건을 조사할 것을 요구했으나 그들의 조사는 형식적이었다.
- It had already been decided to hire him although there was a **perfunctory** interview.
  형식적인 면접은 있었지만 그의 채용은 이미 정해져 있었다.

obsolete [ɑ̀bsəlíːt] a.구식의, 쓸모없는

ob(반대=opposite)+sole(혼자=solo)+te의 결합.

'시대 흐름의 반대편에 혼자 서있는=구식의(outdated), 쓸모없는(useless)'입니다.

- With a rapidly changing society, should these **obsolete** traditions be preserved?
  급변하는 사회에서 이러한 구식의 전통들이 보존되어야 하는가?
- What do you do when your sight, smell, and hearing is **obsolete**?
  여러분의 시각, 후각, 그리고 청각이 모두 쓸모없다면 어떻게 하시겠어요?

fortitude [fɔ́ːrtətjùːd] n.용기, 불굴의 정신

fort(강한=strong)+i+tude의 결합.

'강인한 마음=용기(courage, valor, bravery, nerve, pluck, grit)'입니다.

- Do you have **fortitude** to achieve your goal?
  당신은 당신의 목표를 달성할 불굴의 정신을 갖고 있나요?
- It often takes more **fortitude** to change one's opinion than to keep it.
  종종 자신의 견해를 지키는 것보다 바꾸는데 더 많은 용기가 필요하다.

benign [bináin] a.상냥한, 인자한, (날씨)온화한, (병)양성인

beni(좋은=good)+gn(출생, 태어나다=birth)의 결합.

'좋은 마음씨를 갖고 태어난=상냥한(sweet, mild), 온화한(mild)'입니다. 상냥하고 좋은 사람을 날씨에 비유하면 온화한 날씨죠. 어근 gn은 기본편 참조.

- a **benign** smile 상냥한(인자한) 미소   • a **benign** climate 온화한 날씨
- The doctor took out a **benign** tumor.
  의사는 양성 종양을 제거했다.

spin-off [spinɔf] vt.(회사)분사하다 n.부산물, 자회사, 후속작, 파급효과

spin(vt.돌리다)+off(분리)의 결합.

'모회사에서 분리하여 독립적으로 돌리다=분사하다'입니다. 전체에서 분리되어 나온 것은 부산물, 자회사, 후속작이죠.

- The German electronics maker announced last month that it plans to **spin off** its mobile devices business.
  독일의 전자회사인 지멘스는 지난달 모바일 장비 사업의 분사 계획을 발표했다.

- The TV series was a **spin-off** from the movie.
  그 TV 시리즈는 그 영화의 후속작이었다.

meteor [míːtiər] n.유성(流星), 별똥별, 운석

mete(위=over)+or의 결합.

'하늘 위에서 떨어지는 별=유성(shooting star), 운석'입니다.

- When they are burning through Earth's atmosphere, they are called **meteors**.
  그것들이 지구 대기권에서 타면서 떨어질 때 유성이라고 불립니다.

meteorology [mìːtiərɑ́lədʒi] n.기상학

mete(위=over)+oro+logy(학문)의 결합.

'땅 위의 대기 현상을 연구하는 학문=기상학'입니다.

- He loved to watch the weather report on television so he decided to study **meteorology**.
  그는 TV로 날씨 보도 보는 것을 좋아해서 기상학을 공부하기로 했다.

nimble [nímbəl] a.(행동, 생각)민첩한(agile), 영리한(clever, bright, smart)

발음 [님블] ▶ 재빠른 [님]이 [불] 속에 들어가 사람을 구하는 모습 연상.

- European companies may not be as **nimble** as their counterparts in the United States, but they are preserving jobs through the global downturn.
  유럽 기업은 미국 기업만큼 민첩하진 않을지 몰라도, 세계 경기 침체 가운데 일자리를 유지하고 있다.

molest [məlést] vt.성추행하다

발음 [멀레~] ▶ 혼잡한 지하철 안에서 [몰래] 다가와 성추행 하는 사람 연상.

- When I was seventeen, a private tutor who used to come home to teach me mathematics **molested** me.
  내가 17살이었을 때, 수학을 가르치려고 집에 오던 과외선생님이 저를 성추행했습니다.

bequeath [bikwíːθ] vt.(다음 세대에)물려주다, 양도하다(alienate)

발음 [비퀴쓰] ▶ [쓰]던 [비키]니를 딸에게 **물려주었다**.

- Picasso **bequeathed** Spain and France most of his paintings and sculptures.
  피카소는 스페인과 프랑스에 자신의 그림과 조각의 대부분을 양도하였다.
- School graduates should be obligated to **bequeath** their school uniforms to incoming students.
  졸업생들이 신입생들에게 그들의 교복을 물려주는 것은 의무가 되어야 한다고 생각합니다.

impeach [impíːtʃ] vt.탄핵하다(denounce, accuse), 고발하다(report)

공무원이 관직 상의 부정을 저질렀을 때 고발하는 것이 탄핵입니다. peach는 'n.복숭아, vt.고발하다' 입니다.

- How could parliament **impeach** a president directly elected by the public for a trivial law breach?
  사소한 법률 위반으로 어떻게 국민이 직접 뽑은 대통령을 국회가 탄핵할 수 있나?

untenable [ʌnténəbəl] a.지지할 수 없는(indefensible)

un(부정=not)+tenable(a.지지할 수 있는, 유지할 수 있는)의 결합.

- I would regard his theory as **untenable** if it should fail in certain tests.
  만약 그의 이론이 어떤 실험에서 실패한다면 나는 그 이론을 지지할 수 없는 것으로 간주할 것이다.

guillotine [gílətiːn] n.단두대(scaffold), 기요틴

단두대를 만든 프랑스 물리학 박사 이름이 기요틴(Guillotin)입니다. 프랑스혁명 당시 사용했던 사형 방법이고 과거 우리나라에서 망나니가 죄수의 목을 치는 것과 같습니다.

- A **guillotine** was erected in the town square and a crowd began to gather around it.
  단두대가 마을 광장에 세워지자 군중들이 그 주위로 모여들기 시작했다.

catalyst [kǽtəlist] n.촉매, 기폭제

cata(아래=down)+lyst의 결합.

'물질에 떨어뜨렸을 때 화학 반응을 빠르게 하거나 늦게 하는 물질=촉매(catalyzer)'입니다.

- A play can be **catalyst** for curing conflict between perpetrators and victims.
  연극은 가해자와 피해자의 갈등을 치유하는 촉매제가 될 수 있다.
- Social networking has become a **catalyst** for great political change.
  소셜 네트워킹은 큰 정치 변화의 촉매제가 되었다.

DAY 41

tycoon[taikúːn] n.(정계, 사업계)거물

일본 막부시대 쇼군(將軍=장군)에 대한 외국인의 호칭이 **타이쿤(大君)**입니다.

- He is a self-made Irish-American property **tycoon**.
  그는 자수성가한 아일랜드계 미국인 부동산 거물이다.
- While people are fascinated by Steve Jobs and Elon Musk, Korea's **tycoons** have more dramatic stories.
  사람들은 스티브 잡스, 일론 머스크에 열광하지만, 한국의 거물들도 더 극적인 이야기를 갖고 있다.

Day 42

oblivious [əblíviəs] a. 의식하지 못하는, 망각하고 있는

ob(분리=off)+liv(살다=live)+ious의 결합.

'무엇을 기억에서 분리시킨 채 살아가는=의식하지 못하는(unaware)'입니다. 기억하고 있어야 할 기본 예의, 누군가에게 한 약속 등을 기억에서 분리시킨 채로 살아가는 것은 그것을 의식하지 못하고 망각하고 있는 것입니다.

- oblivion n. 망각(forgetfulness), 건망, (구어)무의식(unconsciousness)
- Tragedy tends to occur when people **are oblivious of** past mistakes.
  사람들이 과거의 잘못을 망각할 때 비극이 일어나는 경향이 있다.
- They **are oblivious of** the physical world as their eyes are glued to their phone screens.
  그들은 자신의 폰 화면에 눈을 떼지 못하기 때문에 현실 세계를 망각하고 있다.

obituary [oubítʃuèri] a. 사망의 n. 부고, (신문에 싣는)사망 기사

ob(분리=off)+it(가다=go)+uary의 결합.

'이 세상에서 분리되어 저 세상으로 갔음을 알리는 글=부고, 사망 기사'입니다.

- Since the massive earthquake in 2011 in Japan, more people in the island country have reportedly written their own **obituaries** or wills.
  2011년의 일본 대지진 이후, 더 많은 일본인이 자신의 부고나 유언을 작성해 놓았다고 한다.

obstetrician [àbstətríʃən] n. 산부인과 의사(gynecologist)

ob(분리=off)+st(서 있다=stand)+etrician의 결합.

'아기를 산모에게서 분리시키기 위해 산모 옆에 서 있는 의사=산부인과 의사'입니다.

- Her mother was an **obstetrician** and her father was a professor.
  그녀의 어머니는 산부인과 의사였고 아버지는 교수였다.

oblique[əblíːk] a.(선)비스듬한, (말)에둘러 표현하는(간접적인)

ob(강조=completely)+lique(구부러진=bent)의 결합.

'끝이 구부러져 있는=비스듬한(inclined), 간접적인(indirect)'입니다. 직선을 그었는데 끝이 기울어져 있으면 비스듬한 것이고, 말을 직선적으로 하지 않고 말끝을 흐려 비스듬하게 전달하는 것은 에둘러 (간접적으로) 표현하는 것입니다.

- oblique oration 간접 화법   • direct oration 직접 화법
- The criminals' answers to the police were **oblique**.
  경찰의 질문에 대한 범인들의 대답은 에둘러 표현하는 것이었다.

obnoxious[əbnάkʃəs] a.불쾌한, 아주 싫은

ob(강조=completely)+noxious(a.해로운=harmful)의 결합.

'정신 건강에 정말 해로운=불쾌한(disagreeable), 아주 싫은(hateful)'입니다.

- noxious a.해로운, 유독한, 불건전한   • an obnoxious action 아주 불쾌한 행동
- No matter how much you love dogs, stepping on their dung in the street is **obnoxious**.
  아무리 개를 사랑한다고 하더라도, 거리에서 개똥을 밟는 것은 불쾌해(아주 싫어).

obdurate[άbdjurit] a.완고한, 완강한, 고집 센

ob(강조=completely)+dur(지속하다=endure)+ate의 결합.

'타협하지 않고 자신의 입장을 끝까지 지속하는=완고한(stubborn, inflexible, unyielding)'입니다. 건전지 회사 듀라셀(<u>dur</u>acell)의 dur는 en<u>dur</u>e(지속하다=last)입니다. 오랫동안 지속되는 건전지라는 의미를 담고 있는 것이죠.

- If the two sides remain **obdurate** over issues like the Dokdo islets and the East Sea, they will never be able to move forward.
  양측이 독도와 동해 같은 문제에 대해 완고한 입장을 고수한다면, 이 두 나라는 결코 앞으로 나아갈 수 없을 것이다.
- He seems to be gentle, but there is a very **obdurate** side to him.
  그는 점잖아(온순해) 보이지만, 그에게는 매우 고집 센 측면이 있어.

occult[əkʌ́lt] a.초자연적인, 불가사의한, 신비로운 n.마술, 초자연적인 것, 신비

oc(강조=ob=completely)+cult(n.숭배, 예찬=worship)의 결합.

'비이성적인 사람들이 숭배하고 예찬하는 대상=초자연적인(supernatural), 신비로운'입니다.

- cult[kʌlt] n.예배, 제사, (사람, 물건, 사상)숭배, 예찬
- The documentary will reveal the **occult** world of insects to you.
  그 다큐멘터리는 신비로운 곤충의 세계를 여러분에게 밝혀줄 것입니다.
- During the medieval epoch, the sciences were considered to be based on the **occult**.
  중세 시대에는 과학이 초자연적인 것에 근거한다고 여겨졌다.

forte [fɔːrt] n.강점, 특기(talent) a.(음악)강음의

fort(강한=strong)+e의 결합. '강한 점=강점(strong point)'입니다.

forte는 이탈리아어로 포르테(a.강음의)입니다. 포르테를 기억하면 fort=strong임을 쉽게 기억할 수 있습니다.

- Her **forte** as a singer is she has a comparatively good voice.
  가수로서 그녀의 강점은 비교적 좋은 목소리를 갖고 있다는 것이다.
- The **forte** of his writings lies in lucid exposition rather than in original ideas.
  그의 글의 강점은 독창적인 생각(관념, 사상)이라기보다 명쾌한 설명에 있다.

gingerly [dʒíndʒərli] a.ad.매우 신중한(very careful), 매우 신중하게

발음 [진져리] ▶ [진겨리]날 정도로 매우 신중한 사람을 연상해 보세요.

- Laboratory technicians must be trained to handle delicate instruments **gingerly**.
  실험실 기술자들은 섬세한 기구들을 매우 조심스럽게 다루도록 훈련받아야 한다.
- When they **gingerly** opened the chests, there was a mummy in one of them.
  그들이 조심스럽게 상자들을 열었을 때, 상자들 중 하나에 미라가 있었다.

frenzy [frénzi] n.광분, 광란 vt.광분(격앙)시키다

발음 [프렌지] ▶ [프랜즈-친구들]가 두들겨 맞는 모습을 보면 광분하지 않나요?

- Newly released radical leaders whipped the common people into a **frenzy**.
  새롭게 선출된 급진적인 지도자들은 일반 사람들을 광분하게 만들었다.

narrative [nǽrətiv] a.이야기의 n.이야기(story)

- narration n.나레이션(이야기, 해석) • narrate v.이야기하다
- The **narrative** is sloppy, as if the author had been writing half-asleep.
  그 이야기는 마치 작가가 반은 잠든 상태에서 쓴 것 같이 엉성하다.
- Your **narrative** reminds me of a story that I heard from my grandma.
  너의 이야기는 내가 할머니로부터 들은 이야기를 떠오르게 해.

nauseate [nɔ́ːzièit] vi.구역질이 나다 vt.구역질나게 하다

발음 [노지에이트] ▶ 야외 공연장 주변의 [노지-맨땅]에 [에이트-8] 이상의 똥 무더기를 보고 구역질이 났다. 뱃멀미로 구역질 하는 것에서 유래한 단어로 nauseate의 sea는 바다입니다.

- I felt **nauseated** after eating the food.
  나는 그 음식을 먹은 후 메스꺼움을 느꼈어.
- The smell was so strong that passengers were **nauseated**.
  그 냄새는 너무 강해서 탑승자들이 구역질나게 되었다.

DAY 42

misinterpret [mìsintə́:rprit] vt. 오해하다, 잘못 해석하다

mis(틀린, 나쁜=wrong)+interpret(vt.해석하다, 이해하다)의 결합.

'잘못 이해하다=오해하다(misunderstand)'입니다.

- I **misinterpreted** your meaning and jumped to the wrong conclusion.
  전 당신 말의 의미를 잘못 해석했고 잘못된 결론을 내렸어요.
- The definitions of happiness vary, and sometimes they **misinterpret** what happiness really is.
  행복에 대한 정의는 서로 다르고, 때때로 진정한 행복의 의미를 잘못 해석한다.

misnomer [misnóumər] n. 틀린 명칭, 부정확한 명칭

mis(틀린, 나쁜=wrong)+nom(이름, 명칭=name)+er의 결합.

- The **misnomer** should no longer be used.
  부정확한 명칭은 더 이상 사용되어서는 안 된다.
- It was the worst place I've ever stayed in, Hotel Royal was a **misnomer**.
  그곳은 내가 묵어 본 최악의 장소였고, 로열 호텔은 잘못된 명칭이었다.

misrepresent [mìsreprizént] vt. 잘못 전하다

mis(틀린, 나쁜=wrong)+represent(vt.말하다, 대표하다)의 결합.

- Many foreign textbooks have been found to **misrepresent** Korea, containing false or misleading information about Korea's history and culture.
  많은 외국 교과서가 한국의 역사와 문화에 관한 그릇되거나 틀린 정보를 실어 한국에 관해 왜곡되게 기술하고 있는 것으로 밝혀졌다.

foreboding [fɔ:rbóudiŋ] n. (불길한)예감, 육감

fore(이전=before)+boding(몸으로 느끼는 것)의 결합.

'어떤 일이 일어나기 이전에 온몸으로 느끼는 불길한 것=불길한 예감'입니다.

- I have a **foreboding** that he will die before long.
  나는 그가 머지않아 죽을 거라는 불길한 예감이 든다.
- During her honeymoon she had a **foreboding** that her marriage might be a tragic one.
  신혼여행 중에 그녀는 자신의 결혼이 비극적인 것이 될지도 모른다는 불길한 예감을 가졌다.

pound [paund] n. (화폐, 무게)파운드 vt. 가두다, 두들기다

UFC 경기를 보면 상대방을 눕혀 놓고 사정없이 두들기는데 그것을 파운딩(pounding)이라고 합니다.

- I woke up early this morning by someone **pounding** on the front door.
  나는 누군가 문을 두드리는 소리에 오늘 아침 일찍 일어났다.

ponderous [púndərəs] a.대단히 무거운

pond(무게, 파운드=pound)+erous의 결합.

'무게가 나가는=무거운(heavy, weighty, ponderous), 묵직한'입니다.

- Warm up before lifting **ponderous** burden.
  무거운 짐을 들어 올릴 땐 준비운동 하세요.
- How did you carry that **ponderous** thing here?
  이 무거운 것을 어떻게 들고 왔어요?

maritime [mǽrətàim] a.바다의, 해상의

mari(바다의=marine)+time의 결합.

- The Ministry of Land, Transportation and **Maritime** Affairs announced good news.
  국토해양부가 좋은 소식을 발표했습니다.
- The **maritime** police suspects that it was caught in the fishing nets by accident.
  해양경찰은 그것이 우연히 어망에 걸려 잡힌 것으로 추측하고 있습니다.

Day 43

undaunted [ʌndɔ́:ntid] a. 기가 꺾이지 않는, 의연한, 용감한

un(부정=not)+daunt(vt.기를 꺾다)+ed의 결합.
'어떤 경우에도 기가 꺾이지 않는=의연한, 용감한(brave, bold, daring)'입니다.

- daunt [dɔ:nt] vt. ~의 기를 꺾다, 움찔하게 하다 • dauntless a. 겁 없는, 용감한
- They say that Koreans are great people who are **undaunted** and powerful.
  그들은 한국인들은 기가 꺾이지 않고 강한 위대한 사람들이라고 말한다.
- Most achievers remain **undaunted** by failure.
  대부분의 성공한 사람들은 실패로 기가 꺾이지 않는다.

undue [ʌndjú:] a. 부당한(improper, unfair), 과도한(excessive), 지나친

un(부정=not)+due(a.적당한=proper, appropriate)의 결합.

- due a. 적당한(proper, suitable, appropriate), 만기(지급기일)가 된
- He withstood the **undue** pressure from his boss to the last.
  그는 상사의 부당한 압력을 끝까지 견뎠다.
- This is just routine, it tests whether or not the baby is feeling any type of **undue** stress.
  이것은 단지 일상적인 것으로, 태아가 어떤 유형의 과도한 스트레스를 느끼는지를 시험합니다.

unkempt [ʌnkémpt] a. 빗질하지 않은, 단정치 못한

un(부정=not)+kempt(a.빗질한, 단정한=comb)의 결합.

- He came to the office unshaven and **unkempt**.
  그는 면도도 하지 않고 빗질도 하지 않은 상태로 사무실에 왔다.

unwholesome [ʌnhóulsəm] a. 해로운(harmful, hurtful, injurious), 불건전한

un(부정=not)+wholesome(a.건강에 좋은, 건전한)의 결합.

- Usually the yellow dust contains a lot of **unwholesome** compounds.
  보통 황사는 많은 해로운 합성물들을 포함하고 있어.
- Saliva helps us minimize **unwholesome** bacteria in our mouths.
  침은 우리 입 안에 해로운 세균을 최소화 시키는 데 도움을 줍니다.

amorphous [əmɔ́ːrfəs] a.형태가 없는, 모호한

a(부정=an=not)+morph(모양=form)+ous의 결합.

'아무런 모양이 없는=형태가 없는(shapeless, formless), 모호한(vague, ambiguous)'입니다. 그리스 신화에서 모르페우스는 꿈(잠)의 신 이름으로, 그는 꿈에서 사람의 형상을 만들어 냅니다. 진정 및 수면 효과를 발휘하는 모르핀(morphine)은 모르페우스(Morpheus)에서 유래.

- amorphous plan 모호한 계획   • amorphous response 모호한 대답
- Wind and rain have eroded the statues into **amorphous** lumps of stone.
  비바람이 그 조각상을 부식시켜 형태가 없는(모호한) 돌덩어리로 만들어 놓았다.

anomalous [ənɑ́mələs] a.이례적인, 비정상적인, 이상한

a(부정=an=not)+nomal(정상의, 보통의=normal)+ous로 결합.

'정상적인 것이 아닌, 보통의 것이 아닌=이례적인(irregular, abnormal, strange)'입니다.

- In an **anomalous** occurrence, the planets Jupiter, Venus, Mars and Mercury all came into alignment with the Moon.
  이례적인 사건으로, 목성, 금성, 화성, 수성이 모두 달과 일렬로 정렬했다.
- It was **anomalous** for a group of countries to win the Peace Prize.
  한 무리의 나라가 노벨평화상을 수상하는 것은 이례적이었다.

foment [foumént] vt.(폭동, 불화, 문제)조장하다(foster)

발음 [포우멘~] ▶ 어깨에 [포]를 [멘] 군인들이 나타나 불안을 조장한다.

- "Shooter" games have often come under harsh criticism for **fomenting** violence.
  "총 쏘기" 게임들은 폭력을 조장한다는 이유로 종종 가혹한 비판을 받는다.
- Why should we **foment** divisions and waste national energy?
  왜 우리는 분열을 조장하고 국가 에너지를 낭비해야 하는가?

gist [dʒist] n.요지(point, crux), 핵심(core)

발음 [지스트] ▶ 네가 디[지스트]에 가야 한다는 것이 내 말의 핵심이야.

고등학교에 진학한 딸에게 대구에 있는 과학기술원 디지스트를 목표로 하라고 슬쩍 압박을 가하고 있습니다.

- Teenagers can learn the **gist** by learning lessons from past events that happen to themselves or others.
  십대들은 그들 자신이나 다른 십대들에게 발생한 과거 사건으로부터 교훈을 배움으로써 문제의 핵심을 볼 수 있다.

mutilate [mjú:təlèit] vt. (수족)절단하다, (신체)훼손시키다

발음 [뮤틀레이트] ▶ [문틀]에 끼여 손가락이 절단된 사람 연상.

- The prisoners' arms and legs had been cut off and their **mutilated** bodies thrown into the ditch.
  죄수들의 팔다리는 잘려졌고 절단된 시신은 도랑에 버려졌다.

niggardly [nígə:rdli] a. 인색한(stingy, miserly), 쩨쩨한, 구두쇠의

발음 [니글리] ▶ 돈 천원도 못 빌려줄 정도로 [니]가 [그리] 인색한 사람이었나?

- I am not **niggardly**, I think, of money.
  내가 생각하기에 나는 돈에 인색하지는 않다.
- According to one Irish legend, there once was a greedy farmer by the name of **niggardly** Jack.
  아일랜드 전설에 따르면 한 때 구두쇠 잭이라는 이름의 욕심 많은 농부가 있었다.

tenure [ténjuə:r] n. 보유(권), 임기, 종신 재직권(정년 보장)

ten(갖고 있다=hold)+ure의 결합.

'어떤 것을 갖고 있을 권리=보유권'입니다. 어근 ten은 기본편 참조.

- The two-year **tenure** of the police chief is guaranteed by law.
  경찰청장의 2년 임기는 법에 의해 보장되어 있다.
- The biggest problem with **tenure** is that it's difficult to remove an incompetent teacher.
  종신 재직권의 가장 큰 문제는 무능한 교사들을 없애는 것이 매우 힘들다는 것이다.

monogamy [mənágəmi] n. 일부일처제

mono(하나, 모노=one)+gam(결혼=marriage)+y의 결합.

'한 사람과 결혼하는 것=일부일처제'입니다.

- polygamy [pəlígəmi] n. 일부다처제
- The fact is that **monogamy** had nothing to do with love.
  사실 일부일처제는 사랑과는 아무런 관련이 없습니다.

monotheism [mánəθì:izəm] n. 일신론, 일신교

mono(하나, 모노=one)+the(신=god)+ism의 결합.

'하나의 신을 믿는 것=일신교'입니다.

- polytheism [páliəθì:izə] n. 다신론, 다신교
- There is several possibilities about how **monotheism** arose in ancient culture.
  일신교가 어떻게 고대 문화에서 발생했는지에 대한 몇 가지 가능성이 있다.

ingrained [ingréind] a.(사상, 습관 따위)깊이 스며든, 뿌리 깊은

in(안에)+grain(n.낟알)+ed의 결합.

'사람 마음속에 알알이 박혀 있는=뿌리 깊은(inveterate, rooted)'입니다.

- ingrained prejudice 뿌리 깊은 편견 • an ingrained habit 몸에 밴 습관
- The influence of Freud is **ingrained** in her work.
  그녀의 작품에는 프로이드의 영향이 깊이 스며들어 있다.
- The phrase "first-born son" is so deeply **ingrained** in our consciousness.
  "맏아들"이라는 말은 우리의 의식 속에 깊이 스며들어 있습니다.

sonorous [sənɔ́:rəs] a.낭랑한(ringing, resonant), 울려 퍼지는

son(소리=sound)+orous의 결합.

어근 son은 소리를 나타냅니다. 일본의 가전회사 SONY는 소리를 내는 라디오에서 시작한 회사입니다.

- a sonorous church bell 울려 퍼지는 교회 종소리
- We sang the national anthem with a **sonorous** voice.
  우리는 낭랑한 목소리로 애국가를 불렀다.

resonant [rézənənt] a.(소리)울리는, 공명하는

re(다시=again)+son(소리=sound)+ant의 결합.

'소리가 다시 돌아오는=울리는'입니다.

- People easily forget the biting cold amid the din of events and **resonant** sounds of carols.
  사람들은 이벤트의 시끄러움과 캐럴이 울려 퍼지는 가운데 매서운 추위를 쉽게 잊어버린다.

anesthesia [æ̀nəsθíːʒə] n.마취(상태)

발음 [애너스씨져] ▶ [애너스씨]가 마취사고로 죽었다고 한다.

- There's this kind of **anesthesia** in Vietnam at the moment.
  현재 베트남은 (축구 때문에) 일종의 마취 상태에 빠져 있습니다.
- **Anesthesia** gave surgeons the freedom to operate.
  마취는 외과 의사들이 수술을 할 수 있는 자유를 부여했습니다.

archetype[ά:rkitàip] n.원형(the original form), 전형

arche(첫 번째=first)+type(n.형, 전형)의 결합.

'복잡하고 다양한 모습으로 바뀌기 이전의 단순한 첫 번째 형태=원형(原形)'입니다.

- We are about to see the Dracula, the **archetype** of horror movies.
  우리는 곧 공포영화의 원형이라고 할 수 있는 드라큘라 영화를 볼 예정이다.
- The **archetype** of the present-day bicycle was a human-powered vehicle using two wheels.
  현대 자전거의 원형은 두 바퀴를 이용하여 페달을 밟는 탈것이었다.

configure[kənfígjər] vt.(특정 목적에 맞춰)설계(구성, 설정, 수정, 개조)하다

con(함께=with)+figure(vt.계산하다)의 결합.

'이것저것 다 함께 종합적으로 계산하여=설계(구성, 설정, 수정, 개조)하다'입니다.

- The meals which are consumed by the soldiers are **configured** to match national tastes.
  군인들에 의해 섭취되는 그 식사들은 국가적인 미각에 맞도록 구성(설계)되어 있다.

mutable[mjú:təbəl] a.변하기 쉬운, 변덕스러운

mut(바뀌다=change)+able(가능)의 결합.

'언제든지 바뀔 수 있는=변하기 쉬운(changeable), 변덕스러운(capricious, fickle)'입니다.

- His opinions were **mutable** and easily influenced by anyone who had any powers of persuasion.
  그의 생각은 변덕스러워서 설득력이 있는 사람의 영향을 쉽게 받았다.
- It is difficult to predict the weather because of the **mutable** movement of the typhoon.
  태풍의 변덕스러운 움직임 때문에 날씨를 예측하는 것이 어렵습니다.

Day 44

disillusion [dìsilúːʒən] n.환멸 vt.환멸을 느끼게 하다

dis(분리=off)+illusion(n.환상, 환영)의 결합.

'갖고 있던 환상에서 분리되어 나왔을 때 자기가 품었던 환상에 대해 느끼는 것=환멸(disenchantment)'입니다.

- I soon became **disillusioned** with the job.
  나는 곧 그 직업에 환멸을 느끼게 되었다.
- Lots of defectors have not found much hope due to their frustration and **disillusion** of living in the South.
  많은 탈북자는 한국에서의 삶에 대한 좌절과 환멸 때문에 많은 희망을 발견하지 못했다.

disfigure [disfígjər] vt.(모양)손상시키다, 훼손시키다

dis(분리=off)+figure(n.모양, 인물, 숫자)의 결합.

'완성된 모양에서 무엇을 분리시키다=(모양을)손상시키다, 훼손시키다'입니다.

- Plastic surgery is very useful for people who have suffered burns or have their faces **disfigured** in an accident.
  성형수술은 화상을 입었거나 사고로 얼굴이 손상된 사람들에게 많은 도움이 된다.

disown [disóun] vt.~와 의절하다

dis(분리=off)+own(a.자신의, n.자신의 것)의 결합.

'자신과의 관계를 분리시키다=의절하다(break off relations)'입니다.

- Her family **disowned** her for marrying a foreigner.
  그녀의 가족은 외국인과 결혼했다고 그녀와 의절했다.

dismember [dismémbər] vt.사지를 절단하다, (국토)분할하다

dis(분리=off)+member(n.구성 요소, 구성원)의 결합.

'사람 신체를 구성 요소로 분리시키다=사지를 절단하다'입니다. 사람 신체를 구성 요소별로 분리시키는 것은 사지를 절단하는 것이고, 한 나라를 사지 절단하는 것은 국토를 분할하는 것입니다.

- A **dismembered** body was discovered in one of the city's residential districts.
  시내의 한 주택가에서 토막 난 시체가 발견되었다.
- The country was **dismembered**, several new countries were established.
  그 나라는 분할되었고, 몇 개의 새로운 국가가 수립되었다.

disjointed [disdʒɔ́intid] a.(말, 문체)산만한(loose, discursive, desultory)

dis(분리=off)+joint(n.이음매, 결합, 조인트)+ed의 결합.

'문단을 이어주는 이음매가 분리되어 핵심 파악이 안 되는=산만한(loose, discursive, desultory)'입니다.

- His remarks were so **disjointed** that we could not follow his reasoning.
  그의 말은 너무 산만해서 우리는 그가 무슨 말을 하는지 이해할 수 없었다.

disparage [dispǽridʒ] vt.폄하하다, 우습게보다, 무시하다

dis(분리=off)+parage(높은 등급=rank)의 결합.

'높은 등급에서 분리시켜 낮은 등급을 매기다=폄하하다(despise, depreciate)'입니다. A등급에 있던 작품을 분리시켜 C등급에 놓으면 그 작품을 폄하하고 무시하는 것입니다.

- We should not refrain from **disparaging** Japan and China by sentimental reasons.
  우리는 감정적인 이유로 일본과 중국을 폄하하는 것을 삼가야 합니다.
- Sorry, I didn't mean to **disparage** your achievements.
  미안합니다. 당신의 성과(업적)을 폄하할 의도는 없었습니다.

dissipate [dísəpèit] vt.흩어버리다, (돈)낭비하다 vi.소멸되다, 흩어지다

dis(분리=off)+sipate(흩어버리다=scatter)의 결합.

'모여 있는 것을 분리시켜 흩어버리다=흩어버리다(scatter, disperse, dispel)'입니다.
라틴어 dissipare(흩어버리다=scatter)가 영어에 유입된 단어. 흩어버리는 것은 모여 있는 것을 분리시키는 것이기 때문에 분리의 접두사가 붙은 것입니다.

- I saw the police using tear gas to try and **dissipate** a crowd of demonstrators.
  나는 시위 군중을 해산시키기 위해 경찰들이 최루탄 쓰는 것을 보았다.
- About 30 typhoons form and **dissipate** each year.
  매년 약 30개의 태풍이 생성되고 소멸된다.

nomadic [noumǽdik] a.유목(생활)의, 방랑(생활)의(wandering, roaming, roving)

발음 [노메딕] ▶ 집에 [노-no] [매]여 있는 생활은 유목, 방랑생활입니다.

- About 30 percent of the population are **nomadic** or semi-nomadic in the country.
  그 나라에서 인구의 약 30 퍼센트가 유목민 또는 반 유목민입니다.

solicitous [səlísətəs] a.걱정하는(anxious), 세심히 배려하는

발음 [설이서터스] ▶ 아들 [설이]가 곡예 [서커스]에 나가는 것을 **걱정하는** 엄마 연상.

- His mother is always **solicitous** about his health.
  그의 어머니는 항상 그의 건강에 대해 걱정한다.
- The service of the restaurant were very **solicitous** and its waiters were all kind.
  그 레스토랑의 서비스는 세심했고 웨이터도 모두 친절했다.

tepid [tépid] a.미지근한(lukewarm), 미온적인

발음 [테피드] ▶ **미지근한** 물 목욕을 [테피드] 마사지(tepid message)라고 합니다.

- tepid water(coffee) 미지근한 물(커피)
- China has consistently demonstrated **tepid** attitudes toward the sanctions for one reason or another.
  중국은 지속적으로 이런저런 이유를 들어 대북제재에 미온적인 태도를 보여왔다.

neoclassic [niːouklǽsik] a.신고전주의(파)의

neo(네오, 새로운=new)+classic(n.고전의)의 결합.

서양에서 고전은 그리스, 로마의 예술형식을 말합니다. 어근 네오(neo)는 new입니다.

- neo-impressionism 신인상주의
- neo-liberalism 신자유주의
- neo-colonialist 신식민주의
- neo-conservative 신보수주의
- This architecture is based on a **neoclassical** design derived from ancient Rome.
  이 건축물은 고대 로마 양식을 이어받은 신고전주의에 바탕을 두고 있다.

neolithic [niːoulíθik] a.신석기 시대의

neo(네오, 새로운=new)+lith(돌=stone)+ic의 결합.

'돌을 새로운 연장으로 사용한 시대=신석기 시대'입니다.

- Korea's ancestors lived in the **Neolithic** and Bronze ages.
  한국인의 조상은 신석기시대와 청동기시대에 (한반도에) 살았다.

bleach [bliːtʃ] v.희게 하다(표백하다)(whitewash) n.표백

발음 [블이치] ▶ 흰옷의 색깔이 [불일치]할 땐 표백제로 **희게 하세요**.

- Long exposure to sunlight can **bleach** and fade the colors of objects.
  장시간 햇빛 노출은 물체를 표백해 색을 바래게 할 수 있다.
- Hollywood is being criticized for **bleaching** characters in movies who were originally of Asian descent.
  헐리우드는 영화에서 원래 아시아 출신인 인물들을 표백하는 것 때문에 비난을 받고 있다.

balance [bǽləns] n.저울(천칭), 균형, 잔액, 잔고

'장부에 줄 돈과 받을 돈을 균형 있게 처리하고 남은 돈=잔액'입니다. 밸런스(balance)는 '균형'이란 의미로 이미 알고 있는 단어인데 '잔액, 잔고'라는 의미로 사용되면 당황하게 됩니다.

- Finding **balance** between work and fun should be the key.
  일과 재미 사이의 균형을 찾는 것이 중요합니다.
- You should punch in your password to check your bank **balance** online.
  인터넷상에서 은행 잔고를 조회하려면 비밀번호를 입력해야 한다.

hallmark [hɔ́:lmὰ:rk] n.품질보증, (독특한)특징

hall(n.홀, 연회장, 집)+mark(n.표시)의 결합.

귀금속 집에서 귀금속의 품질을 보증한다는 마크를 찍는 것에서 유래. 집마다 마크가 다르기 때문에 그 마크는 독특한 특징이 됩니다.

- Non-violence remained the **hallmark** of Gandhi's philosophy.
  비폭력은 간디 철학의 특징으로 남아 있습니다.
- Witty humor and improvisation presented in tune with audience responses are his **hallmarks**.
  재치 넘치는 유머, 청중과 호흡하는 임기응변은 그의 독특한 특징이다.

handful [hǽndfùl] n.한 움큼(소량, 소수)

hand(n.손)+ful(가득=full)의 결합.

'한 손안에 가득한 상태=한 움큼'입니다. 한 움큼은 소량, 소수입니다.

- Only a **handful** of people in the world can climb the mountain.
  전 세계에서 소수의 사람만이 그 산에 오를 수 있다.
- Only a **handful** of the planets and moons have the suitable conditions for water and life.
  발견된 소수의 행성과 달들만 물과 생명에게 적합한 조건들을 가지고 있습니다.

dutiful [djú:tifəl] a.충실한, 순종적인

duti(임무, 의무, 순종=duty)+ful(채워진=full)의 결합.

'마음속에 자신이 해야 할 임무로 채워진=충실한(faithful, dutiful, obedient, duteous)'입니다.

- The days of the **dutiful** wife, who sacrifices her career for her husband, are over.
  남편을 위해 자신의 직업을 희생하는 순종적인 아내의 시대는 끝났다.
- Rich oil-producing countries have **dutiful** people while poor nations experience frequent revolutions and anti-government movements.
  풍부한 석유를 생산하는 나라들은 순종적인 국민을 갖고 있는 반면에 가난한 나라들은 빈번한 혁명과 반국가 운동을 겪고 있다.

militia [milíʃə] n. 의용군, 시민군, 민병대

military(군인, 군대, 군대의)와 militia(시민군)은 함께 기억하세요. military는 국가에 소속된 군인이고 militia는 시민이 자발적으로 결성한 민병대입니다.

- The Islamic **militia** controls most of this Horn of Africa nation.
  이슬람 민병대가 소말리아 지역의 대부분을 장악하고 있습니다.
- He had gone to the forest with the **militias**, and she had never seen him again.
  그는 민병대와 함께 숲으로 사라졌고, 그녀는 그를 다시 볼 수 없었다.

knot [nɑt] n. (끈, 밧줄)매듭, (항해속도)노트 vt. 묶다(tie), 맺다

발음 [낫] ▶ [낫]으로 풀리지 않는 매듭을 끊어 버려.

- Two of the most famous Korean entertainers, Won Bin and Lee Na-young, tied the **knot** on May 30.
  한국의 두 유명한 연예인 원빈과 이나영이 5월 30일에 결혼했다.

skyscraper [skáiskrèipə:r] n. 마천루, 고층 건물

sky(n.하늘)+scrape(vt.문지르다)+er(것)의 결합.

'하늘을 문지를 정도로 높이 솟은 고층 건물=마천루(摩天樓)'입니다.

- Like many European cities, Hamburg is famous for its architecture and lack of **skyscrapers**.
  많은 유럽 도시들과 같이, 함부르크는 그 건축과 고층빌딩이 없는 것으로 유명합니다.

Day 45

abnegate[ǽbnigèit] vt.(신념, 욕망, 권리 따위)버리다, 포기하다

ab(분리=off)+neg(부정=negative)+ate의 결합.

'무엇을 아니라고 부정하여 자신에게서 분리시키다=버리다, 포기하다'입니다. '흡연은 좋지 않아, 쾌락은 좋지 않아'라고 부정하면서 자신이 갖고 있는 것을 분리시켜 버리면 버리고 포기하는 것입니다.

- He compelled the students to **abnegate** their desires to play around.
  그는 학생들이 놀고 싶어 하는 욕구를 버리도록 강요했다.

abrasive[əbréisiv] a.거친, 거슬리는(rude, wild) n.연마재

ab(분리=off)+ras(문지르다=scrape)+ive의 결합.

'갈거나 문질러서 표면을 분리시키는 것=연마재, 거친(rough, harsh)'입니다.

거친 표면을 문질러서 분리시키는 것은 연마재이고, 사포처럼 연마재 표면은 거칠거칠하기 때문에 '연마재'에서 '거친'이란 뜻이 파생. 누군가 거친 행동을 하면 눈에 거슬리게 되기 때문에 '거친'에서 '거슬리는'이란 뜻이 파생. 연마재는 표면을 분리시키는 것이기 때문에 분리의 접두사가 붙습니다.

- scrape[skreip] vt.문지르다(rub, scrub), 문질러 벗기다
- People did not like his **abrasive** personality and felt his policies were inconsistent.
  사람들은 그의 거친 성격을 좋아하지 않았고 그의 정책이 일관성이 없다고 느꼈다.
- His **abrasive** behavior makes people stay away from him.
  그의 거친 행동은 사람들이 그를 피하게 만든다.

abscond[æbskánd] vi.몰래 도망가다, 종적을 감추다

ab(분리=off)+s+con(함께=with=together)+d의 결합.

'가족이 함께 집에서 몸을 분리시키다=도망가다(escape, flee, run away)'입니다.

빚을 갚으라고 독촉하는 빚쟁이, 세금을 강요하는 관원들을 피해 가족이 집을 버리고 짐을 싸서 도망가는 것에서 유래. 도망은 집에서 몸을 분리시켜 멀리 가는 것이기 때문에 분리의 접두사가 붙습니다.

- Here is no doubt that the president **absconded** with public money.
  사장이 공금을 가지고 도망갔다는 사실은 의심의 여지가 없다.
- Upon arriving in Seoul, he **absconded**.
  그는 서울에 도착하자마자 종적을 감추었다.

aberrant [əbérənt] a.비정상적인, 일탈적인

ab(분리=off)+err(정도에서 벗어나다)+ant의 결합.

'정도에서 분리되어 벗어나 있는=비정상적인(abnormal, unusual, exceptional)'입니다. 어근 err은 error(잘못, 실수)이기 때문에 잘못되어 있는 상태는 비정상적인 상태입니다.

- err [ɛər] vi.정도(正道)에서 벗어나다. 잘못(실수)하다(error)
- He has recently been showing **aberrant** behaviors.
  그는 최근 일탈적인(비정상적인) 행동들을 보이고 있다.
- Some countries are experiencing **aberrant** climate changes.
  어떤 나라들은 비정상적인 기후 변화들을 경험하고 있습니다.

aboriginal [æbərídʒənəl] a.토착의, 원주민의 n.원주민

ab(강조=completely)+original(a.최초의, 본래의)의 결합.

'어떤 지역에 최초부터 살고 있는=토착의(native, indigenous), 원주민의'입니다.
앞에서 설명한 바와 같이 어근의 뜻이 명확할 때는 어근만으로 단어의 의미를 알 수 있기 때문에 강조의 접두어는 굳이 해석하지 않아도 됩니다.

- original a.최초의, 본래의, 독창적인
- an aboriginal language 토착어
- They will campaign for respect for **aboriginal** rights and customs.
  그들은 원주민의 권리와 관습에 대한 존중을 위해 운동을 벌일 것이다.
- The Maori people are the **aboriginal** people of New Zealand.
  마오리족 사람들은 뉴질랜드의 원주민입니다.

mushroom [mʌ́ʃrum] n.버섯 vi.급속히 성장하다

mush(이끼=moss)+room의 결합.

이끼처럼 급속히 자라는 모습을 보고 mushroom(버섯)이라고 한 것에서 유래.

- The A-bomb exploded into a huge **mushroom** cloud.
  원폭이 터지자 거대한 버섯구름이 솟아올랐다.
- We expect the market to **mushroom** in the next two years.
  우리는 다음 2년 동안 시장이 급속히 커질 것으로 기대한다.

nosy [nóuzi] a.코가 큰, 참견을 좋아하는, 꼬치꼬치 캐묻는

남의 일에 코를 가져가 냄새를 맡고 말참견하는 보통 사람들의 행위에서 유래한 단어.

- Why are you being so **nosy**?
  왜 그렇게 꼬치꼬치 캐불으시죠?
- My coworkers are so **nosy** they're driving me crazy.
  제 동료들은 참견이 너무 심해서 나를 미치게 만들어요.

nonflammable [nɑnflǽməbəl] a.불연성의, 잘 타지 않는

non(부정=not)+flammable(a.가연성의)의 결합.

- The interior of all subway trains were made **nonflammable** to prevent the spread of a fire and the release of toxic gas.
  모든 지하철의 내부는 불이 번지는 것과 유독 가스의 발생을 막기 위해 불연성 물질로 만들어졌다.

nonmoral [nɑnmɔ́:rəl] a.도덕(윤리)과 관계없는(amoral, unmoral)

non(부정=not)+moral(a.도덕의)의 결합.

nonmoral, amoral, unmoral과 immoral(부도덕한, 음란한)은 뜻이 전혀 다릅니다.

- This is not a completely **nonmoral** problem.
  이것은 완전히 도덕과는 관계가 없는 문제입니다.

nonplus [nɑnplʌ́s] vt.당황하게 만들다(perplex, confuse, bewilder)

non(부정=not)+plus(n.더하기, v.더하다)의 결합.

'더 이상 일을 해 나갈 수 없는 상황이 되다=당황하게 만들다'입니다. 더 이상 일을 더해 나갈 수 없는 난처한 상황에서 당황하는 사람의 모습에서 유래.

- I was completely **nonplussed** by his question.
  나는 그의 질문에 매우 당황했다.
- With Web addiction becoming a serious social problem, the **nonplussed** government is restraining the use of many games.
  인터넷 중독이 사회적으로 심각한 문제가 됨에 따라, 당황한 정부는 많은 게임의 사용을 제한하고 있다.

commodious [kəmóudiəs] a.(집, 방 등 공간이)넓은(wise, broad)

발음 [커모디어스] ▶ 내가 업혀 자란 곳은 엄마 등이 아니라 널찍한 [고모 (등) 뒤였어]

- The car looks **commodious** that adults may have room to stretch out in the seats.
  그 자동차는 어른이 자리에서 다리를 뻗을 공간이 있을 정도로 넓어 보인다.

immure [imjúər] vt.감금하다, 가두다

im(안에=in)+mur(벽=mural, wall)+e의 결합.

'벽 속에 집어넣다=감금하다(imprison, confine, cabin), 가두다'입니다.

- mural [mjúərəl] a.벽의, 벽 속의 n.벽(wall), 벽화
- **Immured** in a dark airless cell, the hostages waited six months for their release.
  환기가 안 되는 어두운 쪽방에 갇힌 채 인질들은 6개월 동안 풀려나기만을 기다렸다.
- Suppose you woke up and found yourself **immured** in a strange room.
  당신이 잠에서 깨어났는데 낯선 방안에 감금되어 있다고 생각해 보라.

inbred [ínbréd] a.타고난

in(안에)+bred(낳다=breed의 과거분사)의 결합.

'낳을 때부터 몸 안에 있는=타고난(inborn, inherent, innate)'입니다.

- Our **inbred** instinct for survival could be said to be beyond imagination.
  인간의 타고난 생존본능은 가히 상상을 초월한다고 말할 수 있을 것이다.
- Despite his educational background, great looks and **inbred** acting ability, it took some time for Damon to gain notice.
  교육적 배경, 수려한 외모와 타고난 연기력에도 불구하고, 맷 데이먼이 주목받기까지는 조금의 시간이 걸렸다.

inventory [ínvəntɔ̀:ri] n.재고, 재고 목록

in(안으로)+vent(오다=come)의 결합.

'창고 안에 들어온 물건=재고(stock)'입니다.

- Hyundai and Kia have been shifting some of their production to exports in an attempt to reduce **inventories**.
  현대기아차는 재고를 줄이기 위한 수단으로 생산라인을 수출용으로 전환해 왔다.

impunity [impjú:nəti] n.처벌받지 않음

im(부정=not)+pun(처벌하다=punish)+ity(명접)의 결합.

- with impunity 벌을 받지 않고, 야단맞지 않고
- What I fear most is power with **impunity**. 제가 가장 두려워하는 것은 처벌받지 않는 권력입니다.

incapacitate [ìnkəpǽsətèit] vt.무력화시키다, 못하게 하다

in(부정=not)+capacit(능력=capacity)+ate의 결합.

'무엇을 할 능력이 없도록 만들다=무력화시키다'입니다.

- He made remarks that **incapacitate** the discussion altogether.
  그는 토론을 완전히 무력화시키는 말들을 했다.
- Hackers infiltrate computer systems with one thing in mind to **incapacitate** the operating capabilities of a nation.
  해커들은 한 나라의 운영 능력을 무력화시키려는 한 가지 목적을 품고 컴퓨터 시스템에 침입한다.

infinitesimal [ìnfinitésəməl] a.극소의, 아주 작은

infinite(a.무한한, 끝없는)+simal(작은=small)의 결합.

'끝없이 아주 작게 분해한=극소의, 아주 작은'입니다. 수학에서 아주 작게 분해하는 것은 미분(微分)입니다.

- We are, after all, only an **infinitesimal** part of vast nature.
  우리는 어쨌든 광대한 자연의 아주 작은 일부분일 뿐이다.

DAY 45

fret [fret] vt. 초조하게 만들다(irritate) vi. 초조해하다 n. 초조

누군가 음식을 다 먹어 치우고 남겨놓지 않을까 봐 초조해 하는 것에서 유래한 단어.

- She tends to **fret** at the smallest problems.
  그녀는 하찮은 일로 초조해하는 경향이 있다.

- The government is asking the citizens not to **fret** and to wait longer.
  정부는 국민에게 초조해하지 말고 좀 더 오래 기다려 달라고 부탁하고 있다.

---

sumptuous [sʌ́mptʃuəs] a. 사치스러운(luxurious), 호화로운, 화려한

발음 [섬츄어스] ▶ 호화로운 별장에서 [썸] 타는 여자와 춤[추었어.]

- Mosaics that were constructed during this period often depict Romans' **sumptuous** lifestyles with sumptuous displays of fruits, vegetables, cake, and wine.
  고대 로마 시기에 만들어진 모자이크는 주로 과일, 야채, 케이크, 그리고 와인 등을 보여주어 호화로운 로마인들의 생활양식을 그린다.

Day 46

trespass[tréspəs] vi.(토지, 권리)침입하다, 침해하다 n.침입, 침해

tres(이동=trans=go)+pass(vi.통과하다=transit)의 결합.

'허락 없이 남의 땅을 통과하다=침입(침해)하다(invade, infringe)'입니다.

주인 허락 없이 타인의 땅을 무단으로 통과하는 것은 침입하는 것입니다. trespass는 vi로 침입은 나의 발을 타인의 땅에 접촉(on)시키는 것이기 때문에 접촉의 on과 결합하여 사용.

- **Trespassing on** someone's privacy just because they are famous is wrong.
  유명하다는 이유만으로 누군가의 사생활을 침해하는 것은 잘못입니다.

- That is my private land. Don't **trespass on** it.
  그곳은 나의 사유지입니다. (허가 없이) 침입하지 마세요.

somber[sámbə:r] a.어두컴컴한, 음침한, 우울한, 침울한, 비관적인

s(아래=sub=under)+omber(그늘=umbre=shade)의 결합.

'짙은 먹구름 그늘 아래에 있는=어두운(dark), 우울한(gloomy, dismal)'입니다.

omber는 umbrella(우산, 양산)의 변형으로 양산은 햇빛을 차단하기 때문에 양산 아래는 어두컴컴합니다. '마음이 어두운=우울한, 침울한', '전망이 어두운=비관적인'입니다.

- **somber** scenery 어두컴컴한 풍경 • **somber** forecasts 우울한(비관적인) 전망

- The fastest way out of a **somber** mood, step outside, go for a walk, turn the radio on and dance.
  우울한 기분에서 가장 빨리 벗어나는 방법은 밖으로 나가서 산책을 하고 라디오를 틀고 춤을 추는 것입니다.

suffocate[sʌ́fəkèit] vt.질식(사)시키다 vi.질식(사)하다, 숨이 막히다

suf(아래=sub=under)+foc(힘=force)+ate의 결합.

'목에 힘을 가해 공기가 목 아래로 못 가게 하다=질식시키다(choke, smother)'입니다.

- Do you know the **suffocating** atmosphere of the school?
  여러분은 학교의 숨 막히는 분위기를 알고 있나요?

- Most of the victims were **suffocated** to death.
  대부분의 희생자는 질식사했어요.

fluctuation[flʌktʃuéiʃən] n.변동(오르내림), 파동

flu(흐르다=flow)+ctua+tion의 결합.
fluctuate(vi.오르내리다)의 명사형으로, 시간이 흘러감에 따라 물가나 열이 오르내리는 것에서 유래.

- fluctuations in exchange rates 환율 변동
- Flexibly adapt to the inevitable changes and **fluctuations** in your marketplace.
  피할 수 없는 시장의 변화 및 변동에 유연하게 적응하세요.

glossy[glɔ́si] a.윤(광택)이 나는, 번쩍거리는

싱크대, 테이블, 장롱, 신발장 등의 각종 가구 제품에 하이그로시(high grossy-고광택)가 많습니다. 윤이 나는 코팅을 입혀 광택을 살려 고급스런 이미지를 주고, 제품의 긁힘이 적고 물이나 습기에 강하여 관리가 편리합니다.

- This floor is made of **glossy** and durable bamboo skin.
  이 바닥은 윤이 나고 내구성이 좋은 대나무 껍질로 만들어졌습니다.

muse[mju:z] vi.깊이 생각하다, 숙고하다(deliberate, ponder, consider)

그리스신화에서 뮤즈(Muse)는 시, 음악, 학예를 주관하는 신입니다. 고요한 음악을 들으면서 명상하기 때문에 '음악'에서 '깊이 생각하다'는 뜻이 파생.

- He spent a lot of time in **musing** about the plan.
  그는 그 계획에 대해 심사숙고하느라 많은 시간을 보냈다.
- The investigator **mused** over the case again.
  조사관은 그 사건에 대해서 다시 곰곰이 생각했다.

onerous[ánərəs] a.부담스러운(burdensome)

발음 [안어러~] ▶ 그는 부모가 남긴 빚을 떠[안으라]고 해서 부담스러운 상황이야.

- Expensive college tuition fees are a common problem all around the world and they are becoming **onerous** to students.
  비싼 대학 등록금은 전 세계 공통의 문제점이며, 학생들에게 부담스러워지고 있다.
- With life expectancy increasing, many children find supporting aging parents **onerous**.
  수명이 길어지면서 많은 자식들이 나이든 부모를 부양하는 것이 부담스럽다는 것을 안다.

thermal[θə́:rməl] a.열(온도)의, 뜨거운(hot)

열(온도)을 측정하는 thermometer(온도계)의 어근 therm은 열(온도)을 나타냅니다.

- For your lower body, put on **thermal** underwear and a pair of heavy pants.
  여러분의 하체를 위해, 발열 속옷과 두꺼운 바지를 입으세요.

inveterate [invétərit] a.(감정, 병이)뿌리 깊은, 고질적인

in(안에)+veter(오래된=veteran)+ate의 결합.

'몸속에 오래된 병이 있는=뿌리 깊은(ingrained, rooted), 고질적인(chronic)'입니다.

- veteran [vétərən] n.고참병, 노련가, 베테랑, 경험이 많은 사람
- In international politics **inveterate** enemies can become allies almost overnight.
  국제 정치에서는 뿌리 깊은 적이 거의 하룻밤 사이에 동지가 될 수 있다.

tenuous [ténjuəs] a.미약한, 빈약한, 보잘것없는

발음 [텐유어스] ▶ [텐=10] 이하의 [유아]들은 힘이 미약하다.

- The ties that bind us together in common activity are so **tenuous** that they can disappear at any moment.
  공동 활동에서 우리를 함께 묶는 유대는 너무 미약해 언제라도 사라질 수 있다.

incense [ínsens] n.향(香) vt.몹시 화나게 하다(enrage, exasperate, provoke, offend)

in(안에)+cense(양초=candle)의 결합.

'양초 안의 심지처럼 불을 붙일 수 있는 것=향'입니다. 향에 불을 붙이듯 사람의 마음에 불을 붙이는 것은 화나게 하는 것이죠.

- Stop the use of **incense** and candles.
  향과 양초를 그만 사용하세요.
- The leniency of the judge's sentence on such a violent criminal has **incensed** us.
  그렇게 난폭한 범죄에 대한 판사의 관대한 선고는 우리를 격분시켰다.

obfuscate [ɑbfʌ́skèit] vt.(판단 등)흐리게 하다, 혼란스럽게 만들다

ob(강조=completely)+fuse(섞다=mix)+cate의 결합.

'이것저것 완전히 섞어 버리다=혼란스럽게 만들다'입니다.

- He is avoiding the question and **obfuscating** the truth.
  그는 질문을 회피하고 진실을 흐리게 하고 있다.
- Don't be taken in by the deliberately **obfuscating** tricks.
  의도적으로 (판단을) 흐리게 하는 속임수에 속지 마세요.

opprobrious [əpróubriəs] a. 모욕적인(offensive), 수치스러운(disgraceful, scandalous)

op(분리=ob=off)+probr(문제 있는=problem)+ious의 결합.

문제 있는 말을 입에서 분리시켜 상대방을 모독하는 것에서 유래.

- The most **opprobrious** thing is to fabricate history to cover up shameful events.
  가장 수치스러운 것은 부끄러운 사건을 은폐하기 위해 역사를 날조하는 것이다.

- The queen thought that it would be **opprobrious** for the prince to prefer the commonplace woman to the aristocrat.
  그 여왕은 왕자가 귀족보다 평민 여성을 더 좋아하는 것은 수치스러운 일이라고 생각했다.

aloof [əlúːf] ad. 멀리 떨어져 a. 멀리 떨어진, 무관심한, 냉담한

a(이동=ad=to)+loof(지붕=roof)로 결합.

'마당에 있던 고양이가 지붕 위로 이동 한=멀리 떨어진(distant), 무관심한(indifferent)'입니다.

마당에 있던 고양이가 지붕 위로 이동해 있으면 마당에서 멀리 떨어져 있는 것입니다. 마음이 멀리 떨어져 있으면 무관심하고 냉담한 것이기 때문에 '멀리 떨어진'에서 '무관심한, 냉담한'이란 뜻이 파생.

- The boy does not mix with other boys but always keeps **aloof**.
  그 소년은 다른 애들과 어울리지 않고 늘 멀리 떨어져 있다.

- They remained **aloof** about my proposal, which was unrealistic.
  그들은 나의 제안에 무관심(냉담)했는데, 그것이 비현실이었기 때문이었다.

stipulate [stípjulèit] v. 규정하다(prescribe, regulate, ordain), 약정(명문화)하다

발음 [스티퓰~] ▶ 게시판에 새로 정한 규정을 [스티]커나 [풀]로 붙여 놓은 모습 연상.

- She did not perform her duties as **stipulated**, which led to her being fired.
  그녀는 규정된 대로의 의무를 다하지 않기 때문에 결국 해고되었다.

- The Constitution **stipulates** North Korea as part of the national territory.
  헌법은 북한을 한국 영토의 일부로 규정(명문화)하고 있다.

swap [swɑp] v. 맞바꾸다, 교환하다(exchange)

스와프(swap)은 맞바꾸고 교환하는 것입니다. 우리나라는 일본, 중국과 통화 스와프를 체결하여 외환 위기를 대비하고 있습니다.

- Companies **swap** businesses, share resources, and cooperate with others for strategic purposes.
  기업들은 전략적 이유로 사업을 맞바꾸거나 자원을 공유하고 협업을 한다.

incinerate [insínərèit] v.소각하다(burn), 태워 없애다

발음 [인시너~] ▶ [시너]를 안에 뿌려 소각하다.

- The company is accused of **incinerating** hazardous waste without the required licence.
  그 회사는 필요한 면허도 없이 유해한 쓰레기를 소각한 것으로 고소당했다.

indomitable [indάmətəbəl] a.굴복하지 않는, 불굴의

in(부정=not)+domit(지배하다=dominate)+able의 결합.

'지배할 수 없는=굴복하지 않는(dauntless)'입니다.

- There are five beliefs of Taekwondo: courtesy, integrity, perseverance, self control and **indomitable** spirit.
  태권도에 다섯 가지 신념이 있다. 예절, 고결, 인내, 극기, 그리고 불굴의 정신이다.

Day 47

munificent [mjuːnífəsənt] a. 아낌없는(munificent, profusive), 후한

발음 [뮤니퍼~] ▶ 자기 [뮤니-머니]를 마구 [퍼] 주는 후한 사람.

- A former student has donated a **munificent** sum of money to the college.
  한 졸업생이 그 대학에 아낌없는 후한 액수의 돈을 기부했다.

generic [dʒənérik] a. 일반적인(general), (약품)상표가 없는

특허가 만료된 오리지널 의약품의 카피 약을 제네릭(generic)이라고 합니다.
병원에서 처방하는 대부분의 약은 상표가 없는, 일반적인 제네릭 의약품.

- Employers tend to overlook **generic** resumes.
  고용주들은 일반적인 이력서는 간과하는 경향이 있습니다.
- India produces around 80 percent of the world's **generic** medicines.
  인도는 전 세계 제네릭 의약품의 약 80%를 생산한다.

opaque [oupéik] a. 불투명한, 불분명한(obscure)

발음 [오페이크] ▶ 석유 감산이 불분명한 [오펙](OPEC) 회의를 연상.

- We changed our windows to **opaque** glass ones.
  우리는 창문을 불투명한 유리창으로 바꿨다.
- It remains **opaque** whether it can achieve the target.
  목표를 달성할 수 있는지 없는지 불투명하다.

slovenly [slʌ́vənli] a. 단정치 못한(untidy), 꾀죄죄한

[슬어~] ▶ 머리는 대충 [슬어] 넘기는 단정치 못한 그녀를 연상하세요.

- She's got that slightly **slovenly** appearance. I don't think she ever brushes her hair or irons her clothes.
  그녀는 약간 꾀죄죄한 모양새를 하고 있다. 나는 그녀가 머리를 빗거나 옷을 다려 입는다고 생각하지 않는다.

debilitate [dibílətèit] vt.(몸, 조직 등)약화시키다

de(아래=down)+bilit(능력=ability)+ate의 결합.

'사람이나 조직이 갖고 있는 능력을 아래로 떨어뜨리다=약화시키다(weaken)'입니다.

- Prolonged strike action **debilitated** the industry.
  장기적인 파업은 그 산업을 약화시켰다.
- Parkinson's disease is a **debilitating** and incurable disease of the nervous system.
  파킨슨병은 사람을 약하게 하는 신경계통의 불치병이다.

detrimental [dètrəméntl] a.해로운(harmful) n.해로운 것(사람)

de(분리=off)+tri(셋=three)+ment(말하다=say)+al의 결합.

'내 통장에서 3천만 원을 분리시켜 달라고 말하는 사람=해로운 사람'입니다. 맡겨 놓은 자기 물건을 달라고 하는 것처럼 걸핏하면 무엇을 달라고 말하는 친구나 지인들은 해로운 사람입니다.

- triangle n.삼각형   • comment vt.말(논평)하다 n.논평, 비평, 코멘트
- The keyboards can carry **detrimental** germs that could cause food poisoning.
  키보드는 식중독을 일으킬 수 있는 해로운 세균을 옮길 수 있습니다.
- By sweating, we can get rid of the **detrimental** components in our bodies.
  땀을 흘림으로써, 우리는 우리의 신체에 있는 (건강에) 해로운 요소들을 없앨 수 있습니다.

deranged [diréindʒd] a.미친, 정상이 아닌

de(분리=off)+range(정렬하다, 정리하다=arrange)+d의 결합.

'정신이 가지런히 정리된 상태에서 완전히 벗어난=미친(crazy, insane, lunatic)'입니다.

- range vt.정렬하다, 정리하다 n.열, 줄, 산맥, 범위
- When I started this business, my friends and family said I was **deranged**.
  내가 이 사업을 시작했을 때, 친구들과 가족은 내가 미쳤다고 말했다.
- Even ten years ago, letting strangers stay in your home seemed like a **deranged** idea.
  10년 전만 해도, 집에 모르는 사람을 들이는 것은 미친 생각처럼 보였다.

desiccate [désikèit] v.건조시키다, 말리다

de(분리=off)+siccate(말리다=dry)의 결합.

'수분을 분리시켜 말리다=건조시키다(dehydrate, parch, dry up)'입니다.

라틴어 desiccare(말리다)가 영어에 유입된 단어. 말리는 것은 수분을 분리시키는 것이기 때문에 분리의 접두사 de가 붙은 것입니다.

- desiccated fruits 건조된(말린) 과일
- Although most of my strength had returned, my appearance was still that of a **desiccated** mummy.
  힘의 대부분을 회복하기는 했지만 내 모습은 여전히 마른 미라였다.

고급편

devout[diváut] a.독실한

de(강조=completely)+vo(맹세, 서약=vow)+ut의 결합.

'신의 말씀을 확실하게 지키겠다고 맹세하고 서약하는=독실한(pious)'입니다.

devote(바치다)와 devout(독실한)은 철자가 유사. devote(바치다)의 vote에서 보트(boat)에 공물을 실어서 신과 왕에게 바치는 모습을 연상하세요.

- As Gandhi was a **devout** Hindu, he also followed the principles of Hinduism, including vegetarianism.
  간디는 독실한 힌두교 신자였기 때문에 채식주의를 포함한 힌두교 교리를 따랐다.

demeanor[dimíːnər] n.태도, 행실, 품행

de(강조=completely)+mean(v.의도하다=intend)+or의 결합.

'어떤 의도를 갖고 있는지 알 수 있게 하는 것=태도(manner), 행실(behavior)'입니다.

사람이 어떤 의도를 갖고 있는지 알려면 평상시의 태도나 행실을 보면 알 수 있기 때문에 '의도'에서 '태도, 행실'이란 뜻이 파생.

- mean vt.의미하다, 의도(계획)하다 a.초라한, 비열한, 중간인 n.중간, 평균(average)
- First impressions include their facial expressions, the way they talk, and their **demeanor**.
  첫인상은 사람들의 표정, 말투, 그리고 태도를 포함한다.
- By maintaining a positive **demeanor**, you can make a huge difference.
  긍정적인 태도를 유지함으로써, 여러분은 큰 차이를 만들 수 있습니다.

flout[flaut] v.어기다(violate, disobey, infringe), 무시하다

발음 [플아우트] ▶ 그는 감독의 지시를 무시하고 [풀] 장 밖으로 [아우트] 했다.

- The Olympic opposes any behavior that would **flout** good sportsmanship.
  올림픽은 좋은 스포츠맨 정신을 어기는 어떠한 행동도 반대합니다.
- Some boys think it smart to **flout** school rules.
  교칙을 무시하는 것을 똑똑하다고 생각하는 소년들이 있다.

gluttonous[glʌ́tənəs] a.많이 먹는(gormand), 식탐 많은, 욕심 많은

발음 [글어턴어스] ▶ 많이 먹는 모델은 성공하기 [글러텄어.]

- Despite being really **gluttonous**, he stays thin.
  너무 많이 먹는 것에도 불구하고, 그는 날씬함을 유지한다.
- Everyone loves **gluttonous** goal-getter Ronaldo.
  모두가 골 욕심으로 가득 찬 골게터 호나우도를 사랑한다.

thoroughfare[θə́:roufɛ̀əːr] n.도로, 통로, 통행(passing, passage)

thorough(관통=through)+fare(가다=go)의 결합.

'마을을 관통하여 가는 길=도로(highway, avenue), 통로'입니다.

- The office raised some 3,600 flags at major **thoroughfares** of its region.
  그 구청은 이날 관내 주요 간선도로 가로변에 태극기 3,600여 장을 달았다.

overindulge[òuvərindʌ́ldʒ] vt.응석받이로 키우다, 제멋대로 하게 놔두다

over(넘어=beyond)+indulge(vi.빠지다, 탐닉하다)의 결합.

'정도를 넘어 무엇이든 자기가 좋아하는 것에 빠지게 놔두다=응석받이로 키우다, 제멋대로 하게 놔두다'입니다.

- He was **overindulged** by his parents and so has no respect for his elders.
  그는 응석받이로 자라서 연장자에 대한 존경이 없다.

overpopulate[òuvərpápjulèit] vt.인구과잉이 되게 하다

over(넘어=beyond)+populate(vt.~에 거주시키다)의 결합.

'어떤 지역에 정상적인 수준을 넘어 사람을 거주시키다=인구과잉이 되게 하다(overpeople)'입니다.

- As the main reason for Seoul being **overpopulated** is the underdevelopment of other regions, the government must adopt a policy which will effectively change the way it is.
  서울의 인구 과잉 현상은 다른 지방이 낙후되어 있기 때문입니다. 그러므로 정부는 현 상태를 효과적으로 바꿀 수 있는 정책을 채택해야 합니다.

overrate[òuvəréit] vt.과대평가하다

over(넘어=beyond)+rate(vt.평가하다=estimate)의 결합.

'원래의 가치를 넘어 평가하다=과대평가하다(overestimate)'입니다.

- underrate vt.과소평가하다(underestimate)
- People tend to **overrate** their role in success while underestimating their responsibility in failure.
  사람들은 성공의 경우에는 자신의 역할을 과대평가하고 실패의 경우엔 자신의 책임을 과소평가하는 경향이 있다.

overweening[òuvərwíːniŋ] a.우쭐대는, 거들먹거리는, 뽐내는

over(넘어=beyond)+ween(vt.기대하다=expect)+ing의 결합.

'자신이 하는 일에 대한 기대치를 도를 넘어 표현하는=우쭐대는'입니다.

- He had been too strong, too **overweening** to be loved.
  그는 사랑받기에는 너무나 강하고 우쭐댔다.
- She has become **overweening** since she won that beauty contest.
  그녀는 그 미인 대회에서 입상한 이후로 우쭐대고 있다.

insinuate [insínjuèit] vt. 넌지시 말하다(suggest, imply), 암시하다

발음 [인시뉴~] ▶ [인]사도 잘 받지 않는 [시뉴]이는 힘겨운 결혼생활을 암시했다.

- He **insinuated** that he has been roughly treated by the police.
  그는 경찰에게 거칠게 다루어져 왔음을 넌지시 말했다.

- It **insinuates** that the animals that rely on the ice for their survival have found it harder to live.
  이것은 얼음에 의지해서 사는 동물들이 살기 더 힘들어졌다는 것을 암시합니다.

iniquitous [iníkwətəs] a. 사악한, 부정한

in(부정=not)+iqu(올바른=equal)+it(가다=go)+ous의 결합.

'올바른 길로 가지 않는=사악한(wicked, vicious, malicious, sinister, black-hearted)'입니다.

- Following Hitler, many dictators tried to use the Olympics' humanitarian values to hide their **iniquitous** regimes.
  히틀러를 따라, 많은 독재자가 그들의 사악한 정권을 숨기기 위해 올림픽의 인도주의적인 가치를 이용하고자 하였다.

- This anonymity allows them to write any idea, even cruel or **iniquitous** ones, on the web.
  이러한 익명성은 그들이 인터넷에 어떠한 아이디어든, 심지어 잔인하고 사악한 아이디어도 작성할 수 있게 허용한다.

litigate [lítigèit] v. 소송(고소, 제소)하다(sue, accuse, charge)

라틴어 litigare(다투다=quarrel)가 영어에 유입되어 법정에서 싸우는 것으로 의미가 축소.

법정에서 다투고 싸우는 것이 소송(고소)하는 것입니다. 단어 속에 gate(문)가 들어있어 법정 문을 열고 들어가 판사 앞에서 시시비비를 가리는 모습을 연상하세요.

- litigation n. 소송, 고소, 제소   • litigious [litídʒəs] a. 소송을 좋아하는, 소송의

- Many sexism claims against employers are too costly to **litigate** and almost impossible to win.
  고용주들에 대한 성차별 대우 배상 요구는 소송하기에 비용이 너무 많이 들고 이길 가능성도 거의 없다.

Day 48

tether [téðəːr] n.(밧)줄, 한계(limit)

발음 [태더] ▶ [태도]가 나쁜 범죄자들을 밧줄로 묶어 놓은 모습 연상.

사람을 밧줄에 묶어 매달아 놓으면 육체적인 한계에 도달하기 때문에 '밧줄'에서 '한계'라는 뜻이 파생.

- Don't touch me. I am at the end of my **tether** at the moment.
  건드리지 마. 나는 지금 인내심의 한계에 도달해 있어.
- After a difficult day at work, she reached the end of her **tether** when her car broke down on the way home.
  힘겨운 하루 일을 마친 뒤, 그녀는 차가 귀가 도중 고장이 나자 인내의 한계에 다다랐다.

intrepid [intrépəd] a.용감한, 겁이 없는

in(부정=not)+tre(떨다=tremble)+pid의 결합.

'적군, 깡패, 호랑이를 만나도 떨지 않는=용감한(brave, courageous, valiant)'입니다.

- tremble vi.떨다, 떨리다, 흔들리다 • trepid a.벌벌 떠는, 겁이 많은
- You've probably heard about **intrepid** dogs that saved their owners' lives.
  너는 주인의 목숨을 구한 용감한 개에 대한 이야기를 들어봤을 거야.
- A **intrepid** store clerk protected customers during the earthquake.
  한 용감한 점원이 지진이 일어나는 동안 손님들을 보호했습니다.

indiscriminate [ìndiskrímənit] a.무차별의, 무분별한, 닥치는 대로

in(부정=not)+discriminate(v.구별하다, 차별하다)의 결합.

'구별하거나 차별하지 않는=무차별의, 닥치는 대로(at random)'입니다.

- discriminate v.구별(식별)하다 vi.차별 대우하다
- Soaring housing rents and **indiscriminate** commercialization make the lives of talented but penniless artists and musicians difficult.
  임대료 폭등과 무차별적인 상업화는 재능은 있으나 돈 없는 아티스트와 뮤지션들의 생활을 어렵게 만든다.
- Doctors have been criticized for their **indiscriminate** use of antibiotics.
  의사들은 항생제를 무분별하게 사용한다는 비판을 받아 왔다.

insurmountable [insərmáuntəbəl] a. 극복할 수 없는, 불가능한(impossible)

in(부정=not)+surmount(vt.오르다, 이겨내다)+able(가능)의 결합.

'오를 수 없는, 이겨낼 수 없는=극복할 수 없는(invincible, unconquerable), 불가능한'입니다.

- Do you think there is an **insurmountable** barrier in life?
  너는 인생에 있어서 극복할 수 없는 장벽이 있다고 생각해?
- It appears at first **insurmountable**, but with some effort it can be overcome.
  그것은 처음에는 극복할 수 없는 것처럼 보이지만, 조금의 노력으로 극복될 수 있다.

impasse [ímpæs] n. 막다른 골목, 난국, 교착상태

im(부정=in=not)+pass(vi.지나가다)+e결합.

'뚫고 지나갈 수 없는 곳=막다른 골목, 난국, 교착상태(deadlock, dilemma, standstill)'입니다.

- The negotiations has come to an **impasse**.
  협상이 막다른 골목(교착상태)에 와있다.
- Non-factional cooperation is required to tide over this **impasse**.
  이 난국을 극복하기 위해서는 파벌을 초월한 협력이 필요합니다.

immaculate [imǽkjəlit] a. 얼룩 없이 깨끗한, 순결한, (도덕적으로)깨끗한

im(부정=not)+maculate(vt.더럽히다=stain)의 결합.

'얼룩이 없는, 더럽혀지지 않은=순결한(pure, clean, spotless, taintless)'입니다.

- maculate[mǽkjəlèit] vt.더럽히다(stain, taint), 얼룩지게 하다
- an **immaculate** white dress 얼룩이 없는 흰옷
- Her private life has not always been so **immaculate**.
  그녀의 사생활은 항상 그렇게 순결했던 것은 아니다.

impecunious [ìmpikjúːniəs] a. 무일푼의(penniless), 가난한

im(부정=not)+pecuni(돈=money)+ious의 결합.

'한 끼 밥 먹을 돈도 없는=무일푼의, 가난한(penniless, indigent, poor)'입니다.

라틴어로 pecunia는 '돈, 돈의 여신'입니다. 어근 pecun에서 공짜 영화표에 팝콘 살 돈이 없을 정도로 가난한 사람을 연상해 보세요.

- peculate[pékjəlèit] v.(돈)횡령하다, 착복하다
- I first knew him as an **impecunious** student living in a small room.
  나는 처음에 그를 단칸방에 살고 있는 무일푼의 학생으로 알았다.

flippant [flípənt] a.경솔한(careless), 건방진(impertinent, impudent, cocky)

발음 [플리펀트] ▶ 직접 만들어 보세요.

- I didn't mean any offense. It was a **flippant**, off-the-cuff remark.
  악의는 없었어요. 그건 즉흥적으로 한 경솔한 발언이었어요.
- The teacher's **flippant** words triggered the students' revolt.
  선생님의 경솔한 말들이 학생들의 반항을 야기했다.

goad [goud] vt.부추기다, 선동하다(instigate, abet, incite, agitate)

발음 [고우드] ▶ 고도리 치면 무조건 쓰리 [고우 다]라고 **부추기고 선동**하는 사람이 있다.

- **Goading** people is nasty. Why don't you know that?
  사람을 부추기는 것은 추잡한 짓이야. 넌 왜 그것을 몰라?
- This game **goads** teens to care too much about outward appearance.
  이 게임은 십 대들이 외모에 너무 많이 신경 쓰도록 부추기고 있다.

muddle [mʌ́dl] n.혼란, 난잡 v.뒤죽박죽으로 만들다(confuse)

mud(n.진흙, 진창)+dle의 결합.

'마구 섞여 진흙탕으로 된 상태=혼란(confusion, disorder, commotion, chaos)'입니다.

- With the right government, the country wouldn't be in such a **muddle**.
  제대로 된 정부만 있어도 그 나라는 그런 혼란에 휩싸이지 않았을 것이다.
- After Julius Caesar was assassinated, political **muddle** prevailed in the Roman Republic.
  율리우스 시저(카이사르)가 암살된 후, 로마 공화국에 정치적 혼란이 만연했다.

sift [sift] vt.체로 치다, 면밀히 조사하다

돌, 자갈, 모래, 흙 등이 섞인 것을 체로 치면 따로 따로 분리되어 무엇이 섞여 있는지 바로 알 수 있기 때문에 체로 치는 행위는 면밀히(자세히) 조사하는 행위입니다.

- They spend hours digging, panning, and **sifting** through endless basins of dirt.
  그들은 땅을 파고, 냄비로 금을 가려내고 끝없이 대야로 굵은 흙을 체로 거르면서 시간을 보낸다.
- The historian spent a whole week **sifting** through the archives looking for the information.
  그 역사가는 공문서를 상세히 조사하여 정보를 찾아내는 데 꼬박 일주일을 보냈다.

throe [θrou] n.심한 고통(agony)

살을 관통(through)하는 듯한 심한 고통(throe)을 느껴본 적 있나요?

- Rwanda is now in the **throes** of this genocidal war. 르완다는 지금 대량학살 전쟁의 심한 고통 속에 있다.
- People fail to overcome inequality and isolation and after experiencing **throe**, they eventually commit a crime.
  사람들이 사회적 불평등과 고립을 극복하지 못하고 심한 고통을 느낀 후 결국에는 범죄를 일으킨다.

opulent [ápjələnt] a.부유한(wealthy, affluent), 풍부한

발음 [아퓰언트] ▶ [아]이 손잡고 [풀]장에 [언]제든지 갈 수 있는 사람은 **부유한** 사람.

- **Opulent** people have no idea what it is like to be poor.
  부유한 사람들은 가난이 무엇인지 전혀 모른다.

- A court handed down prison sentences to **opulent** parents who illegally sent their children to international schools by falsifying documents to change their nationality.
  국적을 바꾼 위조문서로 자녀를 외국인학교에 부정 입학시킨 혐의로 기소된 부유층 학부모들에게 법원이 징역형을 선고했다.

outdistance [àutdístəns] vt.~보다 크게 앞서다

out(밖에)+distance(n.거리)의 결합.

'상대편이 따라올 수 있는 거리 밖에 있다=크게 앞서다'입니다.

- I has completely **outdistanced** you in math.
  내가 수학에서는 너보다 완전히 앞섰어.

- He gained more than 52 percent of votes, far **outdistancing** his rivals.
  그는 52% 이상의 표를 획득하여 상대보다 크게 앞섰다.

outmoded [àutmóudid] a.유행에 뒤떨어진, 구식의

out(밖에)+mode(n.양식, 방식, 유행)+d의 결합.

'현재 유행하는 방식 밖에 있는=구식의(out of date, outdated, antiquated)'입니다.

- I used an **outmoded** joke to my dad and it really worked.
  나는 아빠에게 구식 장난을 써먹었는데 효과가 있었어.

- Most small farm owners are reluctant to sell their properties and stick to their **outmoded** farming style.
  소농가 소유주 대부분은 소유지 파는 것을 꺼리고 구식 농업 방식을 고수하고 있다.

outpost [áutpòust] n.전진기지, 전초부대

out(밖에)+post(n.문기둥)의 결합.

'성문 기둥을 벗어나 밖에 세워놓은 기지=전진기지, 전초부대'입니다.

- The enemy launched several rockets on a military **outpost**.
  적은 군사 전진기지에 몇 발의 로켓을 발사했다.

- NASA needs 14 more flights to complete construction of the orbital research **outpost**.
  NASA는 궤도 연구 전진기지 건설을 완료하기 위해 14개의 비행편이 더 필요하다.

outshine [àutʃáin] vt. 능가하다, 뛰어넘다

out(밖에)+shine(vi.빛나다)의 결합.

'다른 사람보다 밖으로 더 멀리 빛나다=능가하다(surpass, exceed, excel, override, outdistance, outstrip, outdo)'입니다.

- His superb acting was enough to **outshine** the professionals.
  그의 연기는 전문가를 능가할 정도로 훌륭했다.

- He respected Jordan, and he practiced hard to **outshine** him.
  그는 조던을 존경했고, 그를 능가하기 위해 열심히 연습했습니다.

outstrip [àutstríp] vt. 앞지르다, 능가하다

out(밖에)+strip(vt.벗기다, 빼앗다)의 결합.

'뒤쫓아 와 빼앗길 수 있는 거리 밖에 있다=앞지르다'입니다. 위에 있는 outshine의 동의어.

- Any industry is bound to fail if costs far **outstrip** revenues.
  비용이 수입을 훨씬 능가하면(앞지르면) 모든 산업은 망하게 되어있다.

- Elderly people **outstripped** children in demographic size for the first time in South Korea.
  노인들이 한국에서 최초로 인구 통계학의 규모에서 아이들을 앞질렀다.

ensemble [ɑːnsɑ́ːmbəl] n. 합주(단), 앙상블

en(만들다=make)+sem(같은=same)+ble의 결합.

'둘 이상의 연주자가 같은(동일한) 시간에 연주하여 종합적 효과를 내는 것=합주(앙상블-프랑스어)'입니다.

- The **ensemble** consists of young classical musicians from Israel, the Palestinian territories, and Arab countries.
  그 합주단은 팔레스타인, 아랍 국가, 이스라엘 출신의 젊은 클래식 음악가들로 구성되어 있다.

transposition [trænspəzíʃən] n. 치환, 위치를 바꿈

trans(이동, 변화)+position(위치)의 결합.

'위치를 바꾸어 놓는 것=치환(substitution, replacement, permutation)'입니다.

- No matter how hard a problem is, you can easily find a solution by using **transposition**.
  아무리 어려운 문제도 치환을 이용하면 쉽게 풀 수 있다.

Day 49

infuriate [infjúərièit] vt. 격노하게 만들다, 격앙시키다

in(안에)+furi(격노, 격분=fury)+ate의 결합.

'마음속에 격노할 무엇을 넣다=격노하게 만들다(irritate, enrage, madden)'입니다.

'너는 이중인격자야'와 같은 격노할 말을 타인의 귀에 넣으면 사람을 격노하게 만들게 됩니다. 브래트 피트 주연의 전쟁영화 퓨리(fury)는 볼만한 영화인데 탱크 포신에 Fury라고 적혀 있습니다.

- fury n. 격노(rage, anger, resentment), 격분
- They were **infuriated** to know that his memoir was entirely made up.
  그들은 그의 자서전이 완전히 날조된 것이라는 것을 알고 격분했다.
- Many people in Korea were **infuriated** at the sight of these uniforms.
  많은 한국인들은 (욱일승천기가 그려진) 그 유니폼을 보고 격분했다.

embellish [imbéliʃ] vt. 꾸미다, 장식하다

em(안에=in)+bell(n. 종, 벨)+ish로 결합.

'크리스마스트리 안에 여러 가지 벨을 달다=꾸미다(decorate, beautify, adorn)'입니다.

- If you want to feel the Christmas spirit, **embellish** your house with pretty ornaments.
  크리스마스 기분을 느끼고 싶다면, 예쁜 장식으로 집을 꾸며(장식해)보세요.
- She has a habit of **embellishing** her stories a little.
  그녀는 자기 이야기를 조금 꾸며서 말하는 버릇이 있어요.

engrave [engréiv] vt. 새기다, 명심하다(keep in mind)

en(안에=in)+grave(n. 무덤, 묘비=tomb)의 결합.

'무덤 앞의 비석 안에 글자를 넣다=새기다(carve, imprint, inscribe)'입니다.

묘비는 무덤 앞에 세우는 비석입니다. 광개토대왕비에는 광개토대왕의 행적이 새겨져 있지요. 비석에 글자를 새기듯 마음에 새기면 명심하는 것입니다.

- grave n. 무덤(tomb), 묘비 a. 중대한(very important)
- Only name was **engraved** on the tombstone.
  이름만이 그 묘비에 새겨져 있었다.
- Choo **engraved** what his father said in his mind.
  추신수는 그의 아버지께서 말씀하신 것을 그의 마음에 새겼습니다.

entrench [entréntʃ] vt.확고하게 하다, 확립하다

en(안에=in)+trench(n.참호=dugout)의 결합.

'적군을 방어하기 위해 진지 안에 참호를 파다=확고하게 하다(confirm, establish)'입니다.

entrench는 '참호를 파다'에서 '확고하게 하다'는 뜻이 파생. 적군을 방어하기 위해 참호를 파는 것은 안전을 확고하게 확립하는 것. 트렌치코트(trench coat)는 제1차 세계대전 당시 참호 안에서 영국군 장교가 입었던 우비에서 유래한 코트입니다.

- trench [trentʃ] n.도랑, 참호 v.(도랑, 참호)파다
- A logo may be small but plays a huge role in **entrenching** the identity and reputation of a company.
  로고는 작지만, 회사의 정체성과 평판을 확립하는데 엄청난 역할을 합니다.
- The best way the government can help small businesses is to **entrench** a fair trade order as stipulated by the law.
  정부가 중소기업을 도와주는 최선의 길은 법에 있는 것처럼 공정 거래 질서를 확립하는 것이다.

encroach [enkróutʃ] vi.(영토, 권리 등)침해하다, 침식하다

en(안으로=in)+croach(갈고리=crook, hook)의 결합.

'남의 재산, 땅을 갈고리로 후벼 안으로 파고들다=침해하다(trespass, infringe)'입니다.

크라우칭 스타트(crouching start)는 단거리 경주에서 출발 때, 양손을 어깨너비로 벌려 땅에 대고 몸을 갈고리 모양으로 구부린 자세로 있다가 뛰어나가는 출발법입니다. 침식은 조금씩 계속되는 것이기 때문에 계속의 on을 붙입니다.

- crook n.굽은 것, 갈고리(hook) vt.구부리다 vi.구부러지다   • crouch vi.웅크리다
- encroach on the patent right 특허권을 침해하다
- Forcing students to finish their plates can **encroach on** their free will.
  학생들에게 그들의 음식을 다 먹도록 강요하는 것은 그들의 자유 의지를 침해하는 것이다.

intrinsic [intrínzik] a.본질적인, 내재적인, 고유의

intri(안에=inter=in)+nsic의 결합.

'출생할 때 본래부터 몸 안에 갖고 있는=본질적인(essential), 고유의(inherent)'입니다.

- Philosophers, writers, and thinkers have all praised the **intrinsic** value of music as a universal language that connects all of humanity.
  철학가, 작가 그리고 사색가들은 모든 인류를 연결하는 보편적인 언어로서 음악의 본질적인(내재적인) 가치를 예찬했습니다.

gorge [gɔːrdʒ] n.협곡(canyon) v.잔뜩 먹다

발음 [고지] ▶ [고지(高地)]가 아니라 정반대인 협곡(골짜기)입니다.

협곡에 캠핑 가면 가져간 음식을 잔뜩 먹기 때문에 '협곡'에서 '잔뜩 먹다'는 뜻이 파생.

- A **gorge** is a deep ravine with a river at the bottom.
  협곡은 바닥에 강이 흐르는 깊은 산골짜기입니다.
- Mars also has the longest, deepest **gorge** in the solar system.
  또한 화성은 태양계에서 가장 길고 깊은 협곡을 가지고 있습니다.

gossamer[gásəmər] a.얇고 가벼운

gos(거위=goose)+same(a.같은=similar)+r의 결합.

'거위 털과 같은=얇고 가벼운(sheer, very light)'입니다.

- Their faces are partly hidden by **gossamer** veils.
  그들의 얼굴은 얇고 가벼운 베일로 부분적으로 가려져 있다.

motif[moutíːf] n.(문학, 예술)주제, 행동의 동기, 모티프

mot(움직이다=move)+if의 결합.

'작품 전체를 움직이는 것=주제(the theme)'입니다. 어근 mot는 기본편 참조.

- In Korean dramas, marrying someone from a different social class is a popular **motif** along with birth secrets.
  한국 드라마에서 출생의 비밀에 버금갈 만한 주제를 꼽으라면 사회적 계층이 다른 남녀의 결혼이다.

ordeal[ɔ́ːrdiːl] n.시련(trial, test), 고난(suffering, hardship, distress)

발음 [오딜] ▶ [어딜]가도 취업이 안 되는 시련, 고난의 시대

- In history, most heroes adhered to their principles through any **ordeals**.
  역사를 보면 대부분의 영웅은 역경 속에서도 자신의 원칙을 고집했다.
- The **ordeals** of life become a form of nourishment for understanding others.
  삶의 시련들은 다른 사람을 이해하는 자양분의 한 모습이 된다.

throng[θrɔːŋ] n.군중(crowd, multitude, mob), 인파, 다수의 사람

발음 [쓰롱] ▶ 불난 룸[싸롱]을 구경하기 위해 몰려든 군중을 연상.

- A **throng** of people gathered to hear the political candidate.
  한 무리의 사람들이 그 정당 후보자의 연설을 들으려고 모여들었다.

thwart[θwɔːrt] vt.좌절시키다, 훼방 놓다(hinder)

발음 [쓰워트] ▶ 그에게 누명을 [씌워], [트]집을 잡아 계획을 좌절시켰다.

- thwart a person's plan 누구의 계획을 훼방 놓다
- As a result, Cao Cao's ambition to conquer lands south of the Yangtze River was **thwarted**.
  그 결과(적벽대전 패배), 양쯔강 이남의 땅을 차지하려던 조조의 야망은 좌절되었다.

pantheism [pǽnθiìzəm] n.다신교, 범신론

pan(전체=all)+the(신=god)+ism(주의)의 결합.

'모든 것에 신이 있다고 믿는 것=범신론'입니다. 어근 pan은 기본편 pandemic 설명 참조.

- **Pantheism** is the view that there are many gods in nature and the universe.
  범신론은 자연과 우주에는 많은 신들이 있다는 관점이다.

paragon [pǽrəgàn] n.모범(model, example, exemplar, pattern), 본보기, 전형

para(옆=beside)+gon(돌=stone)의 결합.

어떤 광물을 캘 때 그것이 캐려는 광물이 맞는지 아닌지를 알기 위해 옆에 놓아두고 비교해서 보는 본보기 돌에서 유래한 단어. 접두어 para는 기본편 참조.

- There was a man who was extolled as the **paragon** of sublime self-sacrifice in history.
  역사에서 숭고한 자기희생의 모범(본보기)으로 칭송 받는 한 남자가 있다.
- It is important that we, as adults, provide positive **paragons** for our youth.
  어른으로서 우리는 애들에게 긍정적인 모범을 보이는 것이 중요합니다.

paranoia [pæ̀rənɔ́iə] n.편집증, 과대망상증

para(옆=beside)+noia(정신=mind)의 결합.

'정신이 한 쪽 옆으로 완전히 치우친 증세=편집증'입니다.

- The psychiatrists analyze his ailment as **paranoia** when he claimed that everyone hated him.
  정신과 의사들은 그가 모든 사람이 자기를 미워한다고 주장했을 때 그의 병을 편집증(과대망상증)으로 분석한다.

parasite [pǽrəsàit] n.기생충, 기생충 같은 사람, 식객

para(옆=beside)+sit(vi.앉다)+e의 결합.

'주인 옆에서 공짜로 밥을 먹는 사람=기생충 같은 사람, 식객'입니다.

- The heartworm is a **parasite** that affects household pets and the larvae are transmitted by mosquitoes.
  심장 사상충은 가정에서 기르는 애완동물에 영향을 미치는 기생충으로 애벌레(유충)가 모기에 의해 옮겨집니다.
- Some 35.8 percent of North Korean teens are infected with **parasites**.
  북한 청소년들의 약 35.8%는 기생충에 감염되어있다.

parody [pǽrədi] n.패러디, 서투른 모방, 흉내

paro(옆=beside)+dy의 결합.

'원작을 옆에 두고 새롭게 원작을 흉내 내는 것=모방(imitation, mimicry)'입니다.

- The Gangnam Style **parody** frenzy in the U.S. was quite a phenomenon.
  미국에서의 강남스타일 패러디 열기는 하나의 대단한 현상이었다.

instigate [ínstəgèit] vt. 부추기다, 선동하다(incite)

in(계속=on)+sti(찌르다=stick)+gate의 결합.

'계속 찌르다=부추기다, 선동하다(abet, incite, stir up, agitate)'입니다. 무엇을 하라고 옆구리를 계속 찌르는 것은 부추기고 선동하는 것이죠.

- The Internet may **instigate** illegal activities, like movie or music pirating.
  인터넷은 영화나 음악을 불법 복제하는 등의 위법 행위를 부추길 수 있다.
- A Southeast Asian was deported for **instigating** terrorism on the Internet.
  한 동남 아시아인이 인터넷에서 테러 행위를 부추긴 혐의로 추방되었다.

venerate [vénərèit] vt. 존경하다(respect, look up to), 존중하다

venerate는 사랑과 미의 여신인 비너스(Venus)에서 유래한 단어. 존경은 사람을 사랑하는 감정의 일부분입니다.

- If you **venerate** others, then they will also treat you with respect.
  네가 다른 사람들을 존중하면, 그들도 너를 존중할 거야.

Day 50

exasperate[igzǽspərèit] vt.몹시 화나게 하다

ex(밖으로=out)+asper(거친=asperity)+ate의 결합.

'거친 욕설이 나를 향해 입 밖으로 나오다=화나게 하다(enrage, outrage, provoke)'입니다.

- asperity[æspérəti] n.신랄함, 거침
- If you make your pet **exasperate**, it may bite or scratch you.
  만약 여러분의 애완동물을 몹시 화나게 한다면, 여러분을 물거나 할퀼지도 모릅니다.
- His action **exasperated** many people because he had previously said that he would do his military service.
  그는 그 이전에 군 복무를 하겠다고 말했기 때문에 그의 행동은 많은 사람을 몹시 화나게 만들었다.

elapse[ilǽps] vi.(시간)지나다, 경과하다 n.경과

e(밖으로=ex=out)+lap(미끄러지다=slip)+se의 결합.

'시간이 밖으로 미끄러지듯 나가다=지나다(pass, go by)'입니다. lapse(경과하다)와 접두어 e가 붙은 elapse(경과하다)는 동의어. exlapse[익스랩스]는 발음이 불편하기 때문에 철자 x를 생략하여 elapse[일랩스]입니다.

- lapse[læps] n.(시간)경과, 착오 vi.지나다(pass), 경과하다
- As time **elapsed**, he recovered from his emotional wounds.
  시간이 경과함에 따라 그는 마음의 상처로부터 회복했다.
- Three months have **elapsed** since he left home.
  그가 집을 떠난 지 석 달이 지났다(경과했다).

enumerate[injú:mərèit] vt.일일이 세다, 열거하다, 나열하다

e(밖으로=ex=out)+numer(숫자, 세다=number)+ate의 결합.

'관련된 숫자를 하나하나 입 밖으로 내다=열거하다(recount)'입니다. 선생님이 학생 중에서 만점 받은 학생들의 번호를 하나하나 입 밖으로 꺼내어 부르면 일일이 세고, 열거(나열)하는 것입니다.

- number n.수, 숫자, 번호 vt.세다(count), 번호를 매기다
- Instances of juvenile violences are too numerous to **enumerate**.
  청소년 폭력의 사례는 너무 많아서 열거할 수가 없어요.
- **Enumerate** qualities or abilities that you have now.
  여러분이 현재 갖고 있는 자질과 능력을 열거해 보세요.

고급편 **253**

extraneous [ikstréiniəs] a.외부의(outside), 관계없는(irrelevant, unrelated)

extra(밖에=out)+neous의 결합.

주제 밖에 있는 제안은 주제와 무관하기 때문에 '밖의, 외부의'에서 '무관한, 관련 없는'이란 뜻이 파생.

- an issue extraneous to the subject 주제와 무관한 문제
- Even **extraneous** children were considered political prisoners and sent to the camp with their parents.
  관계없는 아이들조차도 정치범으로 간주되어 부모와 함께 수용소로 보내졌다.

extravagant [ikstrǽvəgənt] a.낭비하는, 사치스러운

extra(밖으로=out)+vag(막연한=vague)+ant의 결합.

'돈을 막연하게 지갑 밖으로 꺼내 쓰는=낭비하는(wasteful, luxurious, lavish)'입니다.

- vague a.막연한(obscure, ambiguous, dim), 어렴풋한
- Many young people are spoiled by living an **extravagant** life.
  많은 젊은이가 사치스러운 생활로 망가진다.
- It is **extravagant** of you to spend $100 on a tie.
  네가 넥타이 하나에 100달러를 쓰는 것은 낭비(사치)다.

effigy [éfədʒi] n.상, 형상, 인형

ef(밖으로=ex=out)+fig(형상, 모양=figure)+y의 결합.

'밖으로 드러나 있는 모양이나 형상=상(像), 형상(image, figure)'입니다. 단어 effigy(형상)의 fig에 밑줄을 치고 동의어 figure(형상)를 떠올리세요.

- figure [fígjər] n.숫자, 형상(모양), 인물, 사람의 모습 v.계산하다(count)
- Ghosts can have wispy **effigies**, or look like real things.
  유령들은 희미한 형상을 가질 수도 있고, 실제 사물처럼 보일 수도 있다.
- The demonstrators burned a crude **effigy** of the president.
  시위자들은 조잡하게 만든 대통령 형상(인형)을 불태웠다.

fleeting [flíːtiŋ] a.빨리 지나가는, 쏜살같은, 덧없는

fleet(함대, 빨리 지나가다)+ing(형접)의 결합.

'떠 있는 함대가 지나가듯 빨리 지나가는=순식간의, 덧없는(evanescent, ephemeral, transitory, transient)'입니다.

- fleeting pleasures 찰나적 쾌락   • this fleeting life 이 덧없는 세상
- What am I going to do with this short amount of time that's just **fleeting**?
  그냥 쏜살같이 지나가는 이 짧은 시간으로 나는 무엇을 할 것인가?

grandiloquent[grændíləkwənt] a.과장된, 호언장담하는

grand(a.큰, 웅장한, 장엄한)+i+loq(말하다=speak)+ent의 결합.

'작은 것을 크고 웅장하게 부풀려 말하는=과장된(pompous, exaggerated, bombastic)'입니다. 어근 loq(=log)는 기본편 참조.

- False or **grandiloquent** food advertising puts the health of consumers at risk.
  거짓이거나 과장된 식품 광고는 소비자의 건강을 위험하게 한다.
- The **grandiloquent** benefits of reading have long gone unchallenged as have the perils of TV watching.
  독서에 대한 과장된 이익은 TV 시청의 위험만큼 오랫동안 의심의 여지가 없었다.

morose[məróus] a.기분이 언짢은, 침울한(dismal, gloomy, depressed)

발음 [머로우스] ▶ 주전이 되기엔 아직 [멀었어]라는 말을 감독으로부터 들어 **침울한** 선수의 모습을 연상.

- I also become **morose** sometimes without any reason.
  나도 가끔 어떤 이유 없이 침울해진다.
- He relieved the **morose** silence with some witty jokes.
  그는 재치 있는 농담으로 침울한 침묵을 해제했다.

ordinance[ɔ́:rdənəns] n.법령, 조례

ordin(명령=order)+ance의 결합.

'법원이나 지방 의회의 명령=법령(statute, law), 조례(regulations, rules, acts)'입니다.

- The new **ordinance** bans the operations of businesses that ruin the image or purpose of the cultural district.
  새로운 법령은 문화지구의 목적 또는 이미지를 훼손하는 사업의 운영을 금지한다.

shudder[ʃʌ́dəːr] vi.(공포, 추위로)떨다, 전율하다(shiver, tremble)

발음 [셔더] ▶ 레몬이 너무 [셔]서 온몸을 [더 더 더] 떠는 모습 연상.

- I'm **shuddering** with cold. Come quickly.
  나는 추워서 부들부들 떨고 있어. 빨리 와.
- I **shuddered** to think what they were saying behind my back.
  나 없는 데서 그들이 무슨 욕을 하고 있을까 하고 생각하니 치가 떨렸다.

timorous[tímərəs] a.두려워하는, 소심한(timid), 소심한

<u>tim</u>id(겁 많은, 두려워하는, 소심한)와 <u>tim</u>orous는 동의어로 함께 기억하세요.

- I admit I was **timorous** when I began my speech, but as I went along, I felt less and less afraid.
  연설을 시작했을 때 두려웠다는 것을 인정하지만 해 나가면서 점점 두려움이 없어졌다.

shoddy [ʃádi] n.가짜(imitation, sham, fake), 모조품 a.가짜의, 조잡한

발음 [샤디] ▶ 가짜를 명품으로 팔고 손님에게 [싸대기] 맞는 손님을 연상.

오래되어 못쓰거나 한 번 사용한 양모로 만든 모직물이란 뜻에서 '가짜, 조잡한'이란 뜻이 파생.

- He resorted to **shoddy** workmanship and used inferior materials.
  그는 조잡한 기술에 의존했고, 품질이 떨어지는 재료를 사용했다.
- Last month, consumers were outraged to find that some Chinese companies were producing **shoddy** rice.
  지난 달 몇몇 중국 업체가 가짜 쌀을 만들고 있다는 것을 발견하고 소비자들은 경악을 금치 못했다.

titular [títʃulə:r] a.이름뿐인, 명목상의

titul(이름, 직함, 타이틀=title)+ar의 결합.

'이름만 갖고 있는=이름뿐인, 명목상의'입니다.

- The president is the **titular** head of the company, but the owner is really in charge.
  사장은 그 회사의 이름뿐인 대표이고 사주가 실제로 책임을 지고 있다.

percolate [pə́:rkəlèit] v.스며들다(permeate), 퍼지다, 여과하다

발음 [퍼컬에이트] ▶ [퍼머 컬러]가 [에이트-8분]만에 스며들었다.

액체가 거름망에 스며든 다음에 빠져나오는 것이 여과이기 때문에 '스며들다'에서 '여과하다'는 뜻이 파생.

- percolation n.여과, 거름, 삼투   • percolator n.여과기(filter)
- AI technology or artificial intelligence, is gradually **percolating** every aspect of life, from smartphone assistants to self-driving cars and home automation.
  인공지능은 스마트폰 비서에서부터 자율 주행 자동차 그리고 가정 자동화까지 삶의 모든 부분에 점점 스며들고 있다.

peregrination [pèrəgrinéiʃən] n.긴 여행

per(완전히, 끝까지=perfectly)+egr(영도=land)+in(안에)+ation의 결합.

'다른 영토 안을 끝까지 돌아보는 것=긴 여행'입니다.

- In a Cervantes' novel Don Quixote, main characters make a long **peregrination**.
  세르반테스의 소설 돈키호테에서 주인공들은 긴 여행을 한다.

perquisite [pə́:rkwəzit] n.팁, 부수입, 수당(allowance)

per(완전히, 끝까지=perfectly)+qui(추구하다=seek)+site의 결합.

'본래의 자기 이익을 확실하게 추구하는 과정에서 별도로 받게 되는 것=팁, 부수입, 수당'입니다.

- He makes a living with various **perquisites**.
  그는 다양한 부수입으로 먹고살아.
- Bonuses, **perquisites** and welfare pensions are all included in the amount.
  상여금과 수당, 연금 등이 모두 총액에 포함되어 있습니다.

pertinacious[pə̀ːrtənéiʃəs] a.집요한, 끈기 있는, 불굴의

per(완전히, 끝까지=perfectly)+tin(갖고 있다=hold)+acious의 결합.

'끝까지 붙잡고 있는=끈기 있는, 불굴의(dauntless, inexhaustible, indomitable, invincible, unyielding, inflexible, indefatigable, unsubdued, sturdy)'입니다. 어근 tin은 기본편 참조.

- Like most successful businessmen, you have to be **pertinacious** in the pursuit of her goals.
  대부분의 성공한 사업가들처럼 여러분은 자신의 목표를 추구함에 있어 끈기 있어야 합니다.
- For many years he has been a **pertinacious** campaigner for human rights.
  여러 해 동안 그는 인권을 위해 싸우는 끈기 있는(불굴의) 운동가로 활동했다.

interstellar[ìntərstélər] a.별과 별 사이의, 항성 간의

inter(사이=inter)+stellar(a.별의)의 결합.

영화 인터스텔라(interstellar)는 지구가 붕괴되고 생존을 위해 새로운 별을 찾아 **별과 별 사이**를 비행하는 영화입니다.

- NASA announced that the Voyager 1 space probe has ventured into **interstellar** space, the empty space between the stars.
  미항공우주국은 보이저 1호 우주 탐사선이 항성들 사이에 존재하는 빈 공간인 성간 공간으로 진입했다고 발표했다.

constellation[kɑ̀nstəléiʃən] n.별자리

con(함께=with)+stella(별=star)+tion의 결합.

'별이 함께 모여 만든 것=별자리(asterism)'입니다.

- The star is the brightest in the night sky and the second brightest in the **constellation** of Orion.
  그 별은 밤하늘에서 가장 밝은 별이고 오리온 별자리에서 두 번째로 밝다.

Day 51

recant [rikǽnt] vt.(말, 신념 등)철회하다, 취소하다

re(뒤=back)+cant(노래=chant)로 결합.

'불렀던 노래를 뒤로 불러들이다=철회하다(recall, deny, withdraw, reverse)'입니다. 입 밖으로 내뱉은 말(불렀던 노래)을 뒤로 물려 입안에 주워 담는 것은 했던 말을 철회하고 취소하는 것입니다.

- chant[tʃænt] n.노래 v.(노래)부르다 • recantation n.(진술)철회, 취소
- withdraw one's resignation 사표를 철회하다 • withdraw an appeal 항소를 철회하다
- We will not **recant** the strike until our demands are accepted.
  우리는 우리의 요구가 받아들여질 때까지 파업을 철회하지 않겠습니다.

relinquish [rilíŋkwiʃ] vt.버리다, 포기하다

re(뒤=back)+linqu(떠나다=leave)+ish의 결합.

'뒤에 남겨두고 떠나다=포기하다(abandon, give up, desert, forsake, renounce)'입니다.

영국인의 조상인 앵글로색슨족은 떠돌이 생활을 하는 유목민입니다. 떠날 때 갖고 가지 않고 뒤에 남겨두는 것은 버리거나 포기하는 것입니다.

- relinquishment n.포기(giving up, abandonment, renouncement), 양도
- The issue of more multicultural children being **relinquished** is growing as well.
  버려지고 있는 다문화 가정의 어린이 문제 또한 증가하고 있다.
- What do you think about those who **relinquish** Korean citizenship to avoid military service?
  너는 군복무를 피하기 위해 한국시민권을 포기하는(버리는) 사람들에 대해 어떻게 생각해?

retard [ritá:rd] vt.지체(지연)시키다 n.지체, 지연, 저능아

re(뒤=back)+tard(늦은=slow)의 결합.

'달리는 말의 말고삐를 뒤로 끌어당겨 늦게 만들다=지체시키다(impede)'입니다.

말을 빨리 달리게 할 때는 구두 뒤축의 박차(spur)를 가하고, 달리는 말의 말고삐를 뒤로 당기면 말머리가 들리면서 속도를 늦추게 됩니다.

- The lack of natural resources **retarded** the country's development.
  지하자원의 부족은 그 나라의 발전을 지체시켰다.
- I believe that smoking cigarettes will **retard** the growth of young adolescents.
  나는 흡연이 어린 청소년의 성장을 지체시킬 것이라고 생각한다.

remuneration [rimjùːnəréiʃən] n.보수(보상), 급여

re(다시, 계속=again)+munera(주다=give)+tion의 결합.

'고용자가 일한 사람에게 계속 되돌려 주는 것=보수(reward), 급여(pay, salary, wage)'입니다. 일을 한 사람에게 일을 한 만큼 계속 되돌려 주는 것은 보수, 보상, 급여입니다. 일반적인 표현은 pay, wage, salary이고 remuneration은 격식을 갖추어야 하는 글에서 사용.

- Employees donate 1 percent of their **remuneration** to charity.
  직원들은 급여의 1%를 자선단체에 기부한다.

- **Remuneration** for missionaries are often based on donations.
  선교사들의 급여는 종종 기부금에 의해 결정됩니다.

remorse [rimɔ́ːrs] n.후회, 양심의 가책(compunction)

re(다시, 계속=again)+morse(물어뜯다=bite)의 결합.

'나쁜 행위로 인해 자기 마음을 계속 물어뜯는 것=후회(regret, repentance)'입니다.

- bite[bait] vt.물다, 물어뜯다, (모기)쏘다 n.물기, 한입, 물린 상처
- YOLO, an acronym for "You only live once," is used to encourage people to live in the moment with no **remorse**.
  "당신의 삶은 단 한 번뿐이다" (You only live once)의 머리글자인 욜로 (YOLO)는 사람들이 후회 없이 그 순간을 살도록 격려하는 데 사용되고 있다.

- I have no **remorse** about my decision to change career.
  나는 직업을 바꾸기로 한 결정에 대해 어떠한 후회도 없어.

reminiscent [rèmənísənt] a.생각나게 하는, 연상시키는

re(다시, 계속=again)+min(마음=mind)+iscent의 결합.

'무엇이 계속 마음속에 떠오르는=연상시키는(remindful, recalling)'입니다. reminiscent(생각나게 하는)는 remind(~에게 생각나게 하다)의 형용사형으로 기억하세요.

- It is better known as "Battleship Island" because of its geological shape that is **reminiscent** of a battleship.
  그 섬은 군함을 생각나게 하는 지리적인 형태로 인하여 군함도로 더 잘 알려져 있습니다.

- The civilian massacre in Syria is **reminiscent** of that in Libya.
  시리아의 민간인 학살은 리비아의 그것을 연상시킨다.

reciprocal [risíprəkəl] a.상호간의, 상호적인, 답례(보답)의

re(다시, 계속=again)+ci+pro(앞=before)+cal의 결합.

'서로서로 받은 만큼 상대편 앞에 계속 내놓는=상호간의(mutual)'입니다. 내가 친구 앞에 사과를 놓았는데 친구가 다시 내 앞에 오렌지를 놓았다면 상호간에 보답(답례)하는 것입니다.

- reciprocate v.보답(보복)하다 • reciprocal gifts 답례품
- The two countries have a **reciprocal** arrangement in the form of an FTA.
  그 두 나라는 상호 간의 자유무역 협정을 맺고 있다.
- The two superpowers agreed to **reciprocal** reduction of nuclear weapons.
  그 두 열강은 핵무기 상호 감축에 동의했다.

reimburse[rìːimbə́ːrs] vt.상환하다, 배상(변상)하다

re(다시, 계속=again)+im(안에=in)+burse(돈지갑=purse, wallet)의 결합.

'지갑 안에 다시 돈을 넣어주다=갚다(repay, refund), 배상하다(compensate)'입니다.

친구에게 돈을 빌려 쓰고 친구의 지갑 안에 그 돈을 다시 넣어주면 빌린 돈을 갚는 것입니다. 타인에게 손해를 끼친 후 손해액만큼 돈을 지갑에 다시 넣어 주면 배상(변상, 보상)하는 것이죠.

- Since you have broken the cup, you have to **reimburse** the cost of it.
  컵을 깨뜨렸기 때문에 당신은 컵값을 변상해야 합니다.
- Unused portions of the credit will be forfeited and not **reimbursed** for cash.
  사용되지 않은 마일리지는 소멸되며 현금으로 상환되지 않습니다.

resurgence[risə́ːrdʒəns] n.재기, 부활

re(다시=again)+surge(n.큰 파도)+ence의 결합.

'죽거나 쇠퇴한 것이 다시 큰 파도를 일으키며 일어남=재기, 부활(revival, rebirth)'입니다.

죽었거나 쇠퇴한 것이 다시 큰 파도를 일으키며 일어나는 것은 재기, 부활입니다. 예수가 사흘 만에 다시 살아난 것, 부도난 기업이 다시 살아나는 것은 부활(재기)입니다.

- surge[səːrdʒ] n.큰 파도 • resurgent a.부활하는
- **Resurgence** of nationalism is dangerous to us all.
  민족주의의 부활은 우리 모두에게 위험합니다.
- **Resurgence** might succeed for the body, but not for the mind.
  부활은 신체에서는 성공할지 모르지만, 정신에서는 어려울지도 모른다.

rejuvenate[ridʒúːvənèit] vt.활력을 되찾게 하다, 젊어지게 하다

re(다시=again)+juven(젊은=juvenile)+ate의 결합.

'다시 젊은 사람처럼 보이게 만들다=젊어지게 하다, 활력을 되찾게 하다'입니다.

- juvenile[dʒúːvənəl] a.젊은(young), 어린 • rejuvenation n.회춘, 회복
- Getting quality sleep is important because it helps the brain and body **rejuvenate** in various ways.
  좋은 수면은 다양한 면에서 뇌와 신체가 활력을 되찾는 데 도움을 주기 때문에 중요하다.
- Apply this mask pack to **rejuvenate** your skin.
  여러분의 피부에 활력을 되찾기 위해 이 팩을 붙이세요.

revile[riváil] vt.욕하다 vi.욕설을 퍼붓다

re(강조=completely)+vile(a.비열한, 심한, 천한)의 결합.

'누군가에게 완전히 심한, 천한 말을 하다=욕하다(abuse, call one's names)'입니다.

- vile[vail] a.비열한(mean), 야비한, (날씨)지독한
- If you **revile** in public in the city, you can be fined a lot of money.
  네가 그 도시의 공공장소에서 욕을 하면, 많은 돈을 벌금으로 물게 될 수 있어.
- One of them was totally drunk and was **reviling at** the other driver.
  그들 중 한 명은 완전히 취해서 다른 운전사에게 욕을 하고 있었다.

renegade[rénigèid] n.변절자, 배반자, 이단자, 반역자 vi.배반하다

re(강조=completely)+neg(부정=negative)+ade의 결합.

'자신이 믿었던 종교나 사상을 완전히 네거티브하는 사람=변절자(apostate, turncoat)'입니다. 기독교 신자였다가 이슬람교로 개종한 사람을 renegade(변절자)라고 합니다. 종교적인 변절자에서 배반자, 이단자, 반역자라는 의미로 확대.

- He is stereotyped by some as a **renegade**.
  그는 일부 사람들에게 변절자라는 인식이 박혀 있다.
- Early Christians were considered religious **renegades** by the Jews.
  초기 기독교인들은 유대인들에 의해 종교적 변절자로 간주되었다.

flaunt[flɔːnt] vt.자랑하다(show off, boast), 과시하다

발음 [플온트] ▶ 손목에 찬 명품시계를 앞(**프론트**=front)으로 내밀어 **자랑하는** 모습을 연상해 보세요.

- He is very materialistic and loves to **flaunt** his wealth.
  그는 매우 물질주의적이며 자신의 부를 과시하는 것을 즐긴다.
- Aurora **flaunts** various colors, such as yellow, green, pink, red, orange, blue, and purple.
  오로라는 노랑, 초록, 핑크, 빨강, 오렌지, 파랑, 보라 같은 다양한 색깔들을 자랑합니다.

grandiose[grǽndiòus] a.웅장한(grand, magnificent, majestic), 장엄한

grand(웅장한, 장엄한)+iose의 결합으로, grandiose와 grand는 동의어입니다.

- The rooms inside the town hall were as preposterously **grandiose** as the exterior.
  마을 회관의 방들은 외부만큼이나 터무니없이 웅장했다.
- How did ancient people build such **grandiose** structures?
  고대인들이 어떻게 이 웅장한 건축물을 지은 것일까?

moribund [mɔ́rəbʌ̀nd] a.(문어)죽어가는, 빈사상태의

mori(죽음=death)+bund의 결합. '죽음 직전에 있는=죽어가는(dying), 빈사상태의'입니다.

- moribund patient 죽어가는(빈사의) 환자
- The measures are part of the government's extensive support plan to revive the **moribund** venture sector.
  이번 대책은 빈사상태의 벤처 분야를 활성화하기 위한 정부의 대대적인 지원 계획의 일환이다.

mordant [mɔ́ːrdənt] a.신랄한, 독설적인

mor(죽음=death)+dant의 결합.

'사람을 죽일 정도로 날카로운=신랄한(sharp, harsh, severe), 독설적인'입니다. 어근 mor는 기본편 참조.

- mordant criticism 신랄한 비평   • a mordant speaker 독설가
- No one can stand up to his **mordant** tongue.
  그 누구도 그의 독설적인 혀에 대적할 수가 없다.

paraphrase [pǽrəfrèiz] n.바꿔 말하기(쓰기), 부연설명 v.바꿔 말하다(쓰다)

para(옆=beside)+phrase(vt.말하다=say)의 결합.

'옆에 추가하여 말하는 것=바꿔 말하기, 바꿔 쓰기, 부연설명'입니다. 한 번 설명해서 이해가 부족하다고 판단될 때 청자가 이해하기 쉽도록 추가해서 설명하는 것을 부연 설명이라고 합니다.

- phrase[freiz] n.구(문법), 말씨 vt.말하다
- The following is a **paraphrase** of what was said.
  다음은 이야기 한 것의 부연 설명입니다.

perimeter [pərímitər] n.경계(선)(boundary), 주변, 외곽

peri(주변=around)+meter(v.측정하다=measure)의 결합.

집이나 건물 주변의 땅 넓이를 측정하여 경계선을 정하는 행위에서 유래. 어근 peri는 배를 타고 어떤 나라의 주변을 둘러보는 페리호를 연상하세요.

- Security guards watch the **perimeter** of a building to secure it against attacks.
  경비원들은 공격으로부터 건물을 보호하기 위해 건물 주위를 감시한다.

periscope [pérəskòup] n.(잠수함의)잠망경

peri(주변=around)+scope(보다=look)의 결합.

'잠수함에서 주변을 둘러보기 위해 사용하는 기구=잠망경'입니다.

- The boat doesn't have a **periscope** with traditional optics.
  그 배는 전통적인 광학렌즈를 가진 잠망경을 가지고 있지 않다.

flimsy [flímzi] a.(천 따위)얇은(thin), 얄팍한(shallow), 조잡한(coarse, crude)

발음 [플림~] ▶ 얇은 필름(film)을 연상해 보세요. 두꺼운 천을 사용해야 하는 곳에 얇은 천을 사용하여 만드는 것은 얄팍한 상술이고 그렇게 만든 물건은 조잡한 물건이기 때문에 '얇은'에서 '얄팍한, 조잡한'이란 뜻이 파생.

- She is only wearing a **flimsy** dress.
  그녀는 얇은 옷 하나만을 걸치고 있다.

- The house was made with **flimsy** materials.
  그 집은 조잡한 재료로 만들어졌다.

Day 52

precocious [prikóuʃəs] a.조숙한, 아이 같지 않은

pre(앞, 이전=before)+coci(익은=ripe)+ous의 결합.
'어떤 시점에 되기 이전에 익은=조숙한(premature)'입니다.

- She burst on to the world tennis scene as a **precocious** 14-year-old.
  그녀는 조숙한 14세 소녀로서 세계 테니스 무대에 뛰어들었다.
- My daughter is a bit more **precocious** compared to other kids her age.
  내 딸은 또래의 다른 애들과 비교하여 좀 더 조숙하다.

predestine [pridéstin] vt.(신이)운명을 정하다, 예정하다

pre(앞, 이전=before)+destine(vt.운명 짓다, 예정하다)의 결합.
신이 사람의 운명을 미리 정하는 것입니다.

- The group who watched the romantic comedy believed in fate and **predestined** love more than the other group did.
  로맨틱 코미디를 본 집단은 다른 집단보다 더, 운명과 운명적인 사랑을 믿었다.

preposterous [pripάstərəs] a.앞뒤가 뒤바뀐, 터무니없는, 황당한, 비상식적인

pre(앞, 이전=before)+post(n.뒤, 후=after)+erous의 결합.
'앞과 뒤 순서가 완전히 뒤바뀐=터무니없는(groundless, baseless, absurd)'입니다. 책은 본론으로 들어가기 전에 preface(서문)를 쓰고 본문을 마친 후에는 epilogue(맺음말)를 씁니다. 서문과 맺음말의 위치를 뒤바꾸어 놓은 책은 '터무니없는, 황당한' 책이 되지요.

- **preposterous** suggestion 비상식적인 제안 • **preposterous** demand 터무니없는 요구
- There is a **preposterous** social expectation that one must stay connected and be reachable all the time.
  사람은 항상 연락이 되고 닿을 수 있어야 한다는 터무니없는 사회적 기대가 있다.
- I was fired for a **preposterous** reason.
  나는 터무니없는(황당한) 이유로 해고당했다.

preempt [priémpt] v.선점하다, 선취하다

pre(앞, 이전=before)+empt(취하다=take)의 결합.
'다른 사람이 손에 넣기 이전에 어떤 조치를 취하다=선점하다(preoccupy)'입니다.

- We can **preempt** the global environmental markets based on our experience.
  우리는 우리의 경험을 토대로 세계의 환경 시장을 선점할 수 있습니다.

---

prerequisite [priːrékwəzit] a.꼭 필요한 n.선행조건, 필수조건

pre(앞, 이전=before)+requisite(a.필요한, 필수의)의 결합.
'어떤 일을 시작하기 전에 필수적으로 준비되어 있어야 하는 것=선행조건'입니다.

- A visa is still a **prerequisite** for travel in many countries.
  비자는 아직도 많은 나라를 여행하는 데 있어서 꼭 있어야 하는 것이다.
- Studying Chinese characters in Korea should not be **prerequisite**.
  한국에서 한자 학습이 필수적이어서는 안 됩니다.

---

presentiment [prizéntəmənt] n.(불길한)예감, 육감

pre(앞, 이전=before)+sentiment(n.생각, 감정)의 결합.
'어떤 일이 일어나기 이전에 느끼는 좋지 않은 느낌=(불길한)예감(omen, presage)'입니다.

- I have a horrible **presentiment** that something of the kind may happen to me.
  나는 그런 류의 일이 내게 일어날지도 모른다는 끔찍한 예감이 든다.

---

presuppose [prìːsəpóuz] vt.~을 전제로 하다, 가정하다

pre(앞, 이전=before)+suppose(vt.전제하다, 가정하다)의 결합.
'미리 무엇을 무엇이라고 가정해 보다=전제하다(premise, presume)'입니다.

- All your arguments **presuppose** that he is a rational man.
  당신의 모든 주장은 그가 이성적인 사람이란 걸 전제로 하고 있다.
- Freedom of expression **presupposes** responsibility.
  표현의 자유는 책임을 전제로 합니다.

---

profligate [práfligit] a.행실이 나쁜, 낭비하는 n.방탕아

pro(앞=before)+flig(부수다=flict=strike)+ate의 결합.
눈앞에 보이는 물건을 차거나 던져 부수는 행실이 나쁜 사람에서 유래. 어근 flict는 기본편 참조.

- Our modern life is totally dependent on the **profligate** consumption of energy.
  우리의 현대적인 삶은 대량의 에너지 낭비에 완전히 의존하고 있다.

proletariat [pròulitéəriət] n.프롤레타리아, 무산 계급, 최하층민

pro(앞=before)+let(v.내버려 두다, 허락하다)+ariat의 결합.

'가진 것 없이 그저 아이만 낳아 내버려 두는 사람=무산 계급, 최하층민'입니다.

- bourgeoisie[bùə:rʒwɑ:zí:] n.부르주아, 시민(상공) 계급, 유산 계급
- In the industrial revolution, they saw the creation of a new class of the urban **proletariat**.
  산업혁명 속에서 그들은 도시 최하층민이라는 새로운 계급의 탄생을 목격했다.

propitiate [prəpíʃièit] vt.달래다(soothe, appease), 비위를 맞추다

pro(앞=before)+pit(추구하다=seek)+iate의 결합.

'우는 아이가 추구하는 장난감을 아이 앞에 내놓다=달래다'입니다. 어근 pit는 기본편 참조.

- In those days people would sacrifice a goat, or sheep to **propitiate** an angry god.
  그 당시에 사람들은 노한 신을 달래기 위해 염소나 양을 희생시키곤 했다.
- I took an orange from my pocket, and offered it to **propitiate** the crying boy.
  나는 주머니에서 오렌지를 꺼냈고, 우는 아이를 달래기 위해 그것을 줬다.

proponent [prəpóunənt] n.지지자, 찬성자, 옹호자

pro(앞=before)+pon(놓다=put)+ent(사람)의 결합.

'어떤 사항에 있어서 좋은 점만 앞에 내놓는 사람=찬성자(supporter, seconder, approver)입니다. 어근 pon은 기본편 참조.

- **Proponents** say that zoos are beneficial both to the animals themselves and the public.
  지지자들은 동물원이 동물과 대중들 모두에게 이롭다고 말한다.
- **Proponents** of co-educational schools say that the schools offer stronger social environments.
  남녀공학의 지지자들은 남녀공학이 더 우수한 사회적 환경을 제공한다고 말한다.

proviso [prəváizou] n.전제조건, 단서

pro(앞=before)+vis(보다=look)+o의 결합.

'무엇을 허락함에 있어서 맨 앞에 보여주는 것=전제조건(precondition, prerequisite, premise)'입니다.

- He agreed to an interview with the **proviso** that it not be reported in the newspapers.
  그는 그것이 신문에 보도하지 않는다는 전제조건 하에 인터뷰에 동의했다.
- She lent him some money with the **proviso** that he should repay her as soon as he could.
  그녀는 가능한 빨리 돈을 갚아야한다는 전제조건으로 그에게 약간의 돈을 빌려줬다.

smug [smʌg] a. 잘난 체하는, 우쭐대는 (complacent, overweening)

[스머그] ▶ [스]무 개의 아이돌 사진 [머그] 컵을 갖고 있다고 우쭐대는 친구 연상.

- I actually don't like that **smug**, over-confident, arrogant smile he's wearing.
  나는 그의 잘난 체하고, 자만심 강하고, 거만한 미소가 싫어요.
- Don't become **smug** over your small success.
  조그만 성공에 잘난 체해서는(우쭐대서는) 안 된다.

foretoken [fɔ́:rtòukən] n. 전조, 징조, 조짐

fore(이전=before)+token(n.징후, 징표, 토큰)의 결합.

'어떤 일이 일어나기 이전에 나타나는 징후=전조(omen, presage, portent)'입니다. 지진이 일어나기 이전에 쥐, 비둘기, 까마귀 등 동물이 먼저 사라지고 우리에 갇혀 있는 동물들이 사나워진다고 합니다. 동물들은 지진이 일어나기 이전에 지진의 foretoken을 본능적으로 알고 미리 도망치지요. 버스 승차권인 토큰(token)은 승차해도 좋다는 징표입니다.

- token [tóukən] n. 표, 징후, 기념품, 배지, 토큰(승차권)
- Koreans have regarded magpies as signs of a good **foretoken**.
  한국인들은 까치를 행운의 징조로 여겨왔습니다.
- Crow's feet and smile lines are a sign of **foretoken**.
  눈가의 잔주름과 입가의 웃음 주름은 노화의 징조이다.

flamboyant [flæmbɔ́iənt] a. 화려한

flam(타오르다=flame)+boyant의 결합.

'붉게 타오르는 불꽃 같은=화려한(ornate, brilliant, splendid, gorgeous)'입니다.

- His **flamboyant** clothing attracted so much attention that he was often drawn in newspaper cartoons.
  그의 화려한 옷차림은 너무 시선을 끌어 신문 만화에서도 자주 그려졌다.

grisly [grízli] a. 섬뜩한, 소름 끼치는 (ghastly)

gristly(섬뜩한)과 grizzly(회색곰)는 발음이 같습니다. 그리즐리(grizzly)는 북미에 사는 거대한 회색곰으로 영화에 자주 등장합니다. 산에서 그리즐리(grizzly)를 만나면 정말 그리즐리(gristly) 하겠지요.

- a grisly scream 섬뜩한 비명소리   • grisly events 소름 끼치는 사건들
- Experts believe that if young people see the **grisly** facial scars left from surgery, they will stop smoking.
  전문가들은 젊은이들이 수술 후에 남은 소름 끼치는 얼굴 상처를 본다면, 그들이 흡연을 중단할 거라고 믿는다.

고급편 **267**

topple [tápəl] vt. 쓰러뜨리다, 무너뜨리다(destroy) vi. 쓰러지다

top(n.정상=peak)+ple의 결합.

위에 있는 정권을 무너뜨리는 것에서 유래한 단어.

- Last week, hungry Haitians, rioting over the price of rice, **toppled** their prime minister.
  지난주 굶주린 아이티인들이 쌀값에 항의하는 폭동을 일으켜 총리를 실각시켰다.

- The pain hit him in the chest and he **toppled** over.
  그는 가슴에 통증이 와서 앞으로 쓰러지고 말았다.

---

ornate [ɔːrnéit] a. (사물, 문체)화려하게 장식된

거북이 품종 중에서 오네이트 거북을 보면 상당히 화려합니다.

- Victorian architecture was once criticized as being heavy and over-**ornate**.
  빅토리아 여왕 시대의 건물은 한때 무겁고 지나치게 화려하다고 비난받았다.

- One influence that Roman styles had on architecture was the **ornate** columns.
  로마 스타일이 건축에 끼친 영향 중 하나는 화려한 기둥이었다.

Day 53

proliferate [proulífərèit] vt.증식(번식)시키다, 확산시키다 vi.증식(번식)하다, 확산하다

pro(앞=before)+life(n.생명)+rate의 결합.

'앞으로 생명체를 퍼뜨리다=증식시키다(multiply), 확산시키다(spread, diffuse)'입니다. 6·25 전쟁 후 황폐화된 산을 녹화하기 위하여 번식력이 강한 아카시아나무를 심었는데 자신과 같은 생명체를 앞으로 마구 퍼뜨려(증식, 번식, 확산시켜) 지금은 골칫덩이가 되어 있습니다.

- proliferation n.증식, 번식, 확산 • NPT(nonproliferation treaty) 핵확산 금지조약
- This virus **proliferates** inside the body at an alarming rate.
  이 바이러스는 체내에서 놀라운 속도로 증식한다.
- The Hallyu, or Korean Wave, has recently been **proliferating** around the world.
  최근 한류 혹은 한국 문화가 전 세계에서 확산하고 있다.

propagate [prάpəgèit] v.번식시키다(하다), 전파하다, 선전하다

pro(앞=before)+pag(한 무리=pack)+ate의 결합.

'자신 앞에 새로운 무리를 만들다=번식시키다(breed, multiply, increase)'입니다. 동물이나 식물이 자신 앞에 새로운 한 무리를 만드는 것은 번식시키는 것입니다. 자손을 번식시키듯이 사상을 번식시키는 것은 전파하고 선전하는 것이죠.

- pack n.꾸러미(package), 포장한 짐, 팩, 포장 용기, (늑대 따위)한 무리
- propaganda [prὰpəgǽndə] n.선전, 선전활동 • a propaganda film 선전 영화
- Plants won't **propagate** in these conditions. 이런 환경에서 식물들은 번식하지 않는다.
- He **propagated** Buddhism into the kingdom of Silla.
  그는 신라에 불교를 전파했다.

promiscuous [prəmískjuəs] a.(성적으로)문란한, 난잡한

pro(앞=before)+misc(섞다=mix)+uous의 결합.

'클럽이나 사교장에서 눈앞에 있는 이성과 몸을 마구 섞는=문란한(indiscriminate)'입니다.

- Dolphins are very **promiscuous**, and so we have to find who the fathers are.
  돌고래는 성적으로 매우 문란하기 때문에 우리는 누가 아빠인지 찾아야 합니다.
- Our ancestors were **promiscuous**, but they didn't have sex with strangers.
  우리 조상들은 성적으로 난잡했지만 낯선 사람들과 성관계를 하지는 않았습니다.

promulgate [prámǝlgèit] vt.공표(반포)하다, 널리 알리다

pro(앞=before)+mulg(사람들=people)+ate의 결합.

'사람들 앞에서 공개적으로 말하다=공표하다(declare, announce, proclaim)'입니다.

- Hangul was **promulgated** in the 28th year of King Sejong's reign.
  한글은 세종 통치 28년에 반포되었다.

precarious [prikέǝriǝs] a.위태로운, 불안정한

pre(앞, 이전=before)+car(n.자동차)+ious의 결합.

'질주하는 자동차 앞에 서 있는=위태로운(hazardous), 불안정한(unstable)'입니다.

- Risks must be taken, because the greatest **precarious** thing in life is to risk nothing.
  위험을 감수해야만 한다. 인생에 있어서 가장 위태로운 것은 어떠한 위험도 감수하지 않는 것이기 때문이다.

- His father's **precarious** career as a musician made him realize that a steady job was necessary.
  음악가로서의 불안정한 그의 아버지의 직업은 그에게 안정된 직업이 필요하다는 것을 깨닫게 했다.

flagrant [fléigrǝnt] a.극악한(atrocious), 파렴치한

flag(타오르다=flame)+rant의 결합.

누가 봐도 분노가 불타오르는 극악한 행위에서 유래한 단어.

- If we are not careful, **flagrant** people could take advantage of the homeless.
  우리가 조심하지 않는다면, 극악한 사람들이 노숙자들을 이용할 수 있다.

- **Flagrant** crimes such as kidnapping and rape are on the rise.
  유괴, 강간과 같은 극악한 범죄가 증가하고 있다.

monumental [mànjǝméntl] a.기념비적인, 엄청난

monument(n.기념비, 기념물)+al의 결합.

'기념비를 세울 정도인=기념비적인, 엄청난'입니다.

- The Paris Agreement on climate change is a **monumental** success for the planet and its people.
  기후변화에 대한 파리 협약은 이 행성과 사람들을 위한 기념비적인 성공입니다.

- She accomplished a **monumental** landmark in the field of figure skating.
  그녀는 피겨스케이팅에 기념비적인 업적을 이루었다.

ovation [ouvéiʃǝn] n.열렬한 환영, 큰 박수(applause)

발음 [오베이~] ▶ 보너스로 [오백이] 들어와서 큰 박수를 보내는 직원들 연상.

- After the performance, everyone gave the great actors and actresses a standing **ovation**.
  공연이 끝난 후, 모든 관객은 최고의 배우들에게 기립박수를 보냈다.

servile [sə́:rvəl] a.비굴한, 굴욕적인

serv(봉사하다=serve)+ile의 결합.

'노예처럼 봉사하는=비굴한(mean, slavish, groveling, subservient)'입니다.

- As a waiter he wants to be pleasant to people and serves their needs without appearing totally **servile**.
  웨이터로서 그는 완전히 비굴해 보이는 것 없이 사람들에게 상냥하고 그들의 요구를 제공하고 싶어 한다.

touchy [tʌ́tʃi] a.까다로운(ticklish), 민감한, 다루기 힘든

touch(vt.만지다, 손대다)+y의 결합.

손만 닿아도 매우 민감한 반응을 보이는 사람에서 유래한 단어.

- She is most **touchy** on the subject of diet.
  그 여자는 다이어트라는 주제에 매우 민감해.
- Anything linked to Hitler and the Nazis is a **touchy** point within Germany and most Nazi symbols are banned in the nation.
  히틀러나 나치와 관련된 것은 독일 내에서는 아주 민감하고 대부분 나치를 상징하는 것은 그 나라에서 금지이다.

demography [dimágrəfi] n.인구학, 인구통계

demo(사람=people)+graphy(쓰다=write)의 결합.

'사람 숫자를 바탕으로 연구하는 학문=인구학'입니다.

- The institute gathers **demography** and average scores of students each year.
  그 협회는 매년 학생 인구통계와 평균 성적을 집계하고 있다.

intermediary [intərmí:dièri] a.중간의, 중개의 n.매개(물), 중개인, 조정자

inter(사이=between)+medi(중간=middle)+ary의 결합.

'두 사람 사이에, 두 사람 중간에 들어가 두 사람을 연결해 주는 사람=중개자(middleman, mediator)'입니다.

- He played an **intermediary** role in getting the two countries to the summit table.
  그는 양국의 정상회담을 성사시키는 데 중개 역할을 했다.
- North Korea continues to import luxury items banned by the United Nations through **intermediaries** in China.
  북한은 유엔이 금지한 사치품을 중국의 중개상을 통해 계속 수입하고 있습니다.

interstice [íntəːrstis] n.(시간, 공간)간격, 갈라진 틈, 구멍

inter(사이=between)+sti(서 있다=stand)+ce의 결합.

'벽과 벽 사이에 들어가 서 있을 수 있는 공간=간격(interval, gap, crevice)'입니다.

- The wall was old and crumbling with plants growing in the **interstices** between the bricks.
  그 벽은 오래되었고 벽돌 사이 틈새에서 자라는 식물 때문에 부서지고 있었다.

intercourse [íntərkɔ̀ːrs] n.교류, 성교(sex)

inter(사이=between)+course(n.진행, 과정)의 결합.

'사람 사이에 육체적으로 진행되는 것=성교', '국가 사이에 진행되는 것=교류'입니다.

- South-North **intercourse** in field of sport facilities 스포츠시설 분야의 남북교류
- Some contend that the two were buried in the position of having sexual **intercourse** but the excavation team denied the contention.
  일부는 남녀가 성교하는 자세로 매장됐다고 주장하지만, 발굴 팀은 그 주장을 부인했다.

shambles [ʃǽmbəlz] n.난장판, 개판, 혼란 상태(mess)

발음 [샘벌즈] ▶ 수업 중에 [샘]이 말[벌]에 쏘여 교실이 난장판이 된 교실 연상.

- An earthquake devastated the Sichuan province of China, killing thousands of people and leaving cities in **shambles**.
  지진이 중국의 쓰촨 지방을 황폐화시켰고, 수천 명의 사람을 죽이고 도시를 난장판으로 만들었다.
- When I got his home, the house was in a **shambles**.
  그의 집에 갔을 때 그 집은 난장판(개판)이었다.

toil [tɔil] n.힘든 일, 노동, 수고 v.힘써 노력하다

발음 [토일] ▶ 그의 직업은 [토일=토, 일요일]에도 노동하는 힘든 일이야.

- He claims that their **toil** was insufficiently remunerated.
  그는 그들의 노동이 불충분하게 보상되었다고 주장한다.
- The father **toiled** for his children's future. 아버지는 아이들의 미래를 위해 힘써 일했다.

sham [ʃæm] n.가짜(모조)(counterfeit, fake), 사기(꾼)(swindler), 꾀병(가짜 병)

발음 [샘] ▶ 수돗물을 백두산에서 가져온 [샘]물이라고 속이는 사기꾼을 연상.

- **sham** marriages 가짜 결혼(위장 결혼)
- Now, I feel the brother I once loved is a **sham**.
  이제 제가 사랑했던 오빠가 사기꾼으로 느껴집니다.

apprise [əpráiz] vt.~에게 알리다, 통지하다

ap(이동=ad)+pris(잡다=take, catch)+e의 결합.

'잡은 소식을 사람들에게 이동시키다=알리다(inform, notify, acquaint, tell)'입니다.

자기가 잡은(듣거나 봐서) 소식을 다른 사람에게 이동시키는 것은 알리고 소식을 전하는 것입니다. apprise는 inform의 동의어로 inform A of B와 같은 구조로 사용.

- No one was **apprised** of the captain's death.
  단 한 사람도 그 캡틴의 죽음을 통보받지 못했다.

impregnable [imprégnəbəl] a.난공불락의, 철벽의, 확고부동한

im(부정=in=not)+pregn(잡다, 취하다=pris=take)+able(가능)의 결합.

'공격해서 붙잡을 수 없는, 공격해서 취할 수 없는=난공불락의, 철벽의'입니다.

- The fortress was heavily armed and seemed **impregnable**.
  그 요새는 중무장되어 있어서 난공불락처럼 보였다.

- He had an **impregnable** faith and went ahead with the project.
  그는 확고한 신념을 갖고 그 계획을 추진했다.

Day 54

ebullient [ibúljənt] a. 열정적인, 패기 있는

e(밖으로=ex=out)+bull(n.황소)+ient로 결합.

'황소 같은 힘이 밖으로 나오는=열정적인(passionate, impassioned, ardent)'입니다.

- He is **ebullient**, quick-witted and a rather nice person.
  그는 패기가 넘치며, 재치 있고, 다소 착한 사람이다.

- A person who is very **ebullient** about literature may find it more interesting to upload his or her creative writing to social media and get feedback rather than attending classes.
  문학에 굉장히 열정적인 사람은 자신의 창작 작품을 소셜 미디어에 올리고 피드백을 받는 것이 수업을 참석하는 것보다 더 흥미로울 수도 있다.

egregious [igríːdʒəs] a. 말도 안 되는, 터무니없는, (부정적으로)엄청난

e(밖으로=ex=out)+greg(무리, 모이다=flock)+ious의 결합.

'무리 밖으로 쫓겨난=말도 안 되는'입니다. 말도 안 되는 범죄 등을 저지른 사람을 무리 밖으로 쫓아내는 행위에서 유래.

- It was an **egregious** error for a statesman to show such ignorance.
  정치가가 그러한 무식함을 보이는 것은 말도 안 되는 실수였다.

- China has suffered **egregious** environmental damage from its people dumping trash and contaminating rivers.
  중국은 쓰레기를 버리고 강을 오염시키는 사람들 때문에 엄청난 환경 손상을 겪고 있다.

ejaculate [idʒǽkjəlèit] v. (액체, 정액)사정하다, 갑자기 외치다

e(밖으로=ex=out)+jac(던지다=ject=throw)+ulate의 결합.

'안에 있는 액체를 밖으로 던지다=사정(사출)하다(eject, discharge)'입니다.

- A man **ejaculates** about 300 million sperm cells, so it's already a competitive environment.
  남자는 한 번에 약 3억 개의 정자를 내보내기 때문에 이미 경쟁을 할 수밖에 없는 환경입니다.

elongate[ilɔ́:ŋgeit] vt.길게 하다, 연장하다 vi.길어지다

e(밖으로=ex=out)+long(긴)+ate의 결합.

'밖으로 길게 뽑아내다=연장하다(prolong, lengthen)'입니다.

- How can we **elongate** the life of the earth?
  우리는 어떻게 지구의 수명을 연장할 수 있을까요?
- A foreigner in Korea needs to submit mandatory health checks to **elongate** their visa.
  한국에 있는 외국인은 비자를 연장하기 위해 필수적인 건강 검진 서류를 제출해야 한다.

emasculate[imǽskjəlèit] vt.거세하다, 무력화시키다

e(밖으로=ex=out)+maccul(남성의, 수컷의=male)+ate의 결합.

'수컷의 기능을 하는 불알을 밖으로 떼어내다=거세하다(castrate)'입니다. 거세하면 남성을 무력화시키는 것이기 때문에 '거세하다'에서 '무력화시키다'는 뜻이 파생.

- He tried to **emasculate** me, and I retaliated.
  그는 나를 무력화시키려 했고 나는 복수를 했다.
- When players are too focused on winning medals, it **emasculates** the purpose of the Games.
  선수들이 너무 메달 획득에 집중되어 있을 때, 그것은 게임의 목적을 무력화시킵니다.

emend[iménd] vt.(문서, 잘못)교정하다, 수정하다

e(밖으로=ex=out)+mend(vt.고치다=repair)의 결합.

'잘못된 문구를 밖으로 들어내고 고치다=교정하다(correct, rectify), 수정하다'입니다.

- The text is currently being **emended** and the second edition will be published as soon as this has been completed.
  원문은 현재 수정 중인데, 개정판은 이것이 완성되는 대로 출간될 것이다.

excoriate[ikskɔ́:rièit] vt.~피부를 벗기다, 혹평하다, 통렬히 비난하다

ex(밖으로=out)+cori(피부=skin)+ate의 결합.

공격을 받은 얼굴 피부가 벗겨질 정도로 혹평을 가하는 것입니다. '피부를 밖으로 들어내다'에서 '혹평하다'는 비유적인 뜻이 파생.

- The Bill should be **excoriated** and put in the dustbin.
  그 안건은 혹평을 받아야하고 쓰레기통에 버려져야 합니다.
- The deal between the two parties was almost unanimously **excoriated** in newspaper commentaries.
  양당 간의 그 거래는 신문 논평에서 거의 만장일치로 혹평을 당했다.

exculpate [ékskʌlpèit] vt.~의 무죄를 증명하다

ex(밖으로=out)+culp(죄=guilt)+ate의 결합.

'죄가 없음을 밖으로 드러내다=무죄를 증명하다'입니다.

- He **exculpated** himself from cheating in the College Scholastic Ability Test.
  그는 수능 시험에서 부정행위를 하지 않았다고 해명했다.

---

expatiate [ikspéiʃièit] vi.자세히 설명하다

ex(밖으로=out)+pat(길=path)+iate의 결합.

'안에 숨어 있는 뜻을 밖으로 내보내다=자세히 설명하다(explain in full)'입니다. 격식이 필요할 때 사용하며 expatiate on으로 사용.

- She **expatiated on** her own work for the whole afternoon.
  그녀는 오후 동안의 자기 일에 관해 상세히 설명했다.
- The leader of our expedition **expatiated on** the importance of the pictures.
  탐험 대장은 그 벽화들의 중요성에 대해 자세히 설명해주었다.

---

extant [ekstǽnt] a.현존하는

ex(밖에=out)+stan(서 있다=stand)+t의 결합.

'옛 건물이 지금 밖에 서 있는=현존하는(existent, existing)'입니다.

- Medieval customs are **extant** in some parts of Europe.
  중세의 관습들은 유럽의 일부 지역에 현존한다.
- No country should ever possess nuclear weapons and all **extant** weapons should be destroyed.
  어떠한 나라도 핵무기를 보유해서는 안 되며 모든 현존하는 무기들은 파괴되어야 한다.

---

extenuate [iksténjuèit] vt.정상참작하다

ex(밖으로=out)+tenu(가는=thin)+ate의 결합.

'구속시키지 않고 밖으로 나가다=정상참작하다'입니다. 초범이고 죄가 경미한 경우에는 정상 참작하여 구속시키지 않고 훈방합니다.

- His youth does not **extenuate** his disgraceful behavior.
  그의 젊음(혈기)이 수치스런 행동을 정상참작하지는 않습니다.
- We cannot **extenuate** his cruel crime.
  우리는 그의 잔인한 범죄를 정상참작 할 수 없습니다.

extirpate [ékstərpèit] vt. 뿌리 뽑다, 근절하다

ex(밖으로=out)+tirp(벗기다=strip)+ate의 결합.

'뿌리를 완전히 벗겨서 밖으로 내다=뿌리 뽑다(exterminate, deracinate, eradicate)'입니다.

- Even if schools try to **extirpate** bullying and violence, the problem cannot be solved if society remains insensitive to violence.
  학교 안에서 집단따돌림과 일진을 뿌리 뽑으려 노력해도 학교 밖 사회가 폭력에 둔감하면 그 문제는 해결될 수 없다.

effeminate [ifémənit] a. 여성스런, 사내답지 않은

ef(밖으로=ex=out)+femin(여자=woman)+ate의 결합.

'여자의 속성이 밖으로 많이 나오는=여성스런(womanly, womanlike, feminine)'입니다. **페미니즘(feminism)**은 **여성**의 권리 및 기회의 평등을 핵심으로 하는 여러 형태의 사회적, 정치적 운동과 이론들을 아우르는 것입니다.

- The King and the Clown is set in the Chosun Kingdom during the late 15th century and tells a story about an **effeminate** male clown caught between the love of his fellow performer and a despotic king.
  15세기 후반 조선왕조가 배경인 '왕의 남자'는 동료 광대와 전제군주인 왕의 사랑 사이에서 갇힌 여성스러운 남자 광대의 이야기이다.

effluent [éfluənt] n. 유출물, 폐수, 오수 a. 유출(방출)하는

ef(밖으로=ex=out)+flu(흐르다=flow)+ent의 결합.

'공장에서 밖으로 흐르는 물=폐수(wastewater), 오수'입니다. 어근 flu는 기본편 참조.

- **Effluents** from various local factories are finding their way into the river.
  지방의 여러 공장에서 배출된 폐수가 강으로 흘러들고 있다.

effrontery [efrʌ́ntəri] n. 철면피, 파렴치, 뻔뻔함, 후안무치

ef(밖으로=ex=out)+front(n.이마, 얼굴, 정면)+ery의 결합.

'나쁜 짓을 하고도 얼굴을 밖으로 당당하게 드러내는 사람=철면피(brazenface, shamelessness, impudence)'입니다.

- He has the **effrontery** to use my car without asking.
  그는 내 차를 묻지도 않고 사용할 정도로 뻔뻔하다.

- She messed everything up but had the **effrontery** to act as if nothing had happened.
  그녀는 모든 것을 망쳤는데 아무 일이 없었던 것처럼 행동하는 뻔뻔함을 갖고 있었다.

extrinsic [ekstrínsik] a. 외부의, 비본질적인

extrin(밖에=outside)+sic의 결합.

'밖에 있는=외부의(external, outward, outside), 비본질적인(nonessential)'입니다.

반대어 intrinsic(a.본질적인, 내적인)을 함께 기억하세요.

- Is it possible to separate intrinsic and **extrinsic** beauty?
  내적 아름다움과 외적 아름다움을 나누는 것이 가능할까요?

- Money is an **extrinsic** factor in life.
  돈은 인생에 있어서 비본질적인 요소이다.

bicameral[baikǽmərəl] a.상하 양원제의, 이원제의

bi(둘=two)+camer(방, 침실, 의원=chamber)+al의 결합.

chamber는 상하원 의원(議員)으로, 미국은 상원과 하원 양원제입니다.

- The country is governed by a **bicameral** Federal Parliament.
  그 나라는 양원제 연방 의회에 의해 통치된다.

bifurcate[báifərkèit] v.두 갈래로 가르다(갈리다)

bi(둘=two)+furc(포크, 갈라지다=fork)+ate의 결합.

fork는 '포크, 삼지창, 두 갈래로 가르다(갈리다)'입니다.

- A sample of water was taken from the point where the river **bifurcates**.
  물 표본은 강이 갈라지는 지점에서 가져왔다.

- The party is now **bifurcating**.
  그 정당은 지금 두 갈래로 갈라지고 있다.

bigamist[bígəmist] n.중혼자(重婚者), 두 집 살림하는 사람

bi(둘=two)+gam(결혼=marriage)+ist(사람)의 결합.

'결혼한 상태에서 또 결혼하여 2번 결혼한 사람=중혼자'입니다.

- He was accused of being a **bigamist** for having married his second wife before being legally divorced from his first wife.
  그는 첫 아내와 법적으로 이혼하기도 전에 두 번째 아내와 결혼했기 때문에 중혼자로 기소되었다.

bipartisan[baipá:rtəzən] a.초당파의, 두 정당(연립)의

bi(둘=two)+parti(정당=party)+san의 결합.

'두 개의 정당이 뜻을 모은=초당파의, 두 정당의'입니다.

- A **bipartisan** agreement without fighting can offer comfort and hope to the people.
  두 정당이 싸움 없이 합의하는 것은 국민에게 위안과 희망을 줄 수 있다.

bisexual [baisékʃuəl] a.양성(兩性)의, 양성애(愛)의 n.양성애자

bi(둘=two)+sex(n.성)+ual의 결합.

'2개의 성을 가진=양성의'입니다. 달팽이나 지렁이처럼 하나의 몸체에 양성을 갖고 있는 동물들이 있습니다. 이성적으로 남성, 여성을 모두 좋아하면 양성애자입니다.

- A lot of people, when they hear the word "sexual orientation" think it means gay, lesbian, **bisexual**.
  많은 사람은 "성적 취향"이란 단어를 들으면 게이, 레즈비언, 양성애자를 떠올립니다.

biweekly [baiwíːkli] a.ad.2주에 한 번(의), 격주의(로) n.격주 간행물

bi(둘=two)+week(주)+ly의 결합.

biweekly는 부사, 형용사로 '2주에 한 번의=격주의, 격주로'입니다.

- The Forbes magazine is published **biweekly** by an American publishing and media company Forbes.
  포브스 잡지는 미국 출판 및 미디어 회사 포브스에 의해서 격주로 발행된다.

Day 55

detonate [détənèit] v. 폭발시키다(하다)

de(아래=down)+ton(벼락, 천둥=thunder)+ate의 결합.

'벼락이 폭발물에 떨어지다=폭발시키다(explode, burst)'입니다.

- Eventually after years of attempts, they were able to explode nitroglycerin by **detonating** it with a gunpowder charge.
  결국 수년간의 시도 끝에 노벨 부자는 화약 폭발을 통해 니트로글리세린을 폭발시킬 수 있었다.

devolve [diválv] v. (의무, 책임)양도하다, 넘기다

de(아래=down)+vol(굴리다=roll)+ve의 결합.

'자신이 갖고 있던 책임이나 의무를 아랫사람에게 굴려 보내다=양도하다(transfer, turn over)'입니다. 어근 vol은 기본편 참조.

- These responsibilities will **devolve** on the next President.
  이 임무들은 차기 대통령에게 넘겨질 것입니다.
- In case of failure of direct descendants, the throne **devolves** upon the nearest prince.
  직계의 자손이 없는 경우에, 왕좌는 가장 가까운 왕자에게 양도된다.

decadence [dékədəns] a. 쇠퇴(기), 타락

de(아래=down)+cad(떨어지다=fall)+ence의 결합.

'성장하지 못하고 아래로 떨어지는 것=쇠퇴(decline, decay)'입니다. 19세기 말의 프랑스를 중심으로 한 허무적, 탐미적 문예 사조를 데카당스(Decadence)라고 합니다.

- Writers talk about **decadence** in society as an indication of the fall of civilization.
  작가들은 문명의 쇠퇴에 대한 암시로 사회 타락에 대해 이야기한다.

deciduous [disídʒuːəs] a. 낙엽성의(매년 잎이 떨어지는)

de(아래=down)+cid(떨어지다=cad=fall)+uous의 결합.

'매년 잎이 아래로 떨어지는=낙엽성의'입니다.

- As time goes by, the leaves of **deciduous** trees turn yellow and red.
  시간이 흐름에 따라, 낙엽성의 잎들은 노랗고 빨갛게 변한다.

declaim [dikléim] v. 열변을 토하다, 낭독하다

de(아래=down)+claim(vt.주장하다, 요구하다)의 결합.

'강한 어조로 자기주장이 담긴 원고를 아래로 읽어 내려가다=열변을 토하다, 낭독하다'입니다.

- He **declaimed** economic recovery is just around the corner.
  그는 경제 회복이 임박했다고 열변을 토했다.

decry [dikrái] vt. (공공연히)비난하다, 헐뜯다

de(아래=down)+cry(vi.외치다)의 결합.

'상대를 아래로 깎아 내리며 외치다=비난하다(blame, slander, libel, disparage, malign)'입니다. 선거가 임박하면 상대를 깎아내리며 외치는 비난전이 가열됩니다.

- Older people **decry** the behavior of the young, sometimes forgetful of their own past.
  노인들은 때로 자신의 과거는 잊고 젊은이들의 행동을 비난한다.
- Civic associations for human rights also **decried** the government's measure.
  민간 인권단체들도 정부의 조치를 비난했다.

deflect [diflékt] v. (총알, 화살, 관심)비껴가다

de(아래=down)+flect(구부리다=flex, bend)의 결합.

'화살이나 총알이 표적에 도달하기 이전에 아래로 구부리다=비껴가다'입니다.

- You are trying to **deflect** attention from the real story.
  당신은 진실에 대한 (사람들의) 관심을 비껴가게 하려고 있습니다.
- He changed his name to **deflect** accusations of nepotism.
  그는 친인척 등용이라는 비난을 비껴가기 위해 이름을 바꿨다.

delineate [dilínièit] vt. ~의 윤곽을 그리다, 묘사(기술, 설명)하다(explain)

de(아래=down)+line(n.선)+ate의 결합.

'연필로 아래로 선을 그어 내려가다=윤곽을 그리다(outline)'입니다. 말로 윤곽을 그리는 것은 묘사, 기술, 설명하는 것이죠.

- In his speech, the president **delineated** his plans for the future of the university.
  연설에서 총장은 대학교의 미래를 위한 자신의 계획을 자세히 설명했다.

derogate [dérougèit] vi. (가치, 명예)떨어뜨리다, 훼손하다(defame)

de(아래=down)+rog(요구하다=ask)+ate의 결합.

'대가를 요구하여 품위가 아래로 가다=떨어뜨리다(detract)'입니다.

고급편 **281**

- Personal attack and name calling only **derogates** public respect for a politician.
  개인적 인신공격과 비방은 정치인에 대한 대중의 존경심을 떨어뜨릴 뿐이다.
- Don't **derogate** your worth by comparing yourself with others.
  자신을 다른 사람들과 비교함으로써 자신의 가치를 훼손하지 마라.

detract [ditrǽkt] v.(가치, 명성, 미)떨어뜨리다, 훼손하다

de(아래=down)+tract(끌어당기다=draw)의 결합.

'높은 가치를 아래로 끌어당기다=(가치)떨어뜨리다(derogate)'입니다.

- She wears so much make-up that I think it actually **detracts** from her prettiness.
  나는 그녀가 화장을 너무 짙게 하기 때문에 자신의 아름다움을 떨어뜨리고 있다고 생각한다.
- A corruption scandal involving a president's relatives **detracts** a country's image and seriously undermines the people's trust.
  대통령 친인척 비리는 국가 이미지를 떨어뜨리고 국민의 신뢰를 약화시킨다.

dehydrate [di:háidreit] v.탈수하다(되다), 건조시키다.

de(분리=off)+hydrate(n.수화물)의 결합.

'물과 화합된 수화물(水和物)에서 수분을 분리시키다=탈수(건조)시키다(desiccate)'입니다.

- hydrate[háidreit] n.수화물(水化物), 수화시키다 • dehydration n.탈수, 건조, 탈수증
- Although the men were **dehydrated** and exhausted, they were overjoyed to have made it out of the dangerous waters alive.
  그들은 탈수되고 지쳤지만, 위험한 바다로부터 살아 나온 것을 기뻐했다.

delectable [diléktəbəl] a.맛있는, 매력적인

de(분리=off)+lect(선택하다=choose)+able(가능)의 결합.

'많은 요리 중에서 분리시켜 선택하는 요리는=맛있는(tasty, delicious)'입니다. 문어체 단어.

- The booklets are full of **delectable** recipes from appetizers through desserts.
  그 책자는 전채부터 후식까지 맛있는 요리법으로 가득합니다.
- The gorgeous actress showed off her **delectable** derriere in a tight-fitting black dress.
  멋있는 여배우가 몸에 짝 달라붙는 검정 드레스를 입고 매력적인 뒤태를 자랑했다.

decode [di:kóud] vt.(암호)해독하다, 디코드하다

de(분리=off)+code(n.암호)의 결합.

'암호가 가진 뜻을 분리해 내다=해독하다(decipher)'입니다.

- No one is able to **decode** or read the book: although many famous code-breakers, mathematicians and linguists have tried, all have failed so far.
  비록 많은 유명한 암호 해독가들, 수학자들과 언어학자들이 시도해왔지만 모두 실패했고 아무도 그 책을 해독하고 읽을 수 없다.

delirious [dilíriəs] a. 정신이 혼미한, 기뻐서 흥분한(어쩔 줄 모르는)

de(분리=off)+liri(길, 궤도=track)+ous의 결합.

'정신이 정상적인 궤도에서 분리된=정신이 혼미한, 기뻐서 흥분한'입니다. 분리의 접두어 de에서 정신이 분리됨을 알 수 있습니다.

- I was **delirious** and blacked out several times.
  나는 정신이 혼미해져서 여러 번 의식을 잃었다.

- The crowds were **delirious** with joy.
  군중들이 기뻐서 열광했다.

demarcate [dimá:rkeit] vt. 경계를 정하다

de(분리=off)+marc(표시=mark)+ate의 결합.

'표시하여 분리시키다=경계를 정하다'입니다. 지도에 38선을 표시하여 남과 북을 분리한 것은 38선으로 경계를 정한 것입니다.

- Many borders are **demarcated** by natural features; the tops of mountain ranges, rivers and lakes.
  많은 경계선은 산맥의 정상, 강 그리고 호수와 같은 자연적인 특징들로 경계가 표시된다.

dementia [diménʃiə] n. 치매

de(분리=off)+men(정신=mind)+tia의 결합.

'몸에서 정신이 분리된 상태=치매(imbecility)'입니다.

- **Dementia** is a brain illness that severely impairs memory and reasoning ability.
  치매는 기억력과 추론 능력을 심각하게 손상시키는 두뇌 질환이다.

- Bi-lingual people fall victim to **dementia** about five years later than average.
  2개의 언어를 사용하는 사람들은 평균보다 5년 정도 늦게 치매의 희생자가 된다.

demoralize [dimɔ́:rəlàiz] vt. 타락시키다, 사기를 저하시키다

de(분리=off)+moral(도덕)+ize의 결합.

'도덕성을 분리시키다=타락시키다'입니다. 술, 마약 등으로 사람이 갖고 있는 도덕성을 분리시키면 사람을 타락시키고 어떤 일을 하지 못하게 사기를 저하시키는 것입니다.

- Such staggeringly high unemployment rates will have immense consequences as a whole generation becomes **demoralized**.
  그런 믿기 어려울 정도로 높은 실업률은 모든 세대의 사기를 저하시켜 어마어마한 결과를 초래할 것이다.

denude[dinjú:d] vt.(외피, 껍질 등)벗기다

de(분리=off)+nude(발가벗은, 누드의)의 결합.

'몸에 붙어 있는 옷을 분리시켜 누드상태로 만들다=벗기다(peel, strip)'입니다.

- a denuded hill 민둥산(벗겨진 산)
- The mountain was **denuded** by a big forest fire.
  대형 산불로 산이 벌거숭이가 되었다.

desecrate[désikrèit] vt.모독하다, ~의 신성을 더럽히다

de(분리=off)+secrate(신성하게 하다=consecrate)의 결합.

'무엇이 갖고 있는 신성성을 분리시키다=모독하다(blaspheme, profane, defile)'입니다.

- It may be illegal in a certain country to **desecrate** the flag of that country.
  어떤 나라에서는 그 나라의 국기를 모독하는 것이 불법일 수 있다.
- North Korea has been blasting South Korea for **desecrating** its "highest dignity."
  북한은 최고 존엄(수뇌)을 모독했다는 이유로 남측을 계속 비난하고 있다.

Day 56~57

immaterial [imətíəriəl] a.비물질적인, 정신적인(spiritual), 중요하지 않은

im(부정=not)+material(a.물질의, 중요한)의 결합.

'물질의'의 부정은 '정신적인'이고, '중요한'의 부정은 '중요하지 않은'입니다.

- material a.물질의(physical), 육체의, 중요한(important)
- **Immaterial** pleasure is more valuable than material pleasure.
  정신적인 쾌락은 물질적인 쾌락보다 더 가치가 있다.
- That information is **immaterial** to solving the problem.
  그 정보는 그 문제를 해결하는 데에 별로 중요하지 않다.

immobile [imóubəl] a.움직일 수 없는, 꼼짝하지 않는

im(부정=not)+mobile(a.움직이기 쉬운, 변덕스러운, (미술)모빌)의 결합.

- She's been **immobile** since the accident.
  그 사고 이후 그녀는 계속 움직일 수 없다.
- She sat **immobile**, wondering what to do next.
  그녀는 꼼짝 않고 앉아서 다음에 무엇을 할까를 생각하고 있었다.

immoderate [imádərit] a.과도한, 무절제한

im(부정=not)+moderate(a.절제하는, 온건한, 보통의)의 결합.

'절제하지 않는=무절제한(intemperate, incontinent), 과도한'입니다.

- immoderate drinking 과음
- **Immoderate** exercise can harm your body.
  과도한 운동은 너의 몸에 해를 끼칠 수 있어.

immutable [imjú:təbəl] a.변경할 수 없는, 불변의

im(부정=not)+mutable(a.변하기 쉬운, 변덕스러운)의 결합.

- Some people regard grammar as an **immutable** set of rules that must be obeyed.
  어떤 사람들은 문법을 반드시 지켜야 할 불변의 규칙으로 여긴다.
- He said that the U.S.-South Korean alliance will remain ironclad and **immutable**.
  그는 미국과 한국의 동맹은 깨뜨릴 수 없고 불변으로 남을 것이라고 말했다.

impassable [impǽsəbəl] a.통행할 수 없는, 지나갈 수 없는

im(부정=not)+passable(a.통행할 수 있는, 지나갈 수 있는)의 결합.

- Last week's heavy snow was unprecedented and paralyzed traffic, trapping tens of thousands on **impassable** highways.
  지난주에 내린 폭설은 유례를 찾기 힘든 것으로 교통을 마비시켜 수많은 차량이 길이 막힌 고속도로에서 꼼짝할 수 없게 만들었다.

impenetrable [impénətrəbəl] a.꿰뚫을(통과할) 수 없는, 이해할 수 없는

im(부정=not)+penetrable(a.관통할 수 있는, 간파할 수 있는)의 결합.

- penetrate [pénətrèit] vt.꿰뚫다, 관통하다, 침투하다 vi.통과하다
- impenetrable defense 철벽 수비(뚫을 수 없는 수비)
- Creativity is the pathfinder that shows us a simple road in an **impenetrable** maze.
  창의력은 통과할 수 없는 미로에서 우리에게 쉬운 길을 알려주는 개척자이다.

impenitent [impénətənt] a.뉘우치지 않는

im(부정=not)+penitent(a.죄를 뉘우치는, 참회하는)의 결합.

- To this day she remains **impenitent** about her criminal past.
  오늘까지 그녀는 범죄를 저질렀던 자신의 과거에 대해 뉘우치지 않고 있다.
- Japan may be the biggest stumbling block in the way to an Asian union, with its **impenitent** attitude and resurgent militarism.
  뉘우치지 않는 태도와 군국주의의 부활을 꿈꾸는 일본은 아시아 연합으로 가는 길에 있어서 가장 큰 장애물일 것이다.

imperturbable [impərtə́:rbəbəl] a.침착한, 차분한, 동요하지 않는

im(부정=not)+perturbable(vt.혼란하게 하다)+able의 결합.
'어떤 상황에서도 혼란스러워하지 않는=침착한(staid, calm, cool), 태연한, 동요하지 않는'입니다.

- perturb [pərtə́:rb] vt.혼란하게 하다, 마음을 어지럽히다, 불안하게 하다.
- She was one of those **imperturbable** people who never get angry or upset.
  그녀는 결코 화를 내거나 동요하지 않는 그런 침착한 사람 중 하나였다.
- Some people show their emotions all the time, while others control their feelings and appear **imperturbable**.
  어떤 사람들은 항상 자신의 감정을 드러내는 반면, 다른 사람들은 자신의 감정을 조절하며 침착한 것처럼 보인다.

impervious [impə́:rviəs] a.통과시키지 않는, ~에 영향을 받지 않는

im(부정=not)+pervious(a.통과시키는)의 결합.

빗물이 비옷을 통과시키지 못한다는 것은 비옷은 빗물의 영향을 받지 않는다는 것이지요.

- pervious [pə́:rviəs] a.(빛, 물 따위를)통과시키는
- How has the world's most famous maker of luxury goods been **impervious** to the economic depression?
  어떻게 세계적으로 유명한 이 명품 회사는 경기침체에 영향을 받지 않고 있는가?

implacable [implǽkəbəl] a.달래기 어려운, 화해할 수 없는

im(부정=not)+placable(a.달래기 쉬운, 온화한)의 결합.

- What is so depressing about this war is the **implacable** hatred that both sides feel for each other.
  이 전쟁에서 정말 우울한 것은 양측이 서로에게 느끼는 화해 할 수 없는 증오이다.
- The parents are **implacable** enemies, but the children are friends.
  부모들은 화해할 수 없는 적이지만, 아이들은 서로 친구이다.

implausible [implɔ́:zəbəl] a.믿기 어려운, 거짓말 같은

im(부정=not)+plausible(a.믿을만한, 그럴듯한)의 결합.

- implausible transformations 믿기 어려운 변화 • implausible act 믿기 어려운 행위
- Today I want to present to you an idea that may be surprising and may even seem **implausible**.
  오늘 저는 여러분께 아마도 놀랍기도 하고 믿기 어려워 보이기도 하는 견해를 말씀드리고자 합니다.

impolitic [impɑ́litik] a.현명하지 못한(injudicious)

im(부정=not)+politic(a.정치의, 현명한)의 결합.

정치는 현명한 사람이 해야 하기 때문에 '정치의'에서 '현명한'이란 뜻이 파생.

- impolitic decision 현명하지 못한 결정 • unwise attempts 현명하지 못한 시도
- She was coming to the party so I thought it **impolitic** to ask her ex-husband.
  그녀가 파티에 올 예정이었으므로 나는 그녀의 전남편을 초대하는 것은 현명치 못한 처사라고 생각했다.

inapplicable [inǽplikəbəl] a.적용(응용)할 수 없는, 부적당한(inadequate)

in(부정=not)+applicable(a.적용할 수 있는, 적절한)의 결합.

- These regulations are **inapplicable** to visitors.
  이 규정들은 방문객에게 적용할 수 없습니다.

inapposite [inǽpəzit] a. 적절하지 않은, 부적당한(inappropriate)

in(부정=not)+apposite(a.적당한, 적절한=appropriate)의 결합.

- an inapposite comment 부적당한 논평　• inapposite clothing 부적당한 옷
- His dark wool suit was **inapposite** in the Daegu heat.
  그의 검정색 모직 정장은 대구의 더위에는 적합하지 않았다.

inauspicious [ìnɔːspíʃəs] a. 불길한(unfavorable, unlucky), 상서롭지 않은

in(부정=not)+auspicious(a.길조의, 경사스런, 상스러운)의 결합.

- inauspicious start 불길한 출발　• inauspicious music 불길한 음악
- It is an **inauspicious** sign that the Korean economy's growth was a mere 2.6 percent last year.
  지난해 한국 경제가 2.6% 성장에 그쳤다는 것은 불길한 징후다.

incoherent [ìnkouhíərənt] a. 일관성 없는(inconsistent), 모순된

in(부정=not)+coherent(a.일관된, 논리적인)의 결합.

- She's really a talkative person, but what she says is **incoherent**.
  그녀는 이야기하길 좋아하지만 그녀의 이야기는 일관성이 없어.
- The **incoherent** city planning in the following decades damaged the city's landscape.
  수 십 년 동안의 일관성 없는 도시 계획은 그 도시의 경관을 훼손시켰다.

incontrovertible [ìnkɑ̀ntrəvə́ːrtəbəl] a. 논쟁의 여지가 없는(indisputable), 명백한

in(부정=not)+controvert(v.논쟁하다)+able(가능)의 결합.

- It is **incontrovertible** that they have made a mistake. 그들이 실수했다는 것에는 논쟁의 여지가 없다.
- The **incontrovertible** No.1 tour site is Bulguksa, the most famous Buddhist temple in Korea which also holds a number of important relics from the Silla period.
  논쟁의 여지가 없는 최고의 관광지는 신라 시대의 주요 유물로 가득 찬 한국에서 가장 유명한 불교 사찰인 불국사다.

incorrigible [inkɔ́ːridʒəbəl] a. 구제 불능의

in(부정=not)+corrigible(a.고칠 수 있는)의 결합.

'고칠 수 없는=구제 불능의(uncorrectable, incurable)'입니다.

- He's an **incorrigible** liar, but he has great charm.
  그는 구제 불능의 거짓말쟁이지만 대단한 매력을 갖고 있다.

indecisive [indisáisiv] a.결단성 없는, 우유부단한

in(부정=not)+decisive(a.단호한)의 결합.

'단호하지 못한=우유부단한(irresolute, indecisive)'입니다.

- a weak and **indecisive** leader 허약하고 우유부단한 지도자
- He might look slow and **indecisive**, but he just likes to be cautious when making decision.
  그가 느리고 우유부단해 보일 수 있지만, 그는 단지 결정할 때 신중한 것을 좋아할 뿐이야.

indecent [indí:snt] a.버릇없는(impertinent), 음란한, 추잡한(dirty)

in(부정=not)+decent(a.예의바른, 점잖은)의 결합.

- He did something **indecent** to her.
  그는 그녀에 대해 추잡한 짓을 했다.
- Sometimes kids use the websites to pass around **indecent** content or information about alcohol and other drugs.
  때때로 아이들은 웹사이트들을 이용하여 음란한 내용이나 술과 다른 약물에 대한 정보를 주고받는다.

indistinct [ìndistíŋkt] a.(형체, 소리)불분명한(indefinite, obscure, unclear), 희미한(faint)

in(부정=not)+distinct(a.뚜렷한, 명확한)의 결합.

- In modern society, faith is viewed as a fragile, vague and **indistinct**.
  현대 사회에서 신뢰는 깨지기 쉽고, 막연하고, 불분명한 것으로 보인다.
- He found an **indistinct** light glimmering in the distance.
  그는 멀리서 희미한 불빛이 깜박이는 것을 보았다.

ineffable [inéfəbəl] a.이루 말할 수 없는(unutterable), 형언할 수 없는

in(부정=not)+effable(a.말할 수 있는)의 결합.

- The game was so hard to the Korea team because the injuries are so **ineffable**.
  선수들의 부상이 이루 말할 수 없었기 때문에 그 경기는 한국팀에게 매우 어려웠다.

ineligible [inélidʒəbəl] a.부적격한, 부적당한(unfit)

in(부정=not)+eligible(a.적격의, 적임의, 바람직한)의 결합.

- Surprisingly, nearly 30 percent of accommodations were caught offering **ineligible** water to their guests.
  놀랍게도, 거의 30%의 숙박업소가 손님들에게 마시기에 부적절한 물을 제공하고 있는 것이 적발되었다.
- Trips bring in money to impoverished areas that are seen as **ineligible** as tourist destinations.
  여행은 관광지로는 부적당한 것처럼 보이는 가난한 지역에 돈을 가져다 온다.

ineluctable[inilʌ́ktəbəl] a.피할 수 없는(inescapable, unavoidable), 불가항력의

in(부정=not)+eluctable(a.피할 수 있는=escapable)의 결합.

- We have to admit that stress is one of the **ineluctable** factors of life.
  우리는 스트레스가 삶의 피할 수 없는 요소 중 하나임을 인정해야 한다.
- He felt that his fate was **ineluctable** and refused to make any attempt to improve his lot.
  그는 자신의 운명이 피할 수 없는 것임을 느끼고 운명을 좋게 하려는 어떠한 시도도 거부했다.

inept[inépt] a.부적당한(unsuitable), 서투른(clumsy)

in(부정=not)+ept(a.적당한=suitable)의 결합.

어떤 일에 부적당한 사람이 와서 일을 하면 서투를 수밖에 없기 때문에 '부적당한'에서 '서투른'이란 뜻이 파생.

- If he is **inept**, he should be removed from his position.
  그가 부적당하다면 그는 그의 직위에서 물러나야 한다.
- The shy teenage boy was unpopular at school because he was socially **inept**.
  수줍은 10대 소년은 사교적으로 서툴렀기 때문에 학교에서 인기가 없었다.

inequality[ìnikwάləti] n.같지 않음, 불평등, 불균형

in(부정=not)+equality(n.같음, 동등, 평등)의 결합.

- Korea's disabled face rampant discrimination and **inequality** in the workforce.
  한국의 장애인은 일터에서 무수한 차별과 불평등에 직면한다.
- The think tank blamed educational disparity for China's income **inequality**.
  연구센터는 중국의 소득 불균형을 교육 수준의 격차로 돌렸다.

inexplicable[inéksplikəbəl] a.설명할 수 없는(unexplainable), 납득이 안 가는

in(부정=not)+expli(vt.설명하다=explain)+able(가능)의 결합.

- an inexplicable disquiet 설명할 수 없는 불안감
- There are many **inexplicable** things in life. 인생에는 설명할 수 없는 것이 많이 있다.

infidel[ínfədl] n.무신론자, 이교도

in(부정=not)+fid(신뢰, 신뢰하다=credit)+el의 결합.

'어떤 신을 신뢰하지 않는 사람=무신론자, 이교도(pagan, heathen, heretic)'입니다.

- Islamists continue to gripe about Western **infidels** encroaching on Muslim land.
  이슬람교도들은 서방 이교도들이 무슬림의 땅을 침범에 대해 계속 불평한다.
- Did God order us to attack the **infidels** by all means?
  신이 이교도들을 무차별적으로 공격하라고 우리에게 명령했나요?

inflexible [infléksəbəl] a.구부러지지 않는(stiff), 불굴의, 융통성 없는

in(부정=not)+flexible(a.구부러지기 쉬운, 유연한)의 결합.

구부러지지 않아야 할 때 구부러지지 않으면 '불굴의(indomitable, dauntless)'라는 뜻이 되고, 구부러져야할 때 구부러지지 않는 것은 '융통성이 없는(pigheaded)'입니다.

- Do you know working with an **inflexible** person is difficult?
  융통성 없는 사람과 일하는 것이 어렵다는 것을 너는 아니?
- This **inflexible** rule has been an obstacle for adoptees.
  이런 융통성 없는 규정이 입양아들에게 장애물이 되어왔다.

ingrate [íngreit] n.은혜를 모르는 사람, 배은망덕 자

in(부정=not)+grate(감사, 보은의 마음=gratitude)의 결합.

'감사를 모르는 자=배은망덕한 자(ingratitude)'입니다.

- Judging by the way she behaves, I think she is an **ingrate**.
  그녀가 행동하는 방식으로 볼 때 난 그녀가 배은망덕한 사람이라고 생각한다.

inopportune [inɑ̀pərtjúːn] a.시기를 놓친, 시기가 맞지 않는(inappropriate, untimely)

in(부정=not)+opportune(a.시기적절한)의 결합.

opportunity(기회)와 opportune(시기적절한)은 어근이 같습니다. '기회가 왔을 때 시작하는=시기적절한'입니다.

- Unwelcome guests tend to turn up at the most **inopportune** times.
  불청객은 흔히 가장 안 좋은 때에 나타나는 경향이 있다.
- Injuries are part of an athlete's life and her stress fracture came at a particularly **inopportune** time.
  부상은 운동선수의 삶의 일부분이고 그녀의 피로 골절은 특히 시기에 맞지 않는 시간에 왔다.

inscrutable [inskrúːtəbəl] a.헤아리기 어려운, 불가해한

in(부정=not)+scrutable(a.해독, 판독할 수 있는)의 결합.

'해독할 수 없는=헤아리기 어려운(inexplicable, inscrutable), 불가해한'입니다.

- They believe the world was created for God's **inscrutable** purpose.
  그들은 세계가 신의 헤아릴 수 없는 목적을 위해 창조됐다고 믿는다.
- Sometimes the behavior of babies can be **inscrutable** what they want to express.
  때때로 아기들의 행동은 그들이 무엇을 표현하기를 원하는지 헤아리기 어렵다.

intolerant [intάlərənt] a.관대하지 않은, 편협한

in(부정=not)+tolerant(a.관대한=generous)의 결합.

- Many countries are **intolerant** of immigrants. 많은 나라는 이민자들에 대해 관대하지 않다.
- He set up an authoritarian administration that was **intolerant** of opposition to his policies.
  그는 자신의 정책에 반대하는 세력에 관대하지 않은 독재 정권을 수립했다.

irretrievable [ìritríːvəbəl] a.돌이킬 수 없는(irreparable), 회복(만회)할 수 없는

ir(부정=not)+retrieve(a.만회하다, 회복하다)+able(가능)의 결합.

- retrieve [ritríːv] vt.만회(회수, 회복)하다
- The typhoon caused a lot of **irretrievable** damage, destroying buildings and farms.
  그 태풍은 건물과 농장을 파괴하면서 많은 돌이킬 수 없는 피해를 입혔다.
- Chronic sleep deprivation can cause **irretrievable** effects, such as long-term memory impairment and accelerated skin aging.
  만성적인 수면 부족은 장기 기억상실증과 가속화된 피부 노화와 같은 회복할 수 없는 결과를 일으킬 수 있다.

irreversible [ìrivə́ːrsəbəl] a.취소(번복, 파기)할 수 없는, 돌이킬 수 없는

ir(부정=not)+reverse(vt.거꾸로 하다, 뒤집다)+able(가능)의 결합.

'했던 행위를 뒤집을 수 없는=돌이킬 수 없는(irrevocable, irretrievable, irrecoverable)'입니다.

- The international organization has warned that global warming has brought about severe, pervasive, and **irreversible** outcomes.
  그 국제기구는 지구 온난화가 심각하고, 만연하고, 돌이킬 수 없는 결과들을 야기했다고 경고했다.
- It is undesirable for Korea and Japan to continue their war of words and drive bilateral relations to an **irreversible** state.
  한국과 일본이 말의 전쟁을 계속하여 양국관계를 회복할 수 없는 상황으로 몰고 가는 것은 바람직하지 않다.

Day 58

imperil[impéril] vt.위태롭게 하다, 위험하게 하다

im(안으로=in)+peril(n.위험=danger)의 결합.

'위험한 상황에 집어넣다=위험하게 하다(endanger)'입니다.

- Autonomous robotic weapons concentrate too much power in too few hands, and they would **imperil** democracy itself.
  무인 로봇 무기가 극소수에게 너무 큰 힘을 실어주고 민주주의 자체를 위태롭게 할 수 있다.

- Another reason sloths are **imperiled** is because they are hunted for their meat.
  나무늘보가 멸종위기에 처한 또 다른 이유는 고기를 위해서 사냥당하기 때문이다.

impersonate[impə́:rsənèit] vt.흉내 내다, 사칭하다

im(안에=in)+person(n.사람)+ate의 결합.

'경찰이 아닌 사람이 자신에게 경찰이란 사람을 집어넣다=흉내 내다(mimic), 사칭하다'입니다.

- He **impersonates** all the well-known politicians' voice.
  그는 모든 유명 정치인들의 목소리를 흉내 낸다.

- They are developing software programs that **impersonate** the human brain.
  그들은 인간의 뇌를 흉내 내는 소프트웨어를 개발하고 있다.

impregnate[imprégnèit] vt.임신(수정)시키다, 주입하다

im(안에=in)+pregn(임신한=pregnant)+ate의 결합.

'난자 안에 정자를 주입시키다=임신시키다(cause pregnancy)'입니다.

- The triplets' mother was **impregnated** through in-vitro fertilization.
  이 세 쌍둥이의 엄마는 인공수정을 통해 임신이 되었다.

imprint[imprínt] vt.새기다, 각인하다, 감동시키다 n.자국, 흔적

im(안에=in)+print(vt.인쇄하다, 찍다, 눌러서 박다)의 결합.

'무엇을 머릿속에 찍다=새기다'이고, '무엇이 마음속에 찍다=감동시키다'입니다.

- You should write with your hands if you want to **imprint** knowledge on to your brain.
  지식을 머릿속에 새기고 싶다면 손으로 적어야 합니다.

- The Holocaust **imprinted** terrible images in the survivors' memories.
  유태인 대학살은 생존자들의 기억에 끔찍한 이미지들을 각인시켰다.

incantation [inkæntéiʃən] n.주문(을 욈), 마술, 마법

in(안에=in)+cant(노래, 부르다=chant)+ation의 결합.

'수리수리 마수리'라고 하면서 마음속으로부터 노래를 부르는 것=주문(spell, charm)'입니다.

- The witches in Shakespeare's Macbeth utter **incantations** to forecast the future.
  셰익스피어의 맥베스에 나오는 마녀들은 미래를 점치기 위해 주문을 외운다.

incarcerate [inkáːrsərèit] vt.(문어)투옥하다

in(안에=in)+carcer(감옥=prison)+ate의 결합.

'사람을 감옥 안에 집어넣다=투옥하다(imprison)'입니다.

- They **incarcerated** the man, but many people believed that he was innocent.
  그들이 그 남자를 투옥했지만, 많은 사람은 그가 무죄라고 믿었다.

- He **incarcerated** and displaced thousands of the people under the name of democracy.
  그는 민주주의라는 이름하에 수천 명의 국민들을 투옥시키고 추방시켰다.

incendiary [inséndièri] a.방화의, 선동적인 n.방화범, 선동가

in(접촉=on)+cend(양초=candle)+iary의 결합.

'양초에 불을 붙여 불을 지르는=방화의, 선동적인(agitative, seditious, demagogic)'입니다.

- After various adventures, he is arrested as an **incendiary** and barely escapes being executed.
  다양한 사건들을 겪은 후, 그는 방화범으로 체포되고 간신히 처형을 면하게 된다.

incriminate [inkrímənèit] vt.죄를 덮어씌우다

in(안에)+crimin(죄, 범죄=crime)+ate의 결합.

'누구에게 없는 죄를 집어넣다=죄를 덮어씌우다'입니다.

- He refused to say anything on the grounds that he might **incriminate** himself.
  그는 자신이 죄를 뒤집어쓸지도 모른다는 이유로 어떠한 것도 말하기를 거부했다.

- He claimed that the drugs had been planted to **incriminate** him.
  그는 누군가 자기에게 죄를 씌우기 위해 마약을 (자신에게) 심어놓았다고 주장했다.

incursion [inkə́ːrʒən] n.(강물 등)유입, 침입, 습격

in(안으로)+cur(흐르다=flow)+sion의 결합.

'강물이 제방을 뚫고 마을로 들어오는 것=유입(inflow, influx)'이고, '강물 유입처럼 적군이 들어오면=침입(invasion), 습격'입니다.

- History is full of cases where a failure to deal sternly with minor **incursions** ended up triggering a major war.
  역사에는 소규모 침입(습격)에 단호하게 대처하지 못한 것이 결국 큰 전쟁으로 끝나는 경우가 많다.

induct [indʌ́kt] vt.입회시키다(주로 수동태), 취임시키다

in(안으로)+duct(이끌다=lead)의 결합.

'사람을 어떤 단체 안으로 이끌고 가다=입회시키다'이고, '사람을 사장 의자 안으로 이끌고 가다=취임시키다'입니다.

- After he retired, he was **inducted** into the NBA Hall of Fame.
  그는 은퇴 후 NBA 명예의 전당에 이름을 올렸다(입회되었다).
- Every year, new members are **inducted** into the Rock and Roll Hall of Fame.
  해마다, 새로운 멤버들이 로큰롤 명예의 전당에 입회하게 된다.

infiltrate [infíltreit] vt.침투(잠입)시키다 vi.스며들다

in(안으로)+filtr(침투하다, 여과기, 필터=filter)+ate의 결합.

- They tried to **infiltrate** assassins into the White House.
  그들은 암살자를 백악관에 침투(잠입)시키려고 했다.
- The Seoul government had long denied South Korea operated any secret commando units mandated to **infiltrate** the North.
  한국 정부는 북한 침투를 위한 특수 부대를 운영해 온 사실을 오랫동안 부인해 왔다.

insurgent [insə́:rdʒənt] n.폭도, 반란군 a.폭동(반란)을 일으키는

in(안으로)+surg(큰 파도, 밀어닥치다=surge)+ent(사람)의 결합.

'정부에 반대하여 궁궐 안으로 큰 파도처럼 밀어닥치는 사람=폭도(mob, mobsters, rioters)'입니다.

- Hundreds of children, their parents, and teachers died in the bloody massacre that began when heavily armed **insurgents** stormed their school.
  중무장한 괴한들이 학교 안으로 난입해 시작된 유혈 참극에서 수백 명의 아이들, 부모, 교사들이 사망했다.

deregulate [di:régjulèit] v.규제를 철폐하다

de(분리=off)+regulate(vt.규제하다, 조절하다)의 결합.

'법률 조항에 있는 각종 규제를 법전에서 분리시키다=규제를 철폐하다'입니다.

- If the administration **deregulate** the service industry, new value-added jobs will be created.
  정부가 서비스업 규제를 풀면 새로운 가치의 일자리가 늘어날 것입니다.

decentralize [di:séntrəlàiz] vt.(권한 등)분산시키다

de(분리=off)+central(a.중심의, 중심적인)+ize(동접)의 결합.

'권한이나 기능을 중앙에서 분리시키다=분산시키다'입니다.

- decentralize power to regional governments 권력을 지방정부로 분산시키다
- The government is taking measures to **decentralize** the population around the capital area.
  정부는 수도권 인구를 분산시키기 위한 조치를 취하고 있다.

defrost [diːfrɔ́ːst] vt. 해동시키다, ~의 서리(얼음)를 제거하다

de(분리=off)+frost(n.서리)의 결합.

'음식에 있는 얼음을 분리시키다=해동시키다'입니다.

- **Defrost** the meat in the microwave oven for three minutes.
  고기를 전자레인지에 넣고 3분간 해동하세요.

camouflage [kǽmuflàːʒ] n. 위장(disguise), 변장, 카무플라주 v. 위장하다

군대 용어로 군인들의 변장, 위장을 프랑스어로 카무플라주(camouflage)라고 합니다.

- The transparent body of the jellyfish is believed to be a form of **camouflage**.
  해파리의 투명한 몸체는 하나의 위장으로 여겨지고 있다.
- The entrance was **camouflaged** with bricks and dirt.
  입구는 벽돌과 흙으로 위장되었다.

binding [báindiŋ] n. 묶음, 구속(력) a. 묶는, 구속력 있는

bind(묶다, 구속하다)+ing(명접)의 결합.

- We signed a **binding** contract last year and it's still valid.
  우린 작년에 구속력 있는 계약(확정 계약)을 했고 그 계약은 아직 유효해요.
- A marriage agreement is considered **binding** for life.
  결혼 서약은 평생 구속력 있는 것으로 간주된다.

scoundrel [skáundrəl] n. 악당, 불량배, 깡패

scound(도망가다=abscond)+rel의 결합.

'돈을 강탈해서 도망가는 사람=악당(rascal, villain, ruffian), 깡패'입니다.

- abscond [æbskánd] vi. 도망가다(escape)
- He will be remembered as something more than a **scoundrel**.
  그는 악당 이상으로 기억될 것이다.

gamut [gǽmət] n. (음악)전음계, 전범위의, 전반적인(general, overall)

중세시대에는 악기에서 가장 낮은 음인 도(do)를 ut, gamut라고 했고 나중에 도(do)라고 불렀습니다. gamut(도)는 '도, 레, 미, 파, 솔, 라, 시, 도'처럼 처음과 끝에 나타나기 때문에 전(全)음계라는 뜻이 파생되었고, 일반적인 의미로 '전범위의'란 뜻으로 사용.

- In her stories she expresses the whole **gamut** of emotions from happiness to sorrow.
  그녀는 자신의 이야기 속에서 행복에서 슬픔까지 전반적인 감정을 표현한다.

Day 59

restitution [rèstətjúːʃən] n.배상, 반환, 회복, 복권, 복직

re(다시=again)+st(세우다=stand)+it+ution의 결합.

'손해 난 것을 원래 상태가 되도록 다시 세워주는 것=배상(compensation, reparation), 반환(restoration), 복직'입니다.

- The victims are demanding full **restitution**.
  희생자들은 전액 손해 배상을 요구하고 있다.
- The government called for the **restitution** of cultural treasures taken during World War Ⅱ.
  정부는 2차 세계대전 당시 빼앗긴 문화재의 반환을 요청했다.

rebut [ribʌ́t] vt.반박하다, 논박하다

re(다시=again)+but(치다=strike)의 결합.

'상대편의 말을 듣고 다시 되받아치다=반박하다(refute, confute, contradict, retort)'입니다.

- It is the fundamental nature of politicians to **rebut** others' statements.
  다른 사람들의 말을 반박하는 것이 정치인들의 근본적인 본성이다.
- She **rebuts** every single thing I do. I don't know why she does.
  그녀는 내가 하는 일에 사사건건 반박한다. 나는 그녀가 왜 그러는지 모르겠다.

resurrection [rèzərékʃən] n.소생, 재기, 부활, 예수의 부활

re(다시=again)+sur(일어나다=rise)+rection의 결합.

'죽은 사람이 다시 일어나는 것=소생(revival, rebirth), 부활, 재기'입니다.

- Do you believe in the **Resurrection** of Jesus Christ?
  너는 예수의 부활을 믿어?
- Many people, especially moviegoers and bookworms, are looking forward to the **resurrection** of Classicism.
  많은 사람, 특히 영화 팬들과 독서광들은, 고전주의의 부활을 기대하고 있다.

recapitulate [riːkəpítʃəlèit] v.요약하다

re(계속=again)+cap(머리=head)+it+late의 결합.

'각 문단을 읽고 머리가 되는 말을 계속 모으다=요약하다(sum up, summarize)'입니다. 어근 cap은 기본편 참조.

- I'm going to show some new images and I'm going to **recapitulate** just three.
  여러분에게 새로운 것을 몇 가지 보여드리고 세 가지로 요약할 계획입니다.

- Which best **recapitulates** the above passage?
  윗글을 가장 잘 요약한 것은 어느 것인가요?

recidivism [risídəvìzəm] n.상습적 범행(재범)

re(계속=again)+cid(떨어지다=fall)+ivism의 결합.

'계속 범죄의 소굴로 떨어지는 행위=상습적인 범행(재범)'입니다.

- Reducing **recidivism** may be our ultimate goal, but it's not our only goal.
  재범을 줄이는 것은 궁극적인 목표지만 유일한 목표는 아닙니다.

- Our **recidivism** rate is among the highest in the world.
  우리의 상습 범죄율은 세계에서 가장 높은 나라 중에 있습니다.

requiem [rékwiəm] n.죽은 이를 위한 미사, 진혼곡, 레퀴엠

re(계속=again)+qui(평온한, 조용한=quiet)+em의 결합.

'죽은 사람 앞에서 앞으로 계속 평온하게 지내라고 부르는 노래=진혼곡'입니다.

- Sometimes Mozart's **requiem** is compared to Goethe's Faust.
  때때로 모차르트의 레퀴엠(진혼곡)은 괴테의 파우스트와 비유된다.

refractory [rifræktəri] a.다루기 힘든, 고집 센

re(계속=again)+fract(깨다=break)+ory의 결합.

'깨뜨리려고 계속 시도해도 깨뜨려지지 않는=다루기 힘든(uncontrollable, fractious)'입니다.

- Nursery teachers should learn to deal with **refractory** children.
  유치원 교사는 다루기 힘든 아이들 다루는 법을 배워야 한다.

- He seems to be gentle, but there is a very **refractory** side to him.
  표면상으로는 순해 보이지만 그에게는 아주 고집 센 데가 있다.

repository [ripázitɔ̀ːri] n.용기(容器), 저장소, 창고

re(계속=again)+pos(놓다=put)+it+ory의 결합.

'필요한 물건을 계속 놓아두는 곳=용기(receptacle, container, vessel), 창고(warehouse, storehouse, depot)'입니다.

- He always say newspapers are the **repository** of knowledge.
  그는 항상 신문이 정보 저장소라고 말한다.
- In traditional societies without writing, older people are the **repositories** of information.
  글이 없는 전통 사회에서 노인은 정보의 저장소입니다.

reprieve[riprí:v] n.집행유예(probation) vt.집행(처형)을 유예하다

re(뒤=back)+pri(잡다=prehend=take)+eve의 결합.

형장에 있는 죄수를 잡아 뒤로 끌어내어 형 집행을 연기하는 것에서 유래.

- Immediately after the **reprieve** ended, he stole a wallet from another drunk that had just a debit card and ID card.
  집행유예 기간이 끝난 직후에 그는 직불카드와 주민등록증만 들어있는 취객의 지갑을 훔쳤다.

relic[rélik] n.유적, 유물

re(뒤=back)+lic(남겨두다=leave)의 결합.

'선조가 뒷사람들에게 남겨준 것=유적(remains, ruins, vestiges)'입니다.

- Many ancient Greek and Egyptian **relics** are still kept in Britain and France.
  고대 그리스와 이집트의 많은 유물은 여전히 영국과 프랑스 등지에서 소유하고 있다.
- Many tourists visit Moscow to see its beautiful buildings and **relics**.
  많은 관광객이 아름다운 건물과 유적들을 보기 위해 모스크바를 방문한다.

reflux[rí:flʌks] n.역류, 썰물

re(뒤=back)+flu(흐르다=flow)+x의 결합.

'앞으로 왔다가 뒤로 흘러가는 물=역류(a back current), 썰물'입니다.

- Smoking increases acid **reflux** and dries your saliva.
  흡연은 위산 역류를 증가시키고 침을 마르게 한다.

recalcitrant[rikǽlsətrənt] a.고집 센(stubborn, obstinate, pigheaded)

re(뒤=back)+calc(뒤꿈치=heel)+itrant의 결합.

뒤로 물러서서 사람이 지나가지 못하게 발뒤꿈치로 버티고 저항하는 고집 센 사람에서 유래.

- The government succeeded in making a breakthrough in inter-Korean relations in dealing with the **recalcitrant** regime in North Korea.
  정부는 북한의 고집 센 정권을 다루는데 있어서 남북관계의 돌파구를 여는데 성공했다.

repulse [ripʌ́ls] vt. 쫓아버리다, 거절하다

re(뒤=back)+pul(몰아붙이다=pel=drive)+se의 결합.

'방문한 사람, 제안 따위를 받지 않고 뒤로 몰아붙이다=쫓아버리다(drive away), 거절하다(refuse, reject, decline, rebuff, turn down)'입니다.

- In the Second World War, Hitler and his Nazi army **repulsed** France and nearly destroyed Britain.
  제2차 세계대전에서, 히틀러와 나치 군대는 프랑스를 격퇴하고 영국도 거의 파괴했다.

retinue [rétənjùː] n. 수행원

re(뒤=back)+tin(잡고 있다=tain=hold)+ue의 결합.

'왕이나 귀족 뒤에서 왕이나 귀족이 필요한 물품을 잡고 서 있는 사람=수행원(attendant)'입니다.

- The actor was surrounded by a **retinue** who gave him much-needed assistance.
  그 배우는 자신에게 매우 필요한 도움을 준 수행원에게 둘러싸여 있었다.
- When he travels, the President has a large **retinue** of aides and bodyguards.
  여행 시에 대통령은 보좌관들과 경호원들로 구성된 상당히 많은 수의 수행원을 동원한다.

reprobate [réprəbèit] a. 사악한, 불량한 n. 타락한 자, 불량자

re(반대=opposite)+prob(인정하다=approve)+ate의 결합.

'모두 인정하는 도덕, 상식을 반대하는 사람=사악한(wicked, vicious, malicious, sinister, black-hearted)'입니다.

- A **reprobate** son who habitually beat his parents was arrested.
  부모를 상습적으로 폭행한 패륜아(사악한 아들)가 구속되었다.

commandeer [kɑ̀məndíər] vt. 징발(징집)하다, (구어)강제로 빼앗다

com(강조=completely)+mand(명령하다=command)+eer의 결합.

'정부(군대)에서 물건을 내놓거나 입대하라고 명령하다=징발(징집)하다(conscript, enlist)'입니다.

- The building was **commandeered** for military purposes.
  그 건물은 군용으로 징발되었다.
- The police officer **commandeered** a taxi cab to chase the bank robbers.
  경찰관은 아무 택시나 빼앗아 타고 은행 강도들을 추적했다.

confluence [kɑ́nfluəns] n. (강)합류, 융합(fusion)

con(함께=with)+flu(흐르다=flow)+ence의 결합.

'여러 지류의 강물이 함께 흘러 들어가는 곳=합류(점)'입니다.

- a **confluence** of social factors 사회적 요소들의 융합
- Here is the **confluence** of two rivers. 이곳이 두 강의 합류 지점이다.

efflux [éflʌks] n.(공기, 기술)유출, 배출(물)

ef(밖으로=ex=out)+flu(흐르다=flow)+x의 결합.

'안에 있는 것이 밖으로 흘러 나가는 것=유출(outflow), 배출(discharge)'입니다.

- A brain **efflux** is a very serious matter.
  두뇌 유출은 매우 심각한 문제이다.
- News often comes out about technology **efflux** at a company.
  회사에서의 기술 유출에 관한 뉴스가 자주 나온다.

subsume [sʌbsúːm] vt.포함하다, 포괄하다

sub(아래=under)+sum(잡다=take, catch)+e의 결합.

'아래에 놓아두었던 것을 위로 올려 넣다=포함하다(include, contain)'입니다.
11명의 주전 멤버 아래에 있던 12번 선수를 잡아 위로 올리면 주전 멤버에 포함하는 것입니다.

- Ondol floors is **subsumed** into Korean culture.
  온돌마루는 한국문화에 포함되어 있다.
- We hope the information **subsumed** here in is useful.
  여기 포함된 정보가 유용하기를 바랍니다.

inebriate [iníːbrièit] vt.취하게 하다 n.주정뱅이, 고주망태

in(계속=on)+ebri(마시다=drink)+ate의 결합.

'술을 계속 마시게 하다=취하게 하다'입니다.

- **Inebriated** people tend to be more open, reviling, and emotional.
  술 취한 사람들은 더 솔직하고, 욕 잘하고, 감정적으로 되는 경향이 있다.
- They say that he was very **inebriated** at the time of the accident.
  사고 당시에 그는 매우 취해있었다고 한다.

Day 60

unabridged [ʌnəbrídʒd] a.생략하지 않은, 원문 그대로인

un(부정=not)+abridge(vt.생략하다)+d의 결합.

'생략하지 않은=원문 그대로인'입니다.

- Gulliver's Travels in its **unabridged** form is definitely not a children's book.
  원문 그대로의 걸리버의 여행기는 확실히 아이들의 책이 아니다.

unassuming [ʌnəsjúːmiŋ] a.겸손한(humble), 젠체하지 않는

un(부정=not)+assuming(a.건방진, 주제넘은)의 결합.

- assuming [əsjúːmiŋ] a.건방진(arrogant), 주제넘은
- He was genuinely shy and **unassuming**, and not at all how you expect an actor to be.
  그는 정말 수줍음 많고 겸손했고, 배우에게 기대되는 모습과 전혀 거리가 멀었다.
- He has been held in great esteem by many people all over the world because of his folksy and **unassuming** attitude.
  그의 소탈하고 겸손한 태도 때문에 그는 전 세계의 많은 사람으로부터 존경을 받아왔다.

unbalance [ʌnbǽləns] vt.불균형하게 만들다

un(부정=not)+balance(n.균형, vt.~의 균형을 잡다)의 결합.

- unbalanced redistribution structure of this country 그 나라의 불균형한 분배구조
- It has been reported that Koreans have unhealthy, **unbalanced** eating habits.
  한국인들은 건강에 좋지 않고 불균형한 식습관을 가지고 있는 것으로 보도되어왔다.

uncanny [ʌnkǽni] a.초자연적인, 신비로운(mysterious, mystic)

un(부정=not)+can(할 수 있다)+ny의 결합.

'사람이나 자연이 할 수 없는=초자연적인(supernatural)'입니다.

- **Uncanny** things must be in the haunted house.
  그 흉가에는 초자연적인 무언가가 있는 것이 틀림없다.
- According to the legend, the Mayans possessed 13 crystal skulls with **uncanny** powers.
  전설에 따르면, 마야인들은 초자연적인 힘을 지닌 13개의 수정 해골을 보유하고 있었다.

unceasing [ʌnsíːsiŋ] a.끊임없는, 부단한

un(부정=not)+cease(vt.그만두다, 중지하다=stop)+ing의 결합.

'일을 함에 있어서 중지하지 않는=끊임없는(ceaseless, incessant, constant, continual, continuous)'입니다.

- Mother Theresa became an object of universal veneration because of her **unceasing** work for the poor.
  테레사 수녀는 가난한 이들을 위한 끊임없는 봉사로 전 세계적인 존경의 대상이 되었다.

- His **unceasing** efforts to achieve success have made him what he is today.
  성공에 대한 지칠 줄 모르는 노력이 오늘의 그를 만들었다.

---

uncompromising [ʌnkámprəmàiziŋ] a.타협하지 않는, 단호한

un(부정=not)+compromise(vt.양보하다, 타협하다)+ing의 결합.

'결코 양보하거나 타협하지 않는=타협하지 않는, 단호한(intransigent, rigid)'입니다.

- She earned the nickname "Iron Lady" for her **uncompromising** politics and leadership style.
  그녀는 타협하지 않는 정치와 리더십으로 "철의 여인"이라는 별명을 얻었다.

---

unconscionable [ʌnkánʃənəbəl] a.비양심적인(unscrupulous), 불합리한

un(부정=not)+conscion(양심=conscience)+able의 결합.

- It would be **unconscionable** for us to, in an intentional and deliberate way, set about executing people.
  우리가 계획적이고 의도적으로 사람들을 사형에 처하는 것은 비양심적 행동이 될 것입니다.

- Having children stay at a hagwon late at night is simply an **unconscionable** tactic for the hagwons to make more money.
  아이들을 밤에 늦게까지 학원에 잡아 두는 것은 학원들이 좀 더 많은 돈을 벌기 위한 비양심적인 술책이다.

---

unconvincing [ʌnkənvínsiŋ] a.설득력이 없는

un(부정=not)+convinc(vt.확신시키다=convince)+ing의 결합.

'상대편을 확신시키지 못하는=설득력이 없는(implausible)'입니다.

- I phoned him for an explanation, but he gave me an **unconvincing** excuses.
  나는 그에게 설명을 듣기 위해 전화했는데 그는 나에게 설득력 없는 변명만 했다.

- The arguments presented in the report are **unconvincing**.
  그 보고서에 제시된 주장은 설득력이 없다.

unearth [ʌnə́ːrθ] vt.파내다(발굴하다), 밝혀내다

un(부정, 반대=not)+earth(n.땅, 흙 v.흙으로 파묻다)의 결합.

무엇을 안에 넣고 흙으로 덮는 것이 earth이고, 반대의 부정어 un이 붙은 unearth는 흙으로 덮인 것을 파내는 것입니다.

- Builders **unearthed** some remains while preparing the ground for an extension.
  건축업자들은 확장 공사를 위해 땅을 준비하는 동안 유골을 발굴했다.
- Subway workers in Mexico City may have **unearthed** a previously unknown Aztec temple last month.
  지난달 멕시코시의 지하철 작업자들은 지금까지 알려지지 않았던 아즈텍 사원을 발굴했을지도 모른다.

unexampled [ʌ̀nigzǽmpld] a.예(유례, 전례)가 없는, 비길 데 없는

un(부정=not)+example(n.보기, 예)+d의 결합.

'비교할 수 있는 예가 어디에도 없는=유례없는(unprecedented)'입니다.

- We are now living in a time of **unexampled** prosperity.
  우리는 지금 전례 없는 번영의 시기에 살고 있다.
- The Mississippi River reached **unexampled** levels and flooded many residential neighborhoods.
  미시시피강은 유례없는 수위에 도달해 인근 주거 지역을 범람시켰습니다.

unfaltering [ʌnfɔ́ːltəriŋ] a.비틀거리지(흔들리지) 않는, 확고한, 단호한

un(부정=not)+falter(vi.비틀거리다)+ing의 결합.

'어떤 유혹에 비틀거리지 않는=확고한(firm, determined, resolute, decisive)'입니다.

- falter[fɔ́ːltər] vi.비틀거리다, 머뭇거리다(hesitate), 말을 더듬다(stammer)
- Always she faced the future with a serene and **unfaltering** courage.
  그녀는 항상 침착하고 흔들림 없는 용기로 미래와 마주했다.
- You first have an **unfaltering** purpose in life.
  여러분은 먼저 인생에 있어서 확고한(흔들리지 않는) 목표를 가져야 합니다.

unfasten [ʌnfǽsn] vt.풀다(untie), 벗기다(strip), 끄르다(unloose)

un(부정, 반대=not)+fasten(vt.묶다, 고정시키다)의 결합.

묶는 것의 반대 동작은 풀고, 벗기고, 끄르는 것입니다.

- Those convicted of sexual assault who are supposed to wear electronic monitoring anklets have been found to travel overseas with their anklets **unfastened**.
  위치추적 전자장치(전자발찌)를 찬 성범죄 전과자들이 전자발찌를 푼 채 버젓이 해외를 돌아다니고 있는 것으로 드러났다.

ungainly [ʌngéinli] a.보기 흉한, 볼품없는

un(부정=not)+gainly(a.우아한)의 결합.

'태도나 동작이 우아하지 못한=볼품없는(unseemly)'입니다.

- I thought her terribly **ungainly** when she danced.
  나는 그녀가 춤을 출 때 매우 볼품없다고 생각했다.
- Wind and rain have eroded the statues into **ungainly** chunks of stone.
  바람과 비가 그 조각상을 부식하여 볼품없는 돌덩어리로 만들어 놓았다.

unmanly [ʌnmǽnli] a.남자답지 않은, 겁이 많은(cowardly)

un(부정=not)+manly(a.남자다운, 겁 없는)의 결합.

- It is **unmanly** to shrink away from danger.
  위험에 움츠려드는 것은 남자답지 못한 일이다.

unmatched [ʌnmǽtʃt] a.비교할 데 없는, 필적할 수 없는

un(부정=not)+match(n.시합 상대, 경기)+ed의 결합.

'시합 상대가 없는=비교할 데 없는(matchless, unmatchable)'입니다.

- Seoul's public subway system is **unmatched** by any other city in the country.
  서울의 공공 지하철 체계는 국내 다른 도시와는 비교할 수가 없다.
- That opera singer has a **unmatched** voice.
  저 오페라 가수는 필적할 수 없는 목소리를 갖고 있다.

unnerve [ʌnnə́ːrv] vt.용기(기운) 잃게 하다, 무력화 시키다(enervate)

un(부정, 반대=not)+nerve(vt.용기를 주다)의 결합.

용기를 주는 것의 반대 행위는 용기를 잃게 하는 것입니다.

- nerve [nəːrv] n.용기, 신경 vt.용기를 주다
- Here's what happened last fall. That has really **unnerved** the researchers.
  이것이 지난가을에 일어난 상황입니다. 연구자들을 정말 기운 빠지게 만들었습니다.

찾아보기

A

aberrant 229
abeyance 068
ablation 199
ablaze 069
ablution 021
abnegate 228
aboriginal 229
abrasive 228
abscond 228
accolade 070
accrue 070
acquisitive 066
actuate 066
acupuncture 128
adjacent 088
adjudicate 070
adrift 069
afire 100
aflame 069
afoot 190
agape 068
alignment 057
aloof 236
amass 068
ambidextrous 156
ambient 155
ambisextrous 156
amenity 021
amnesia 172
amorphous 219
anabolism 031
anachronism 131
analogous 169
anemia 086
anesthesia 221
annals 047
annotate 071
anomalous 219
answerable 012
anthropology 059
aphorism 085
apogee 090
apoplexy 091
apostate 117
apothecary 101
appalling 089
appellation 071

apposite 200
apprise 273
approbate 158
arbitrary 108
archbishop 101
archetype 222
ardor 133
arid 084
armistice 025
arrogate 153
artifice 025
ascetic 025
asperse 070
astute 029
atone 030
atrocious 035
attenuate 071
attrition 071
audacious 138
austerity 035
autonym 105
avarice 146
aver 069
avid 045

B

baffle 015
balance 226
baneful 072
beatific 045
bedrock 049
befit 110
beguile 111
behead 110
bellicose 049
benign 209
benumb 110
bequeath 211
besmirch 110
bicameral 278
bicker 055
bifurcate 278
bigamist 278
bigotry 055
binding 296
bipartisan 278
birthright 102
bisexual 279

biweekly 279
bizarre 065
blackmail 105
bland 060
blandish 060
blaspheme 113
blatant 108
bleach 225
bleak 078
bliss 103
blister 136
boisterous 098
bombastic 093
bonanza 124
boulevard 117
bravado 117
brazen 089
breach 083
brevity 014
bristle 079
brittle 010
brusque 011
bucolic 062
bumpy 076
bureau 016
burgeoning 063
burrow 060
bustle 074
buttress 074
by-election 128
by-name 115
bypass 101

C

cadaverous 048
cajole 074
caliber 092
camouflage 296
capitulate 188
capsize 188
cataclysm 115
catalyst 211
cataract 121
centrifugal 096
centripetal 097
cessation 072
chagrin 015
chaotic 080

chary 077
chasm 086
chaste 064
chastise 063
chicanery 083
chide 089
chisel 105
choleric 202
chronology 131
chubby 093
circumference 202
circumnavigate 125
citadel 098
clandestine 103
cleave 109
clemency 114
cliche 184
clientele 038
clog 175
cloister 170
coalesce 130
coax 192
cohabit 018
colloquial 169
coma 147
comely 084
commandeer 300
commissary 135
commodious 230
communicable 106
compendium 135
comport 142
concave 179
conclave 179
concomitant 178
condiment 179
condolence 150
confabulate 179
configure 222
confiscate 017
confluence 300
confute 179
conglomerate 031
congruous 082
conjoin 180
conjugal 178
conjure 072
connate 180
connive 182

connoisseur 180	deface 186	discount 164	efflux 301
connote 178	deflect 281	discursive 162	effrontery 277
conspicuous 174	deforest 187	disfigure 223	egregious 274
constellation 257	defrost 296	disillusion 223	ejaculate 274
consternation 180	defuse 187	disintegrate 165	elapse 253
construe 148	dehydrate 282	disjointed 224	elegiac 064
consummate 051	delectable 282	dislocate 162	eligible 145
contestant 135	deleterious 115	dislodge 162	elongate 275
continence 181	delineate 281	dismal 161	emasculate 275
contrite 082	delirious 283	dismantle 163	embedded 166
convalesce 182	delve 058	dismember 223	embellish 248
convent 178	demarcate 283	disown 223	embroil 166
conversant 181	demeanor 240	disparage 224	emend 275
convex 182	dementia 283	dispassionate 163	empirical 167
convolution 181	demise 155	dispirited 163	encroach 249
convulsion 181	demography 271	displease 091	enfeeble 170
copycat 115	demoralize 283	dispossess 163	engrave 248
corollary 013	denomination 132	disprove 165	ennui 191
corpulent 144	denude 284	dissipate 224	ensemble 247
corrode 173	deranged 239	dissociate 164	enthrall 205
countenance 158	deregulate 295	dissolute 164	entrap 166
counterbalance 145	derelict 016	dissonance 164	entrench 249
countersign 140	derivative 095	diurnal 161	entrepreneur 196
courier 123	dermatologist 128	divest 165	enumerate 253
covenant 171	derogate 281	docile 092	enunciate 169
covert 155	derogatory 153	dodge 044	envision 167
covet 202	desecrate 284	dogmatic 139	epicenter 171
covetous 139	desiccate 239	doleful 150	epidermal 171
craven 151	despotism 119	dolorous 143	erratic 052
credence 134	destitution 012	dormant 096	erroneous 067
cripple 119	detonate 280	dote 158	eschew 157
cursory 119	detract 282	dour 078	eugenics 175
custody 081	detrimental 239	dowdy 075	euphemism 176
	devolve 280	drowsy 106	evanescent 151
D	devout 240	drudgery 010	evenhanded 147
	diabolic 149	dupe 133	evince 144
dastard 125	diametric 149	dutiful 226	exacting 172
dawdle 124	diaphanous 150		exasperate 253
debacle 140	diarrhea 150	**E**	excerpt 195
debilitate 239	dichotomy 145		excoriate 275
debris 013	dilettante 072	earmark 126	exculpate 276
decadence 280	diminutive 176	earthy 149	existential 062
decentralize 295	din 128	eavesdrop 154	expatiate 276
deciduous 280	dire 093	ebullient 274	expostulate 200
declaim 281	disarrange 166	edify 154	expropriate 020
decode 282	disarray 091	eerie 010	extant 276
decorous 124	disavow 127	effeminate 277	extenuate 276
decoy 053	disciple 194	effigy 254	extirpate 277
decry 281	disconsolate 165	effluent 277	extraneous 254

extravagant 254
extrinsic 277

F

facetious 157
facilitate 191
factitious 065
fallout 086
falter 076
fanaticism 060
far-fetched 055
fastidious 050
fatuous 044
felicitous 040
fervent 044
fiasco 035
fickle 030
fictitious 026
filthy 026
finesse 021
fiscal 015
flagrant 270
flamboyant 267
flaunt 261
fleeting 254
flimsy 263
flippant 245
flout 240
fluctuation 234
foible 029
foliage 203
foment 219
foolproof 032
foreboding 216
forego 016
foretoken 267
forte 215
forthright 053
fortitude 209
fracas 132
frail 205
fraudulent 047
fraught 200
fray 194
frenzy 215
fret 232
frigid 183
frivolous 062

fruition 058
fuddle 046
fulsome 174
furrow 151

G

gainsay 170
gale 160
gallant 201
galvanize 174
gamut 296
gape 184
garner 188
gaudy 146
generic 238
genial 195
genteel 201
germicide 130
germinate 190
gesticulate 199
ghastly 208
gingerly 215
gist 219
glib 203
gloat 017
glossy 234
glutton 081
gluttonous 240
goad 245
gorge 249
gossamer 250
grandiloquent 255
grandiose 261
grievance 014
grisly 267
grotesque 057
grouchy 016
grudge 021
grueling 032
gruesome 026
gruff 026
guile 029
guillotine 211
gush 123

H

hackneyed 036

haggard 040
haggle 045
halcyon 050
hallmark 226
hallowed 056
hallucination 059
hamlet 090
handcuff 031
handful 226
haphazard 065
harangue 010
harbinger 075
harness 078
harry 084
hazy 157
hedonism 154
heedless 149
hefty 143
heinous 138
herbicide 130
herbivore 134
heresy 177
hermitage 129
heyday 054
hiatus 058
hibernate 124
hilarious 120
hoarse 126
hoax 114
holistic 109
homonym 185
homosexual 185
horrid 104
horticultural 098
hub 061
hubris 094
humdrum 106
hypnosis 168
hypocrite 064

I

idolize 089
illicit 043
illimitable 074
imbecile 038
immaculate 244
immaterial 285
immobile 285

immoderate 285
immure 230
immutable 285
impassable 286
impasse 244
impeach 211
impecunious 244
impenetrable 286
impenitent 286
imperil 293
impersonate 293
imperturbable 286
impervious 287
implacable 287
implausible 287
impolitic 287
importune 139
impound 013
impregnable 273
impregnate 293
imprint 293
impunity 231
inapplicable 287
inapposite 288
inauspicious 288
inbred 231
incantation 294
incapacitate 231
incarcerate 294
incendiary 294
incense 235
incinerate 237
incipient 193
incoherent 288
incompatible 156
incontrovertible 288
incorrigible 288
incriminate 294
incursion 294
indecent 289
indecisive 289
indefatigable 033
indiscriminate 243
indistinct 289
indomitable 237
induct 295
inebriate 301
ineffable 289
ineligible 289

ineluctable 290
inept 290
inequality 290
inexplicable 290
infidel 290
infiltrate 295
infinitesimal 231
inflexible 291
infuriate 248
ingrained 221
ingrate 291
iniquitous 242
inkling 106
inopportune 291
inscrutable 291
insecticide 130
insinuate 242
insoluble 148
instigate 252
insular 094
insurgent 295
insurmountable 244
integral 146
intercontinental 196
intercourse 272
interlock 196
interlocutor 169
intermediary 271
intermingle 197
interpose 197
intersperse 197
interstellar 257
interstice 272
intertwine 160
interweave 160
intolerant 292
intrepid 243
intrinsic 249
introvert 201
inveigh 042
inveigle 047
inventory 231
inveterate 235
inviolable 125
invoice 196
irascible 099
irksome 104
ironic 109
irreconcilable 073

irrecoverable 073
irremediable 073
irretrievable 292
irreverent 073
irreversible 292
itinerant 184

J

jettison 114
jitter 125
jocose 126
jubilation 120
judicious 042
juncture 124
jurisdiction 129

K

kindle 177
kleptomaniac 134
knot 227

L

labyrinth 138
landslide 057
languid 112
lassitude 012
latent 199
lavish 101
lenient 160
lewd 148
lexicon 154
libel 157
licentious 168
liken 141
limber 170
limp 175
liquidate 018
lithe 184
litigate 242
loathe 087
locale 186
loiter 208
longevity 191
loophole 189
lubricant 193
lucrative 116

luscious 047
luster 189

M

macrocosm 032
macroeconomics 032
macroscopic 198
maelstrom 189
magnanimous 041
maim 193
maladjustment 204
maladroit 203
malcontent 204
maleficent 204
malfeasance 204
malformation 205
malodor 205
maneuver 153
maritime 217
matriarch 121
matrimony 121
maudlin 208
maul 075
mediocre 011
meek 065
memento 065
memoir 082
mendacious 090
mendicant 059
mercenary 055
mercurial 050
metabolism 177
mete 022
meteor 210
meteorology 210
methodology 155
mettle 045
microbe 198
microorganism 198
microwave 198
mien 040
milestone 044
militant 064
militia 227
minuscule 036
misapprehend 085
misdemeanor 052
misinterpret 216

misnomer 216
misrepresent 216
misstep 085
mitigate 030
modulate 138
molest 210
mollify 027
monetary 016
monogamy 220
monotheism 220
monumental 270
mordant 262
moribund 262
morose 255
motif 250
muddle 245
munificent 238
muse 234
mushroom 229
mutable 222
mutilate 220

N

naive 096
narrative 215
nascent 018
nauseate 215
nebulous 092
neoclassic 225
neolithic 225
niggardly 220
nimble 210
nomadic 224
nonaggression 052
nonchalant 203
nondescript 052
nonflammable 230
nonmoral 230
nonplus 230
nosy 229
noxious 141

O

obdurate 214
obfuscate 235
obituary 213
oblique 214

oblivious 213
obnoxious 214
obscene 188
obsolete 209
obstetrician 213
occult 214
omnivorous 206
onerous 234
opaque 238
opinionated 025
opprobrious 236
optician 190
opulence 086
opulent 246
oracle 146
ordeal 250
ordinance 255
ornate 268
orthodox 108
ostentatious 046
ostracize 160
outdistance 246
outmoded 246
outpost 246
outshine 247
outstrip 247
ovation 270
overindulge 241
overpopulate 241
overrate 241
overt 017
overweening 241

P

pacific 081
pallid 022
paltry 029
pandemonium 206
pantheism 251
paragon 251
paranoia 251
paraphrase 262
parasite 251
parch 015
parity 030
parody 251
parsimony 098
pastoral 040
patent 036
patriarch 121
paycheck 085
pecuniary 041
pedantic 046
pedigree 136
peerless 050
penal 056
penance 061
penurious 091
percolate 256
peregrination 256
peremptory 037
perennial 208
perforate 057
perfunctory 209
perimeter 262
periodic 066
periphery 079
periscope 262
permeate 012
pernicious 141
perquisite 256
perspicacious 173
perspicuous 173
pertinacious 257
petulant 066
philanthropist 011
phlegmatic 076
phony 168
photosynthesis 061
physiognomy 133
physiologist 159
pigheaded 054
pillage 159
pinnacle 154
pious 148
pitfall 186
placebo 081
plaintive 144
plaudit 140
plausible 113
plenary 134
plethora 177
pliant 129
plummet 130
plump 120
polemic 126
politic 120
polygamy 075
polytheism 017
pomposity 051
ponderous 217
postmortem 119
postnatal 062
postulate 136
potable 114
pound 216
precarious 270
precipitate 193
precocious 264
precondition 111
predestine 264
predetermine 111
predominant 111
preempt 265
preposterous 264
prerequisite 265
presentiment 265
presuppose 265
pristine 109
privatize 104
probity 158
procrastinate 077
profligate 265
profuse 190
prognosticate 133
proletariat 266
proliferate 269
promiscuous 269
promulgate 270
propagate 269
propitiate 266
propitious 183
proponent 266
proprietor 023
prosaic 013
proviso 266
prowess 093
proxy 099
pry 094
pugnacious 103
pulsate 081
pundit 090
pungent 084
purge 079

Q

quack 079
qualm 083
quandary 088
quell 107
querulous 094
quintessence 099
quixotic 104

R

ramification 109
rancid 114
ransack 077
rapport 139
ravenous 121
raze 120
rebut 297
recalcitrant 299
recant 258
recapitulate 298
receptacle 186
recidivism 298
reciprocal 259
recuperate 194
reflux 299
refractory 298
reimburse 260
rejuvenate 260
relic 299
relinquish 258
relish 124
reminiscent 259
remorse 259
remuneration 259
renegade 261
repercussion 176
repose 199
repository 298
reprieve 299
reprobate 300
repudiate 137
repulse 300
requiem 298
requisition 152
resonant 221
restitution 297
resurgence 260

resurrection 297
retard 258
reticent 161
retinue 300
revile 261
rife 129
riveting 192
rue 136
ruminate 134
rustic 140
ruthless 087

S

sacrilegious 145
sadistic 149
sag 155
sage 028
salient 159
saline 159
salubrious 169
salutary 103
salvage 078
sanction 050
sanctuary 051
sap 049
sardonic 046
saunter 041
savor 035
scamp 054
scathing 031
scintillate 030
scoundrel 296
scrupulous 131
scrutinize 131
sedative 126
sedition 185
senility 022
sentinel 147
serenity 018
servile 271
sham 272
shambles 272
shipment 096
shoddy 256
shudder 255
sibling 049
sidestep 122
sift 245

skeptical 100
skyrocket 206
skyscraper 227
slack 080
slander 060
sloth 083
slovenly 238
sluggish 113
smudge 037
smug 267
snob 135
solicitous 225
somber 233
somnolent 048
sonorous 221
sordid 146
specification 176
spin-off 210
sporadic 052
sprinkle 061
spurious 191
squander 151
stagger 116
stale 116
static 100
steadfast 106
stealthy 066
stereotype 195
sterile 012
stifle 040
stipulate 236
stoic 206
strenuous 116
strident 189
stupendous 136
sturdy 184
subconscious 019
subpoena 019
subservient 019
subsidy 019
subsume 301
subterfuge 020
subterranean 020
succinct 020
succor 020
suffocate 233
sullen 104
sumptuous 232
sundry 175

supercilious 024
superego 024
supernal 024
supine 024
suppository 200
surreptitious 194
surveillance 025
susceptible 195
swagger 062
swap 236
sway 171
syllabus 095

T

tacit 171
tactful 175
tactile 185
taint 185
tamper 189
tantalize 042
tantamount 022
tariff 168
tarnish 037
tedium 196
temerity 201
temporal 205
tenacious 056
tenor 141
tenuous 235
tenure 220
tepid 225
tether 243
thermal 234
thoroughfare 241
throe 245
throng 250
thwart 250
timorous 255
tint 054
titular 256
toil 272
topple 268
torrent 143
tortuous 143
touchstone 100
touchy 271
tractable 017
trample 022

trance 027
transfigure 027
transient 183
transmute 027
transposition 247
traumatic 027
travail 031
treacherous 033
treasurer 190
treaty 036
trenchant 041
trepidation 046
trespass 233
tribunal 051
truculent 063
tutelage 091
tycoon 212
typify 061
tyro 056

U

umbrage 056
unabridged 302
unassuming 302
unbalance 302
uncanny 302
unceasing 303
uncharted 047
uncompromising 303
unconcern 118
unconscionable 303
unconvincing 303
undaunted 218
underbrush 034
undergraduate 034
underlie 150
underrate 034
understate 034
underwrite 035
undue 218
unearth 304
unearthly 118
unexampled 304
unfaltering 304
unfasten 304
ungainly 305
unilateral 041
unkempt 218

unmanly 305
unmatched 305
unmindful 141
unmistakable 305
unnerve 305
unplug 142
unpretending 135
unrelenting 144
unruly 118
unscathed 095
unseat 037
unseemly 118
unshaken 096
untamed 102
untenable 211
untimely 207
unveil 036
unwholesome 218
unwitting 207
upbeat 039
upbringing 039
upkeep 039
upstream 039
usher 059
uxorious 088

V

valiant 086
vendible 125
venerate 252
verbatim 174
vertigo 063
vestige 095
vex 018
viable 156
vicarious 129
vicissitude 110
vilify 105
vindicate 099
vindictive 099
virtuoso 094
visage 101
vitiate 088
vivacious 084
vogue 080
volition 075
voluptuous 011
vouch 123

W

waive 011
walkout 201
wane 112
wanton 042
wheedle 076
whitewash 028

Z

zealot 080